U0458014

"中国政法大学科研创新项目资助（1000-10824320）"

"中央高校基本科研业务费专项资金资助"

（supported by "the Fundamental Research Funds

for the Central Universities"）

CAIZHENG SHOUZHI DE GONGFA ZHILI

财政收支的公法治理

陈 征◎著

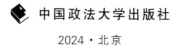
中国政法大学出版社
2024·北京

图书在版编目（CIP）数据

财政收支的公法治理 / 陈征著. -- 北京 ： 中国政法大学出版社，2024. 12. -- ISBN 978-7-5764-1853-8

Ⅰ. D922.204

中国国家版本馆 CIP 数据核字第 2024KD5110 号

书　名	财政收支的公法治理
出版者	中国政法大学出版社
地　址	北京市海淀区西土城路 25 号
邮　箱	fadapress@163.com
网　址	http://www.cuplpress.com (网络实名：中国政法大学出版社)
电　话	010-58908435(第一编辑部) 58908334(邮购部)
承　印	固安华明印业有限公司
开　本	880mm×1230mm　1/32
印　张	9
字　数	228 千字
版　次	2024 年 12 月第 1 版
印　次	2024 年 12 月第 1 次印刷
定　价	56.00 元

[前 言]
PREFACE

财政是国家得以存在、赖以运行的重要基础，规范财政收支是规范国家权力运作不可或缺的手段。本书立足于我国的现实情况，以释义学为主要研究方法，辅之以比较研究，对我国财政收支的法治问题和治理模式展开探讨。具体而言，本书讨论了如下问题：民主原则、效率原则、人权原则、辅助性原则等公法原则作为财政收支应遵循的原则，分别如何发挥作用？如何对各种财政收入来源进行公法规范？财政支出应遵循何种组织和程序规范，公法上存在哪些实质边界？

希望本书对这一系列问题的探讨能够为我国健全预算制度和深化财税体制改革提供学术说理与法治助力。

陈 征

2024 年 10 月

[目 录]
CONTENTS

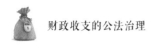

[第一单元]

财政收支治理的公法基础理论

第一章　财政收支的法治化基础

第一节　财政收支法治化的意义

"财政"指社会再生产过程中社会为满足共同事务消费需要而形成的资源分配关系，反映国家为实现职能需要，参与社会产品分配所形成的分配活动以及所体现的特定分配关系。[1]或言之，财政即"国家为执行其任务活动，而调度、管理及使用必要的财力之作用"[2]。

财政资源是政治共同体生存的血脉，财政权力是最不可或缺的国家政治权力，其配置堪称所有政治体制大厦的根基。[3]可以说，财政是现代国家政府权力的一个主要标志，[4]国家职能的有效履行、国家权力的有效行使，都离不开公共财政的支持。公共财政是国家得以存在的物质基础，如果国家财权面临挑战，将导致国库空虚，国家政府任何试图发挥调控、控制、制约、监督作用的努力将沦为无源之水、无根之木。然而，传统审视财政税收

---

〔1〕　夏征农、陈至立主编：《大辞海·经济卷》，上海辞书出版社 2015 年版，第395 页。

〔2〕　陈清秀：《财政宪法的基本原则——从比较法的观点探讨》，载《人大法律评论》2016 年第 2 期。

〔3〕　欧树军：《"看得见的宪政"：理解中国宪法的财政权力配置视角》，载《中外法学》2012 年第 5 期。

〔4〕　参见郑永年、吴国光：《论中央—地方关系：中国制度转型中的一个轴心问题》，首刊于（美国）《当代中国研究》1994 年第 6 期。

问题的研究更多地着眼于经济上对效率的追求和满足，忽视了规范的法学研究，尤其是从宪法学角度对财政问题所进行的研究。苗连营等指出，从制度实践上看，如果缺乏法律尤其是宪法的有效约束，财政大权将游离于宪法控制之外，甚至诞生"财政怪兽"。[1]

基于公共财政在一国政治生活中的核心地位，现代国家的宪法应当对财政制度倾注较多笔墨。为此，有学者将界定财政公权和公民财产私权的宪法规范总结为"财政宪法"的概念，即对国家财政收入权、财政支出权、财政管理权和财政监督权进行立宪控制，保证公民不被过度课征税费，将财政权尤其是征税权控制在符合宪法规范精神意旨的范围内，以此从根本上保障财政宪法有效发挥其通过"限权"而"限政"以及保护公民基本权利和实现公平分配至正义的应然功能。财政宪法的规范结构，也是贯穿整套财政宪法规范体系以及贯穿具体的财税法中财政权配置和运行规则体系的纽结。确立科学、有机统一、稳定的财政宪法的规范构成体系，才能为财政立宪、财政行宪提供依准和前提基础。[2]

不可忽视的，对于财政宪法的特征和效力，或许仍然存在一些争议。在数十年前，德国学者 Ossenbühl 认为财政宪法的规范性偏弱，适用效力不强，更多应当发挥建议和指引作用，而不具备规范标准和约束力，否则将导致对政治的过度介入。[3]另一位德国学者 Osterloh 则对财政宪法的效力持更为明确的否定态度，他

---

〔1〕 苗连营、张衡：《论我国财政宪法学的当代发展》，载《学习论坛》2015 年第 2 期。

〔2〕 金香爱：《依宪治国背景下财政法治化探析》，载《学习论坛》2015 年第 2 期；亦参见葛克昌：《税法基本问题：财政宪法篇》，北京大学出版社 2004 年版，第 61 页。

〔3〕 Fritz Ossenbühl, Zur Justitiabilität der Finanzverfassung, in: Bodo Börner (Hrsg.), Einigkeit und Recht und Freiheit, Festschrift für Carl Carstens zum 70. Geburtstag am 14. Dezember 1984, Band 2, Köln/Berlin/Bonn/München 1984, S. 743 ff.

认为财政和经济政策不宜法律化。[1]然而，既然财政宪法属于宪法的重要组成部分，那么其效力并不应该比其他宪法规范低。一个国家宪法的各个条款有着共同的政治、文化和社会基础，其在结构上具有同一性，制宪者无意在不同的宪法规范之间划分效力等级。宪法与政治的关系问题存在于宪法的各个领域，并非财政宪法所独有，应通过调整合宪性审查的标准和强度来解决这一问题，而非简单地否定或削弱某些部门宪法的效力。虽然对国家的财政和经济行为进行合宪性控制往往会涉及诸多经济学知识，但这并不意味着宪法监督不得介入这一领域。合宪性控制往往离不开其他专业知识的支持，如果每当涉及其他专业问题时就放弃合宪性控制，那么不只是国家的财政和经济行为，在政治、文化、宗教、科技、体育等诸多领域的行为均可以逃避宪法的约束。事实上，在宪法监督过程中完全可以聘请相关领域的专家出具意见或者提供咨询，涉及其他专业知识本身并不构成宪法监督的边界。

　　具体言之，在财政收入方面，公共财政积累直接涉及公权力的行使以及公民基本权利的保护，对其进行宪法控制是法秩序的本来之义。首先，如上所述，几乎所有政治权力的运行都离不开财政资源，因此财政权力的配置构成最重要的宪法问题。基于提供公共物品的需要，国家享有财政权包括财政收入权和财政支出权，而国民则享有基本权利私有财产权。为了有效地保护国家的财政权和国民的财产权，就必须实行"法定原则"，并应当在宪法上对其作出明确界定。其次，为保障公民基本权利中的财产权，宪法也应当对财政收入进行控制。简言之，一方面，对国家而言"无财则无政"，另一方面，对国民而言私有财产权保障的财富积累与财产存续正是其实现人格自由、接受教育并实现其他基本权

---

[1]　Lerke Osterloh, Staatsverschuldung als Rechtsproblem? Kritisches zum Urteil des zweiten Senats des BVerfG vom 18. 4. 1989, NJW 1990, 145（145）.

利的重要基础条件。因此，财政权和财产权作为国家的基本权力和国民的基本权利应当在宪法中作出明确的界分并予以保护。这也是决定一个国家是否繁荣、进步的重要制度安排。[1]

在财政支出，也就是国家预算方面，宪法民主原则要求一切国家权力属于人民。作为重要的国家权力，行政权的行使也应来源于人民，一切行政活动均须受到代议机关的约束。代议机关对行政权约束和控制的强度是衡量行政活动民主合法化程度的标准。代议机关通常可以通过用人和治事两种手段对行政活动予以控制。其中，后者以立法等影响事务决策内容的手段为主，预算即属此例。由于几乎一切行政活动都需要财政支出，因此财政预算是代议机关约束和控制行政权的最有效手段。财政预算是以授权的方式实现限权，代议机关通过预算授权行政机关完成年度财政任务，而对未经授权的任务，行政机关不得为之。在此，授权意味着"引导"，代议机关可以通过财政预算来引导行政机关做什么、如何做。但这一授权仅在支出上限方面具有约束力，即行政机关完成行政任务的支出不得超出财政预算明确的额度，并不意味着行政机关必须完成代议机关授权的财政任务，这是预算与一般意义上的立法最本质的区别。虽然国家的财政收入和支出在很大程度上由税法和社会给付法确定，但这些法律仍然会留给财政预算很大的调控余地，使其充分发挥安排和分配财政任务的作用。即使对那些已经通过其他法律确定了的国家任务，预算也须将预计的收入与支出进行整合。既然财政预算审批权属于立法权，那么代议机关原则上有权根据自己的意愿对政府提交的预算草案作出修改，而不应只局限于批准或者驳回。预算的控权功能不仅体现在代议机关批准预算的那一刻，在预算执行时，代议机关同样有权进行监督，预算年度结束之后，代议机关和审计机关还有权对预

---

[1] 张守文：《财政危机中的宪政问题》，载《法学》2003 年第 9 期。

算执行情况作出审查。

除了对于民主合法性的作用，财政预算对基本权利的保护也具有重要意义。随着国家权力的不断扩张，税收规模日益增加。由于税收关乎私有财产权的让渡，纳税人越来越关心自己缴纳的税款如何被分配和使用。因此从公民私有财产权保护的角度来讲，财政预算也显得尤为重要。

财政权在现代国家政治法律体系中的重要性决定了财政法治建设在国家法治体系中的重要地位，社会经济生活的变化和具体的制度实践也都为财政宪法学的发展提供了新的契机。在上述背景下，实践中我国的财政收支相关法律发展已取得一定成果。

在财政收入方面，我国《宪法》第 13 条保障公民的合法的私有财产不受侵犯，并允许国家为实现公共利益等目的依照法律规定对公民的私有财产实行征收或者征用并给予补偿，这是国家公共财政收入授权与约束的核心规范。《宪法》第 56 条规定公民有依法纳税的义务，对此我国制定并颁布了配套的税收征收相关法律法规，如《税收征收管理法》《个人所得税法》等。《宪法》第 16 条赋予国有企业在法律规定范围内的自主经营权，并通过《公司法》等法律法规规范国有企业收入行为。国家举借债务虽然未经宪法直接规定，但《预算法》第 34 条及第 35 条规定，中央一般公共预算中必需的部分资金可以通过举借国内和国外债务等方式筹措，经国务院批准的省、自治区、直辖市的预算中必需的建设投资的部分资金也可以通过发行地方政府债券举借债务的方式筹措，但举借债务应当控制适当的规模、保持合理的结构。为此，限额应由有权机关制定、批准，并建立相应风险评估和预警机制。

在财政支出方面，组织和程序规范上，我国《宪法》第 2 条规定国家的一切权力属于人民，人民行使国家权力的机关是全国人民代表大会和地方各级人民代表大会（本书将"人民代表大会"简称为"人大"，"常务委员会"简称为"常委会"）。依据

《宪法》第 89 条第 5 项，国务院负责编制和执行国家预算；《宪法》第 62 条第 11 项、第 67 条第 5 项、第 99 条第 2 款又分别规定了全国人大及其常委会和县级以上地方各级人大行使审查和批准相应的预算及预算执行情况报告的权力；第 91 条和第 109 条规定了审计机关的权力。与此相应，我国早在 1994 年就颁布了《预算法》，1995 年开始实施《审计法》。1999 年，全国人大常委会作出《全国人民代表大会常务委员会关于加强中央预算审查监督的决定》，成立了独立的预算工作委员会以协助人大对预算进行审查，加强人大对预算的审查监督力度。

而在实体规范上，《宪法》于"总纲"中规定了纷繁的国策条款。这些国家任务有赖国家机关尤其是立法机关的积极实现，无疑关涉财政支出的分配与使用。此外，《宪法》第 42 条至第 46 条规定的社会权，也要求国家财政支出为公民实质实现其基本权利提供现实基础。这些宪法委托并未停留于最高法层面，立法机关已经结合上述规范制定并颁布了一系列社会保障相关的法律法规，如《劳动法》《社会保险法》《环境保护法》《妇女权益保障法》《残疾人保障法》等。

基于诸多部门的相关利益以及深层次的体制问题，财政收支的公法治理进程至今仍在进行之中。党的二十大报告从战略和全局的高度，明确了进一步深化财税体制改革的重点举措，提出"健全现代预算制度"，为做好新时代新征程财政预算工作指明了方向、提供了依据。党的二十届三中全会进一步指出，"必须完善宏观调控制度体系，统筹推进财税、金融等重点领域改革，增强宏观政策取向一致性"，要"完善国家战略规划体系和政策统筹协调机制"，"深化财税体制改革"，"深化金融体制改革"，"完善实施区域协调发展战略机制"。这无疑极度要求专业化、精细化的配套法学学术研究。对此，党的二十大报告关于坚持全面依法治国，推进法治中国建设的战略部署，必将成为财政宪法学研究发展的重要政策导向，并将进一步推动我国宪法学研究尤其是财政宪法学研究的深入开展与繁荣。财政收支的法治化实施，无疑会成为全面推进依法治国的重要内容，并与党的二十届三中全会提出的"全面贯彻实施宪法，维护宪法权威，协同推进立法、执法、司法、守法各环节改革，健全法律面前人人平等保障机制，弘扬社会主义法治精神，维护社会公平正义，全面推进国家各方面工作法治化"的要求相呼应。上述种种要求为财政宪法学研究的展开提供了具有针对性和前瞻性的指导，为制度构建提供了方向性指引。

总而言之，财政是国家治理的基础和重要支柱。财政制度安排体现着政府与市场、国家与社会、中央与地方等诸多方面的基本关系，深刻影响着经济、政治、文化、社会、生态文明以及国防等领域，财税体制在国家治理中发挥着基础性、制度性、保障性作用。一个规范的财政体制或财政法治化的建设离不开宪法规范的支持。依宪治国首先应实现财政这一重要领域的依宪治理和依法治理。从经济公法的视角切入，对财政收支进行全领域、各环节的深入研究必不可少，这是真正贯彻健全预算制度、深化财税改革使命重中之重的方法、手段与进路之一。

第二节　财政收支的主要方式

广义上的财政包括租税等赋课及借款等财政收入面，为行政目的而为各种金钱使用之财政支出面，国家财产管理、货币制度之制定等面向，财政投融资以及补助金等。[1]本书研究主要专注于财政收入与支出面向上的公法规制。

一、公共财政收入的主要方式

通常来讲，增加公共财政收入的具体手段主要包括以下几种：

---

〔1〕 小林直树『憲法講義（下）』東京大学出版会 1988 年 385 頁。

①增加税收；②国家通过从事经济活动盈利；③举借债务。本节将对这3种国家财政收入的主要手段进行一般性的介绍。[1]需要注意的是，在特定情况下，为了达成特定的公共利益目的，国家还会依宪依法采取征收征用的方式直接使用公民的私有财产。由于征收问题直接涉及公民私有财产权限制形式的区分，因此对征收活动规范性质的介绍与分析将在本书第四章进行专门探讨。

（一）税收

税收是指国家对有纳税义务的组织和个人所征收的货币和实物，是国家获得财政收入最主要的来源。[2]

当前，税收法律关系早已不再被理解为公民对国家征税权的服从关系，相反，如何限制国家的征税权以及保护纳税人的权利已经成为各国法学界研究的重点问题。由于国家的任何征税行为都必须符合宪法，因此从宪法学角度探讨国家征税的界限就显得至关重要。在这个意义上，税收法定原则只能构成国家征税权形式上的界限，仅通过法律保留和议会保留原则并无法有效阻止国家权力的肆意扩张，只有在立法机关同样受到宪法相关条款约束的前提下，纳税人的权利才可能得到根本保障。换言之，税收法

---

〔1〕 事实上，国家财政收入的方式还包括行政收费、政府性基金以及罚款等。其中，行政收费的事项直接服务于个别受益而非普遍受益，目的旨在要求在特定事项中获益之公民弥补未获益的其他人的潜在损失，或弥补行政机关所提供之额外给付的成本等，具有专事专办的性质，因而原则上不直接贡献于公共财政支出；政府性基金虽往往专款专用，但其性质与国家税收类似，故对国家税收进行合宪性控制的讨论可以直接适用于政府性基金；罚款的目的在于制裁与惩罚公民的违法行为，对于国家财政收支问题而言属特例情况。因此，本书不再特别对这些国家收入进行专章、专节讨论。不过，由于上述收入均源于公民私有财产，因此下文对私有财产权限制的相关理论同样可以适用。对上述费用类型的介绍，可参见王锴：《论行政收费的理由和标准》，载《行政法学研究》2019年第3期；张力：《政府信息公开收费：逻辑演进与制度完善》，载《中国行政管理》2023年第2期；章剑生：《行政收费的理由、依据和监管》，载《行政法学研究》2014年第2期。

〔2〕 参见夏征农、陈至立主编：《大辞海·经济卷》，上海辞书出版社2015年版，第406页。

定原则只能使所征之税合法化，尚无法使其合宪化。我国《宪法》第 56 条规定"中华人民共和国公民有依照法律纳税的义务"，其中的"法律"必须是合宪之法。法律本身是否合宪涉及国家征税权的实质界限，有待进一步探究。

如果说宪法中的基本权利具有消极权限规范功能，[1]即基本权利空间就是国家权力的界限，那么宪法中的基本义务就具有积极权限规范功能，即宪法规定公民义务就等于赋予了国家相关权限。我国宪法规定公民的依法纳税义务等于赋予了国家征税权，但宪法赋予国家征税权并不意味着这一权力高高在上，更不代表国家可以随意以任何名义和强度征税。宪法在赋予国家征税权的同时，还对其设置了前提条件并限制了其强度，而这些条件和强度必须从基本权利中探寻，因为保障公民的基本权利是宪法实施的最终目的。宪法中关于基本义务的规定是保障和实现基本权利的手段，通常不可优先于基本权利适用，而只能在基本权利体系的框架内发挥效力。国家征税行为涉及每一个纳税人的私有财产权。我国《宪法》第 13 条明确保障了公民的私有财产权。如果说税收法定原则体现为对代议机关决定的尊重，即对多数人意愿的尊重，那么私有财产权则能够顾及每一个体的利益，具备构成国家征税界限的可能性。

（二）国有企业收入（国家从事经济活动盈利）

一般认为，市场是生产和交换的自由场所，是个人自由权利在经济领域的体现，是最自由且最直接的资源配置手段；而政府则代表国家权威，其经济活动通常具有强制性和垄断性，采用人为的资源配置手段。[2]当前在我国，政府介入市场的现象仍然较为普遍，这主要有三方面原因：其一，在古代，国家与社会界限

---

[1] Vgl. Bodo Pieroth/Bernhard Schlink, Staatsrecht II-Grundrechte, 25. Aufl., Heidelberg 2009, Rn. 73 ff.

[2] 参见吕忠梅、陈虹：《经济法原论》，法律出版社 2008 年版，第 63 页。

模糊，中华人民共和国成立后我国在较长时期内实行了计划经济，在向市场经济转轨过程中仍然受到计划经济思维的影响；其二，在国民经济的过渡和转轨阶段，国家可以利用自身优势来集中大量社会经济资源从而促使某些领域迅速发展；其三，当前各级机关的公共财政支出总体上呈现上升趋势，而政府介入经济生活在很多情况下可以增加财政收入，创造就业机会。

国家从事经济活动盈利，也即国家出资企业收入，主要指国家权力机关在市场中直接向社会成员提供产品和服务或者通过由其出资的企业提供相关商品的营利行为。[1]在我国现阶段，后一情况明显更为普遍。依据《企业国有资产法》第5条，"国家出资企业"指国家出资的国有独资企业、国有独资公司，以及国有资本控股公司和国有资本参股公司。其中，全部资产归国家所有的非公司制经济组织通常被称为国有独资企业，包括由中央和地方政府部门投资控制的经济组织。而在今天，此类企业的公司制改革不断推进，国家越来越多地作为有限责任公司或股份有限公司的出资人参与经济活动。根据《公司法》第168条规定，"国家出资公司"是指国家出资的国有独资公司、国有资本控股公司，包括国家出资的有限责任公司、股份有限公司。这意味着除国有独资形式外，国家还通过由其控股或参股的公司从事经济活动。为排除定义上的争议，本书所称之"国有资本控股和参股公司"包括了所有国家持股份的公司，无论持股比例是多少。[2]此外，本书所称"私营企业"是指完全由自然人投资或持股的营利性经

---

〔1〕 Vgl. Michael Ronellenfitsch, in: Josef Isensee/Paul Kirchhof, Handbuch des Staatsrechts der Bundesrepublik Deutschland, Band Ⅲ, 3. Aufl., Heidelberg 2005, §84 Rn. 2.

〔2〕 国有资本控股公司和国有资本参股公司主要通过国家持股比例和股权结构来区分。相对于私人股东的持股比例而言，国家持股可能是大部分、同等部分或小部分。但即使在持股比例不足50%的情况下，国家仍可能对企业进行有效控制，这时我们还有必要考虑股权是否分散及分散程度等因素。但总之它们都不同于100%私营企业，因为它们的经营活动必然体现一定的公权力行使。

济组织，而"私营企业家"则是私营企业所有者和经营者的统称。

（三）举借债务

随着世界上越来越多的国家开始采取较为积极的财政政策，国家从满足基本公共需求的传统角色逐渐转变为参与规划和形成并积极构建未来的引导者角色。我国作为一个幅员辽阔的发展中国家，政府经常地采取刺激经济、稳定就业等有助于推动经济发展和维护社会稳定的措施，其后果很难避免公共财政支出的不断增加。

与之相应，最近数十年，各国政府纷纷以举借债务的方式来满足不断增加的财政需求，举借债务已成为各国政府增加财政收入最为便捷的手段。因为相较征税或国家直接从事经济活动将面临诸多政治与社会压力，国家举借债务往往被视为一种"皆大欢喜"的增加财政收入的手段，毕竟举借债务意味着提前透支未来的公共财政，而当代人往往很少关心对自己目前没有任何影响的"未来"。这导致财政预算的最大问题已不再是支出的增加，而是债务的增加。特别是从 20 世纪 70 年代开始，财政赤字开始与全球金融体系挂钩。

国家举借债务属于一种极其复杂的经济与财政调控手段，其对于国民经济的整体影响很难一概而论，诸多后果甚至具有不可预知性。不能否认，国家财政有着自己独特的运作方式，特别是将国家举借债务问题宪法化和法律化确实存在一定的难度，但宪法必须约束一切公权力行为，国家举借债务的行为亦不可例外。如果国家举借债务行为不能受到宪法的有效约束，那么宪法对征税和国家从事经济活动等其他财政收入来源的约束将在很大程度上失去意义。为此，考虑到政府举借债务的特殊性，若国家债务不加有效约束可能漫无边际地扩张并带来严重的后果，因此理应在宪法上对其划定边界，从而使财政宪法更好地发挥规范公共财政收入来源的作用。

通说认为，国家举借的债务是指国家或其设立的公共机构以公开发行、直接举借或其他方式向国内外金融机构或社会公众筹措的，承诺在未来某个特定时期偿还的债券、借款或保证。[1]本书讨论范围将聚焦于宪法等国内法领域，并不涉及国家对外举借债务的问题；同时，限于篇幅探讨将主要着眼于中央层面，但其中的部分讨论也适用于我国的地方债务问题。

二、公共财政支出的主要方式

正如上文所述，在财政支出方面，国家制定与实行年度预算，积极履行各种公共任务。因此，公共财政支出侧重于服务有效完成实现公共利益以及保障基本权利的国家任务，其领域非常广泛、灵活，无法通过列举的形式封闭概括其全貌。

尽管如此，本书仍然选取了四个实体领域作为研究视角，以期为国家公共财政支出的规制方向提供指引。这四个领域分别为：公民财产征收的补偿制度、国家对宪法社会权的实现责任与义务、国家对实现宪法国策的责任与义务、建立健全应急预算制度。这4个领域具有重要的理论及现实意义，多属于宪法明文要求国家机关投入财政积极履行的国家任务，具有宪法位阶的公益属性；或具有重大的现实意义，是建设法治国家过程中必须加以重视之所在。因此，有必要对这些问题进行具体分析，这样不仅为相关法益实现及相应公共财政投入问题提供直接解答，也为国家公共财政在其他实体领域的支出法治化提供指引。本节将简要介绍在这4个领域的财政宪法意义，其具体内涵与实现方式的分析将留至本书第八章进行。

首先，《宪法》第13条将补偿与征收作为"唇齿条款"相互勾连规定。有征收必有补偿，这是对公民私有财产权的必要保障。

---

〔1〕 参见冉富强：《公债的宪法控制》，中国政法大学出版社2012年版，第39页。

在这个意义上，国家机关出于尊重基本权利的责任，必须在作出公共财政支出计划与实践时积极考虑遵循补偿制度。换言之，财政投入以补偿公民私有财产损失，是人权保障的重要要求。

其次，我国《宪法》在第42条至第46条规定了多项社会权，在客观法层面上要求国家履行给付义务，积极创设制度、投入财政以保障公民得以实质行使基本权利。根据《宪法》第33条第3款的规定，国家负有保障人权的责任与义务，因此在制定与实行财政预算时，国家机关应当积极考量宪法规定的社会权的实现问题。

再次，《宪法》总纲部分规定了详尽的国策，其作为具有最高法位阶的宪法委托同样具有对国家机关的约束效力，至少指引立法机关积极形成相应的实现与保障制度。在此过程中，财政支出同样必不可少。此外，由于我国属于社会主义国家，更为注重社会公益的促进与实现，因此国策并不停留于底线性的实现。在现实条件允许的情况下应当更高程度地实现宪法国策，而这无疑对公共财政支出提出了更高的要求。

最后，结合近年发生的新冠疫情可知，建立健全应急预算制度无疑具有重大现实意义。健全的应急预算法制是规范国家应急预算、保障应急财政合法高效供给的基石，更是国家治理体系和治理能力现代化的重要表达机制。只有在依法治国的背景下，严格遵循预算规范化、预算实效化以及预算层次化的基本原则，才能系统解决应急财政供给失范和供给不足等重大问题，有力推动应急财政的合法与足量供应，继而在社会紧急状况下保障公民权益尽可能低程度地受到损害。

第二章 财政收支的一般原则

第一节 民主原则

我国《宪法》第2条确立了民主原则。民主原则要求一切国家权力的行使都来源于人民、可以追溯至人民，人民必须能够对这些权力的行使进行一定程度的控制，施加一定程度的影响。在我国，人民行使国家权力的机关是由民主选举产生的人民代表大会。根据《宪法》的规定，全国人大审查和批准国家的预算和预算执行情况的报告，审查和批准国民经济和社会发展计划和计划执行情况的报告；全国人大常委会在全国人民代表大会闭会期间，审查和批准国民经济和社会发展计划、国家预算在执行过程中所必须作的部分调整方案。《宪法》设定了人事任免权等体现人事与组织合法化的手段，同时设定了立法、预算等体现事务与内容合法化的手段，这些手段均可以在一定程度上使行政权的行使追溯至人民代表大会。然而，我国宪法学界对立法的关注远多于预算。

国家的财政预算是国家各类行为的财政基础，在给国家留出财政活动空间的同时也约束了国家的财政活动。在大部分西方国家，财政预算草案以预算法案的形式来确定，形成在某一特定预算周期内适用的法律，因此议会的预算权往往被归入立法权中。预算法案属于议会法，并不直接发挥外部效力，进而不会引发公民的主观请求权。此外，与一般法律不同，在财政支出方面，预算法案的约束力仅及于限制行政机关的支出上限，在未超出支出上限的情况下，预算法案原则上仅具有授权效力，若预算执行机关并未实施财政支出行为或支出未达到预算法案中的授权额度，并不违反预算法案。在我国，虽然预算草案经过人大批准才生效，但批准不采用法案的形式，批准后的预算并未转化为法律，然而这并不影响我国的财政预算同样发挥着民主合法化功能的事实。

从宪法角度来讲，民主合法化功能是财政预算最为核心的功能。国家的绝大部分活动均需要财政支持，因此代议机关可以在预算周期内借助预算批准权和预算审查权，通过对各类财政支出的授权确定财政任务。代议机关对预算周期内可能完成的各种财政任务的重要性和紧迫性进行评估属于一种典型的民主决策过程。若预算执行机关在代议机关的授权范围内活动，其行为则具有事务与内容合法性。与此相应，代议机关和审计机关对预算的审查和监督同样发挥着事务与内容合法化功能。在过去，我国财政预算的主要目的是确保实现国民经济和社会发展计划。在今天，我国作为一个迈向现代化的法治国家，财政预算所应发挥的民主作用已得到普遍认可。

然而，不可忽视的是，相当一部分财政支出往往已经被国家制定的法律所确定，最为普遍且最为典型的当属那些履行给付义务的法律。因此，代议机关通过预算对财政任务重要性和紧迫性进行评估的可能性，仅存在于预算周期内的财政收入减去被法律确定的财政支出之后的财政空间内。照此，国家制定的给付法律越多，留给自身的财政预算空间就越小，通过财政预算发挥民主合法化功能的可能性就越小。虽然立法同样发挥着事务与内容合法化的功能，但法律通常在较长时期内适用，预算则可以只在较短的周期内有效，因此代议机关可以通过财政预算及时更新和纠正此前的财政活动安排和民主政治决定，无需较为复杂的程序，从而可以使民主合法化更具有时效性。可见，在社会国的发展与预算的民主合法化功能之间存在一种紧张关系。即便如此，我国人大的预算职权仍然是宪法民主原则的重要内涵。

第二节　效率原则

一、效率原则的概念

我国《宪法》第 14 条第 2 款规定："国家厉行节约，反对浪费。"第 27 条第 1 款规定："一切国家机关实行精简的原则，实行工作责任制，实行工作人员的培训和考核制度，不断提高工作质量和工作效率，反对官僚主义。"这两个条款确立了适用于一切国家机关的效率原则。

"效率"这一概念常被用于经济学领域。与经济学类似，传统上认为宪法学中的"效率"是指一项经济活动的成本与收益的比率关系，这一比率越小，效率就越高。据此，效率原则的内涵包含厉行节约和反对浪费，主要有以下两个含义：同样的成本可否获得更多收益；所获得的收益可否通过更小的成本来实现。该第一个含义将成本确定，要求收益的最大化，通常被称为最大化原则（Maximalprinzip）；第二个含义将收益固定，要求成本的最小化，通常被称为最小化原则（Minimalprinzip）。[1]然而，依据现代宪法学理论，效率原则的含义还应当超越成本与收益的比率关系。如果效率原则禁止在完成某一项任务过程中发生不必要的财政支出，那么必然更应禁止不必要的财政任务。与此相对，当某一目标或任务是宪法的要求且财政允许时，国家必须尽可能最大化地实现这一目标或完成这一任务。据此，效率原则不仅约束行政机关，还应首先约束立法机关。这也与我国《宪法》第 27 条的文本具有一致性。与此相应，除了最大化和最小化原则，宪法

---

〔1〕　Heinrich Reinermann, Wirtschaftlichkeitsanalysen, Köln 1974, S. 2 f.

上的效率原则在今天还应包括对以下两个含义的考量：是否应当限缩目标，即限制国家的财政活动，进而减少成本；是否应当通过增加成本来增扩目标，即扩大国家的财政活动。[1]

二、效率原则对国家机关的约束

作为明确写入宪法的效率原则，对行政机关和立法机关均具有约束力。我国《宪法》第 27 条第 1 款明确规定效率原则适用于一切国家机关。基于民主、法律保留等原则的要求，行政组织和程序通常通过立法予以规定，如果效率原则要求行政机关在组织安排、程序设计以及各层级的执行上满足宪法要求，则宪法必须首先要约束立法机关。

立法权和预算权是代议机关的两项重要职权。当国家必须履行某项公共任务时，应当优先以预算而非立法形式明确这一任务，因为预算通常具有年度性特征，国家任务每年都要重新受到审查，而法律则通常需要实行若干年。但需要注意的是，预算通常仅具有授权性质，其约束效力仅局限于财政支出的上限，只要未超越这一上限，行政机关并不受预算的约束，预算允许其以更少的支出完成规定的任务，甚至允许其不完成这一任务。而法律与此不同，明确规定的任务对于行政机关具有约束力，即其负有完成这一任务的法律义务。因此，具有重大意义的任务仍然应由法律予以规定。但即使如此，这些法律也要经常接受合宪性审查，在制定时期符合宪法的法律随着社会的发展和变化可能会变为违宪的法律。与此类似，针对关系到财政收入的税法，同样需要经常进行正当性审查。当然，这些由法律规定的任务也须由预算再次明确，在此，预算的功能虽然不是安排任务的主要依托，但却可以从财政角度将这些任务进行合理的协调与整合，从而提高公共行

---

[1]　Hans Herbert von Arnim, Wirtschaftlichkeit als Rechtsprinzip, Berlin 1988, S. 87.

政履行任务的效率。

财政平衡原则要求国家财政预算的收入与支出相等，完整性原则要求全部收入和支出均应纳入预算，但这两项原则并不禁止国家以贷款等方式实现预算的收支平衡，这导致国家可以较为轻松地满足这些预算原则的要求，既可以放弃采取增加税负、削减福利等措施，也可以避免使用缩减行政支出等手段。对于企业而言，负债或许符合效率原则，因为企业可以通过从事经营活动使收益与成本的比例最大化，而对于原则上不得从事经济活动的国家而言，负债只能是例外情况，当代纳税人的收益自然可由当代人享受，而其成本原则上也只得由他们自身承受，若将来由当前根本不知情的甚至尚未来到这个世界的后代纳税人来偿还上一代甚至前几代纳税人的负债显然缺少公正性。为了使法治国家得到可持续的稳定发展，国家履行的财政任务必须服从"可能性保留"（Vorbehalt des Möglichen）原则，即当财政上出现"不可能"情形时，立法者或行政者可不去实现某项宪法原则或执行某项法律任务，这一重要的宪法原则是宪法文本与宪法实际相结合的产物。

西方很多学者认为审计机关的功能不应仅局限于事后审查，即只对那些无法改变的既成事实予以肯定或否定，而应当充分发挥其专业优势，在预算制定和审批时即积极参与并提供必要的咨询和协助，从而使立法机关的活动符合效率原则。在我国，虽然审计机关属于政府部门，但并不影响其对代议机关行使咨询和建议权。

除了上文提及的组织、程序等领域，效率原则对于行政机关的约束力还体现在很多方面。其中，行政裁量是一个需要特别讨论的问题。毫无疑问，行政行为属于效率原则中的成果产出，尽可能提高其正确性（包括合法性与合理性）是效率原则的要求。但行政机关在裁量过程中是否须考虑最大化和最小化原则的问题存在争议。德国学界的主流观点认为在裁量时考虑最大化与最小化原则应被视为裁量瑕疵，在做出行政行为时须假设具备支持其执行的财政能力，如果此时还要考虑执行所需的费用，法治原则将无法得到保障。[1]本书赞同这一观点。法治国家与财政国家之间应存在一定的界线。立法对行政的约束并非局限在裁量空间以外，在裁量空间内部，行政机关仍然受到法律的约束，行使裁量权需要遵循特定的原则，否则会构成裁量瑕疵，从而导致行政行为违法。一般而言，在裁量时只得考虑符合立法授权目的的各种因素，而不得将与此无关的因素加入衡量。对于一般的行政法律规范而言，立法者留出裁量空间的目的并非希望行政机关考虑财政国家的因素，而仅要求其将法治国家的因素予以衡量。

三、审查主体

如上所述，法治国家与财政国家之间存在一定的界线，法治国家主要由司法机关予以保障，而维护财政国家的任务主要应属于审计机关。首先，对于行政机关的审查，从某种意义上讲，审计机关的权限比司法机关更为广泛。司法机关通常仅审查行政行为的合法性，只要行政行为不存在裁量瑕疵，司法机关不得介入。而效率原则要求尽可能优化投入与产出之间的关系，审计机关可以在很大程度上审查行政行为的合理性。

其次，效率原则同样约束立法机关，此时审查主体并不局限于审计机关。在我国，长久以来的法律合宪性审查主体讨论已经形成共识，合宪性审查制度已经得以有效建立并积极展开，由司法机关在个案中贯彻宪法价值并通过全国人大及其常委会的合宪性审查机关对争议法律文件进行审查以维护宪法权威。但我们无法将合宪性审查制度完全类推至审计领域。一方面，司法机关和

---

[1]　Paul Kirchhof, Die Steuerung des Verwaltungshandelns durch Haushaltsrecht und Haushaltskontrolle, NVwZ 1983, 505 (505).

审计机关的权力性质存在诸多差异；而另一方面，与各级法院不同，依据我国宪法，国务院及县级以上的地方各级政府设立审计机关，中央审计机关在国务院总理领导下依法独立行使审计监督权，地方各级审计机关对本级政府和上一级审计机关负责。照此，由审计机关审查代议机关的活动存在宪法上的疑问。那么，既然效率原则属于一项宪法原则，违反效率原则即违宪，且法治国家中的比例原则在很大程度上涵盖了对效率原则的审查，那么审查代议机关的活动是否符合效率原则的任务可以交给合宪性审查机关，而审计机关在必要时须在专业技术上提供支持。

需要注意的是，效率原则是一项优化原则，要求在若干手段中选择最有效率的最合理的手段。因此，符合效率原则的结果不具备唯一性，[1]审查主体必须给立法机关和行政机关留出必要的活动空间，仅需否定那些明显违背效率原则的手段。

第三节 人权原则

基本权利，或称人权，规定于我国《宪法》第二章，是宪法需要保障的重要价值。根据《宪法》第33条第3款的规定，国家负有尊重和保障人权的责任与义务。为此，宪法人权原则要求基本权利主要在两个维度上发挥效力：其一，作为主观权利防御权保障公民得以自由、自主地开展活动，此时国家机关应当"尊重"公民行使基本权利的活动，不得以维护他人权益或公共利益为由过度侵害公民基本权利。在此国家应当遵循基本权利的过度禁止原则。其二，作为客观法规定发挥效力，要求国家履行对基本权利的保护义务，"保障"公民在行使基本权利的过程中不会受到其他公民或私法组织的不当约束。在此，国家受制于法益权

---

〔1〕 Klaus Vogel/Paul Kirchhof, Bonner Kommentar, Heidelberg 2013, Art. 114 GG Rn. 89.

衡与经济财政的约束，原则上以提供底线性保护为主，因此需要遵循基本权利的禁止保护不足原则。针对特定基本权利，主要是我国《宪法》第42条至第46条规定的劳动权、休息权、物质帮助权及受教育权等社会权，国家机关还附有积极提供经济帮助的给付义务，为公民实质实现这些基本权利提供或创设现实条件。

国家进行财政收支活动涉及社会财富的再分配与公共任务以及社会公正的履行与促进，不可避免地对公民基本权利造成影响，因此人权原则同样发挥了重要的约束作用。具体来说，国家财政收支应当遵循基本权利过度禁止原则的要求。一方面，国家的财政收入以税收为主，而税收取之于民，因此征税行为无疑与公民私有财产权保障存在冲突的可能性。此外，其他的财政收入活动如国家直接从事经济活动，还可能限制其他企业的营业自由、公民的职业自由等基本权利。另一方面，国家财政亦用之于民，而支出必须遵循人权原则的要求进行，如果国家财政支出并未服务于宪法或法律所允许的正当目的，那么对私有财产征税也将不再具有宪法正当性。在支出侧面，基本权利保障也对国家财政产生约束。简言之，国家负有保护基本权利免受不当侵害的任务，这时常要求国家积极创设相关制度并投入资金，如肩负公民人身安全保障任务的警察机关即有赖国家经费支持得以稳定运行。此外，公共利益并非一定与个人权益相互冲突，很多情况下公共利益的实现同样有助于公民基本权利的保障。例如，保护环境的同时，通过排除生态污染，公民的生命健康权益也得以促进。因此，预算机关以及具体行政机关在追求公共利益的过程中，同样有义务重视基本权利的有效实现。还需要重视的是，社会权的国家给付义务往往要求国家制作预算并投入资金，本质上也属于财政支出的重要问题。

本节将介绍人权原则对国家财政收支的一般性约束，即基本权利过度禁止原则的宪法正当性审查方式，这也是后文国家财政收支公法治理的主要分析框架。至于国家实现社会权的问题见本书第三单元的具体分析。

一、国家干预基本权利的宪法正当性审查

国家权力既是人权的保障，又可能会过度限制人权。因此，现代国家的权力应有必要的限度，这是实现人权所必需的。既然国家是因为人也是为了人而存在，并非人为了国家而存在，那么个人行使自由具有天然正当性，无需提供任何理由，而国家若限制自由则必须提供正当理由，否则国家权力的行使不具备宪法正当性。

为保障公民基本权利，理论与实践中逐渐形成了三阶层的基本权利限制正当性审查框架：第一步，确定基本权利的主体、客休保护范围；第二步，确定争议的国家机关行为是否对基本权利造成干预；第三步，确定干预行为的形式与实质上的宪法正当性。其中，形式上干预行为应当满足法律保留原则的要求，即国家的限制活动应当具有实定法律的依据。与之相比，实质上国家的基本权利干预行为应当遵循比例原则的界限更为重要，具体内涵如下：

第一，国家限制基本权利必须为了实现被宪法认可的目标（目的正当性原则）。

第二，限制基本权利的行为必须有助于实现这一目标（适当性原则）。

第三，若存在若干同样能够实现这一目标的手段，国家必须选择对基本权利限制强度最小的手段（必要性原则）。

第四，所选择的手段与所要实现的目标之间必须成比例，不得对基本权利进行过度限制（狭义比例原则）。

二、比例原则的审查密度

整体而言，在上述三阶层审查框架中，基本权利的保护范围直接来自宪法规定，而争议国家行为是否构成基本权利干预很大

程度上也取决于宪法规定，因此这两项步骤相对容易确定操作。与之类似，法律保留原则旨在探求形式上是否存在直接的法律文件作为行为依据，也较为简单。而实质上的比例原则真正涉及了国家是否作为以及如何作为的问题，可以说是基本权利保障中最为重要的审查环节与判断工具，值得进一步细化其内涵。

比例原则起源于德国的警察法，其早期影响主要局限于以警察法为代表的行政法领域和刑法领域，如今在宪法层面发挥作用亦已经成为共识。比例原则是一个调整公权力和私人之间关系的操作程序性原则，它通过层层递进的几个子原则依次展开，审查公权力的行使是否超过限度。[1]该原则正意味着对国家限制公民基本权利的行为进行限制，即所谓"限制的限制"。[2]

在我国，比例原则的宪法依据是《宪法》第 33 条第 3 款和第 51 条。虽然第 51 条的文字表述以义务为导向，但第 33 条第 3 款"人权条款"在体系中处于《宪法》第二章的统领地位，对该章具有指导性意义。正是通过这一以基本权利为导向的解释，第 51 条中所指的"损害"才应被理解为不正当的损害，即不成比例的损害。立法者在进行具体化立法时，必须考虑比例原则。

虽然比例原则作为宪法原则具有正当性，但这并不意味着合宪性审查主体在适用比例原则时可以不受任何限制。如果完全以合宪性审查主体的判断为准，可能会产生轻言违宪的现象。为了解决这一问题，确保对立法者的形成空间给予必要的尊重，适用比例原则时应当结合各子原则审查内容的性质选取不同的审查密度。

适用比例原则审查的第一步要求目标的正当性。虽然宪法通常明确或暗含规定了立法的一些作为或不作为义务，但绝大部分领域

---

〔1〕　参见李海平：《比例原则在民法中适用的条件和路径——以民事审判实践为中心》，载《法制与社会发展》2018 年第 5 期。

〔2〕　赵宏：《限制的限制：德国基本权利限制模式的内在机理》，载《法学家》2011 年第 2 期。

仍然既未被宪法要求又未被宪法禁止，立法者得以自由设定要保障的正当目的以及决定具体目的的实现程度。由于在此立法者的形成空间较为广阔，因此比例原则审查强度较为宽松，原则上只有明显违反宪法规定的目的及其实现程度才无法通过比例原则审查。

在适当性原则审查中，主要判断立法者选取的限制手段是否能够实现所追求的目的及其实现程度。在此，需要考察立法者是否充分认定现有事实情况，以及是否相对科学严谨地对基本权利保障效果作出预测。其中，出于尊重基本权利的考量，调查现有客观事实情况应当严谨充分，因此审查标准应当非常严格；而对未来预测的审查可以适当宽松，因为有些促进措施效果的显现是一个相对长期的过程，当根据自身认知和经验可以理智地预测出存在促进目标实现的可能时，立法者便可以对基本权利进行限制。

作为适用比例原则审查的关键环节，必要性原则发挥着重要作用。在分析是否属于最小强度的限制手段时，不得仅停留在抽象规范层面，还应结合具体个案事实。在此，立法者不仅需要进行事实认定与预测决定，往往还要在多项基本权利与宪法价值间进行价值评判。虽然立法者结合宪法及法律文本作出价值判断的空间相对较大，但由于事实认定与预测的标准相对严格，整体来看合宪性审查主体在适用必要性原则时介入立法的空间较大。

最后，狭义比例原则主要包括两方面内涵。其一，虽然对基本权利的限制是实现目的所必要的，但不可导致所损害的利益超过所要保护或实现的利益；对公民基本权利限制的强度越大，所要实现的目标就必须具有越高的宪法价值，结果必须是所得大于所失；在此，权衡同样需要结合具体个案事实。其二，对基本权利限制的手段不得给基本权利主体带来过度负担，即对其而言不得不具备期待可能性（unzumutbar），[1]手段实施的内容和方式尤

---

[1]　Vgl. BVerfGE 9, 338（345）；30, 292（316）；100, 226（244）.

其不得伤害人的尊严。

三、私有财产权：国家财政收支活动干预的核心基本权利

如上所述，国家财政收支活动永远与公民的私有财产权息息相关，对财政收支活动的正当性分析往往涉及对私有财产权的保障。因此，有必要先厘清宪法私有财产权的保护范围及其主要限制情形。

我国《宪法》第 13 条规定："公民的合法的私有财产不受侵犯。国家依照法律规定保护公民的私有财产权和继承权。国家为了公共利益的需要，可以依照法律规定对公民的私有财产实行征收或者征用并给予补偿。"私有财产权不仅保障了人与财产之间的关系，即权利主体对财产的占有、使用、收益、处分等自由权，而且还蕴含了权利主体享有财产蕴含价值的权利。私有财产权不仅是个人生存的重要前提，还是其他自由权的物质基础。私有财产权的意义首先通过财产所蕴含的私益体现出来，目的是确保权利主体能够自主安排和规划个人生活，并独自为此负责，进而使个体在国家面前保持一定的独立性，正可谓"无财产即无人格"。

保障私有财产权首先是对个人施展自由结果的一种认可，使其在市场中施展的自由能够获得等值的回报，而获得的经济回报又是个人施展更多自由的前提和物质基础。因此对于财产所有者而言，保障私有财产权不仅是对过去的认可，还是对未来的激励。市场经济制度建立在公民个人创造力的基础之上，法律完善私有财产权的保障可以促进市场经济的健康发展。可见，私有财产权在宪法基本权利体系中具有核心意义。

然而如果仔细观察我国的《宪法》义本，不难发现铰之于其他大部分基本权利，制宪者对私有财产权的规定存在独特之处：在"私有财产"前有"合法的"3 个字进行限定，即"合法的"私有财产不受侵犯。这种限定与其说是制宪者限制了财产权的保护范围，不如说是制宪者赋予了立法者对财产权内涵的形成权和

对财产权边界的界定权。事实上，这一做法并非我国宪法特有。如德国《基本法》第14条第1款也有规定："财产权和继承权受到保障。内涵和边界由法律予以规定。"

在私有财产权问题上，对立法者形成和界定空间的认可和尊重主要基于三方面原因：其一，私有财产权不仅涉及人本身，还涉及人与财产之间的关系，而这一系列与私有财产相关的权利通常只有通过立法才能得以明确；其二，较之于其他基本权利，私有财产权的内涵和外延可能会相对频繁地随着社会需求的变化而变化，如果立法者不享有足够的形成和界定空间，诸多必要的改革可能会受到阻碍；其三，基于财产权的特征，其除了应当满足于实现权利主体的私益，还应当在社会共同体中承担必要的社会义务进而满足公共利益的需要，立法者对财产权内涵的形成和对边界的界定通常由财产权本身所蕴含的社会义务而引发。与此相对应，在形成和界定私有财产权内涵和边界的问题上，宪法并未对立法者提出很高的要求。

然而，宪法中的私有财产权条款不意味着彻底将对财产权内容的形成和对财产权边界的界定权交给立法者。在立法者形成财产权或确定其边界和归属时，宪法必须包含对立法者的绝对性指令和标准。可见，立法者对财产权内涵和边界的规定或调整并非不受宪法约束。参考德国联邦宪法法院的判决，无论是对财产权内涵的形成还是对边界的界定，均构成立法对财产权的限制，进而应受到比例原则的约束，需要通过宪法正当性审查。[1]虽然基于上述原因，立法者在此应当享有较为广泛的立法空间，但宪法和部门法的交互影响不得导致宪法对立法失去应有的效力。更何况社会义务只是私有财产权的一个维度，私有财产权仍然应当首

---

〔1〕 Vgl. BVerfGE 58，300（336）；在该判决以前的主流观点认为对财产权内容的界定属于保护范围的形成，不构成对财产权的限制。Vgl. Thorsten Kingreen/Ralf Poscher，Staatsrecht Ⅱ-Grundrechte，32. Aufl.，Heidelberg 2016，Rn. 1015.

先服务于私益，立法者尤其不得触碰私有财产权的核心内涵。

在私有财产制度内涵相对灵活的情况下，国家机关限制私有财产权的方式也较为多样。其中，对于财产征收确立的补偿制度是财产权条款的又一独特之处。依据现代意义上的财产权教义学，一般认为对私有财产权的限制主要有两种形式：其一，基于私有财产权的社会义务对财产权内涵的形成和边界的界定；其二，对私有财产权的征收。[1]需要注意的是，我国《宪法》文本中的"征收"主要是基于传统意义上的理解，即"所有权转移"的情形。然而在今天，国家对私有财产权限制的情形纷繁复杂，宪法中的"征收"应作广义理解，即涵盖所有涉及公民财产权的情形，以求有效保障公民的私有财产权。

如果对私有财产权的限制属于基于社会义务而对内涵的形成或对边界的界定，那么立法者的立法空间相对较为广泛，宪法对其提出的正当化要求偏低。由于应被归入立法形成权和界定权的限制属于财产权应承担的社会义务，因此针对此类限制原则上无需补偿。然而如果对私有财产权的限制构成现代意义上的征收，则应给予补偿。作为一项基本权利，私有财产权首先保障公民私有财产的存续，不具备宪法正当性的征收应被宪法所禁止，国家不得实施这类征收行为。而对那些具备宪法正当性的征收，国家可以实施，但必须给予补偿。在此，补偿使宪法对私有财产权的存续保障（Bestandsgarantie）转化为价值保障（Wertgarantie）。虽然与其他自由权不同，私有财产权不仅保障了财产的存续，而且保障了财产所蕴含的价值，但其首先保障的是个人对私有财产的占有、使用、收益、处分，而不是财产的价值数目。换言之，虽然存续保障和价值保障均属于私有财产权的保护范围，但价值保障发挥着次级保障功能，存续保障具有优先性。对于不具备宪法

---

[1] Thorsten Kingreen/Ralf Poscher, Staatsrecht II - Grundrechte, 32. Aufl., Heidelberg 2016, Rn. 997.

正当性的征收，补偿无法使其正当化，财产所有者可利用防御权功能针对征收行为进行防御，国家不得通过价值保障弥补存续保障的不足。

第四节　辅助性原则

一、辅助性原则的概念

辅助性原则意指仅当社会不愿或不能实现公共任务或者实现程度和效果不及国家亲自作为时，国家才可能作为最后责任人根据必要性进行不同程度和方式的介入。辅助性原则的宪法依据主要存在于私有财产权条款和效率原则中。国家介入需要公共财政的支出，对纳税人的财产权构成限制，若在不动用公共财政的情况下同样可以甚至可以更好地实现公共任务，那么动用公共财政则无正当性。此外，我国《宪法》第 14 条第 2 款和第 27 条第 1 款明确规定了效率原则，在产出相同的情况下，公共财政支出得越少则越符合效率原则。

二、公共任务与国家任务

依辅助性原则的要求，应当区分两个不同的概念：公共任务与国家任务。从宪法角度讲，公共任务即实现具有宪法价值之公共利益的任务，比如能源供给、医疗、住房、交通、教育等民生问题，而国家任务则是应由国家亲自接管的公共任务。[1] 很多公共任务完全可以由社会个体和团体来完成，甚至一些社会个体和团体在追求自身利益的同时会实现公共利益。因此国家任务虽然

---

〔1〕 Vgl. Wolfgang Weiß, Privatisierung und Staatsaufgaben, Privatisierungsentscheidungen im Lichte einer grundrechtlichen Staatsaufgabenlehre unter dem Grundgesetz, Tübingen 2002, S. 47.

都是公共任务，但公共任务却未必是国家任务。

严格限定国家任务，将公共任务交由社会个体与团体实现，一方面能够使公民施展个人自由，另一方面还可以减轻国家负担以及减轻公民作为纳税人的负担。事实上，在很多具体事件中，掌握最多相关知识和信息且会付出最大智慧和力量的通常不是国家权力机关，而正是利益相关人自己。尤其当个人利益与公共利益具有一致性时，充分发挥个体的智慧和力量往往能以更高的效率完成公共任务。因此，无论在哪一领域，充分保障多元化的自由竞争都会促进该领域的发展，国家在很多情况下甚至根本不必采取积极的促进措施。与在经济领域要相信消费者的辨别能力一样，国家在社会领域也要相信社会个体的判断力。从宪法角度讲，区分公共任务与国家任务并坚持辅助性原则可以使公民基本权利获得更多保障，社会文明程度得到进一步提高，国家财政负担减轻。

三、公共任务的不同等级

有鉴于此，根据效率原则、基本权利限制的比例原则以及辅助性原则的要求，国家行使权力的前提必须是履行宪法认可的公共任务。可以将公共任务划分为六个等级：

第一等级：社会个体或团体通常有意愿和能力高效地完成公共任务，国家至多只需作出框架性规定进行保障而无需其他任何方式的介入。

第二等级：社会个体或团体虽然有能力完成公共任务，但由于涉及较为重大的公共利益，因此国家需要对私人履行任务进行监督。

第三等级：国家通过提供人才和物质等方面的支持来协助社会个体或团体完成公共任务并对履行任务的过程进行监督，对结果进行审查。

第四等级：国家考虑到公共利益的重大性必须亲自对这一任务进行具体规划，并随时监督社会个体或团体在履行任务时是否超越了规划内容。

第五等级：社会个体或团体无法完全胜任某一具有重大公共利益的任务，而国家又不必完全接管该任务，尤其出于减轻财政负担等因素的考虑，国家选择与私人部门建立某种合作伙伴关系，这种合作的模式被称为公私合作制。[1]在我国，公私合作模式日渐普遍，尤其在城市基础设施建设领域发挥着重要作用。

第六等级：社会个体或团体无法或不愿接管的具有重大意义的公共任务须由国家完全接管。国家可能亲自从事该项任务（直接国家行政），比如边防、税收；也可能通过契约或其他形式将该任务委托给受其控制和约束的公法或私法主体来完成（间接国家行政），比如个别父母不具备扶养和教育子女的能力，又不存在其他社会个体或团休代为扶养和教育的可能，国家在必要时就应委托某一法律主体代替父母履行扶养和教育子女的义务。

在上述各等级中，国家介入的范围和程度原则上不断递增。当能够通过较低等级的方式来完成公共任务时，国家通常不得首先选择较高一级方式。虽然上述 6 个等级基本上都存在国家的介入行为，但前 4 个等级的公共任务均不属于国家任务，因为履行任务的主体是私人。而在第五等级中，一部分公共任务转化为了国家任务，另一部分仍属于私人任务。完全属于国家任务的只有第六等级，在该等级中，即使国家将任务委托给受其控制和约束的法律主体，也不改变国家任务的本质，因为国家只有在接管该任务后才能够将其委托给其他法律主体来完成。可见，国家任务未必是国家亲自从事的任务。若某些公共任务暂时无法通过社会力量来完成，国家基于公共利益的考虑可以接管该任务。而随着社会的变化和发展，当社会上的个体或团体能够履行这些公共任务时，国家则应当将任务转交给他们。

---

[1] 周安平：《社会自治与国家公权》，载《法学》2002 年第 10 期。

[第二单元]

财政收入的公法治理

第三章 税收的公法治理

第一节 征税的普遍宪法界限

一、公民私有财产权与纳税义务的一体性与冲突性

通过私有财产权限制国家征税的前提是二者之间具有冲突性。而在事实上，公民的纳税义务与私有财产权之间的关系并非自始至终表现为冲突和矛盾，二者还可能体现出一体性。[1]一方面，国家不仅需要自我约束，不侵犯公民的基本权利，给社会自治留下足够空间，还必须积极保障公民的基本权利不受他人侵害，在此当然也包括对公民私有财产权的保护。而积极保障措施本身就需要一定程度的财政支持，因为国家至少需要创设一种用来协调和规范个人行使自由的制度，并通过公安、司法、国防等机关来贯彻和实施这一制度。较之于国家从事经济活动、私有财产国有化等手段，通过征税获得国家财政的必要收入是一种更为尊重公民私有财产权的方式。[2]另一方面，宪法赋予国家以征税方式分享私有财产收益和市场交换成果的权力也意味着制宪者意在长期

---

〔1〕 我国学界的通说认可权利与义务的一体性，这一通说被视为我国宪法学界的理论创新。参见林来梵：《从宪法规范到规范宪法：规范宪法学的一种前言》，法律出版社 2001 年版，第 248 页。

〔2〕 例如，国家若通过举债方式满足财政需求，则会涉及未来纳税人的利益。由于无论是涉及的群体还是对其私有财产权的限制强度均无法确定，因此存在权利保护真空，这就要求国家通过举债履行公共任务只能是例外情况。

保障私有财产权，明确反对将一切财产国有化，毕竟保护了私有财产权就等于保护了税源。[1]在此，纳税义务与私有财产权互为前提条件和必然结果。

然而显而易见的是，公民纳税义务与私有财产权的一体性更多体现在自由国当中。[2]在早期的国家理论中，自由国理念被普遍认同。自由国中的个人作为独立自主的社会成员不受国家支配，社会自身能够实现其经济和文化利益，国家只需利用军队、警察和司法防御来自外部和内部的针对公民的威胁。虽然在自由国中，国家征税权与公民私有财产权之间并非不存在任何冲突，但由于征税强度较低，冲突处于最低点，为了维护私人利益和自由秩序，公民通常不会阻止国家征税，[3]纳税行为在一定程度上具有自愿性。而在今天，纯粹的自由国假设早已不符合现实，公民自由的实现还需要具备一些自身无法创造的社会条件。法治国家不仅要作为自由国维护自由的社会秩序，在必要时还应作为社会国为社会个体特别是弱势群体创造实现自由的条件。国家存在的目的不再仅局限于保护公民的人身和财产，还要承担经济调控、再分配等多项功能，国家权力的扩张性日益显著，具有尽可能多获得财政收入的冲动和欲望。虽然我们总习惯认为国家的财政收入（应）"取之于民、用之于民"，但国家为了履行相关财政税收职能，必须设立相应机构并为此支付行政开支，在向公民提供给付时通常也需要设立专门的机构，因此取之于民的数量总要多于用之于民的数量。在一个正在全面建设法治国家的社会，这一现象会更加明显。由于在税收问题上并不适用市场经济中的等价交换

---

〔1〕 征税是将私人资产转化为国有资产的活动，我国国有企业纳税这类实际上并未发生产权变化的行为不构成真正意义上的纳税行为。

〔2〕 Vgl. Hans Herbert von Arnim, Besteuerung und Eigentum, VVDStRL 39（1981），286（337 f.）.

〔3〕 Hans Herbert von Arnim, Besteuerung und Eigentum, VVDStRL 39（1981），286（337 f.）.

原则，因此随着社会国征税强度的不断加大，纳税人的纳税自愿性也逐渐减弱，[1]公民纳税义务与私有财产权关系的重心开始从一体性向冲突性倾斜。

实际上，社会国理念在根源上受到了社会主义思潮的影响，[2]其主要目的是追求社会稳定和社会公正，从而确保每一个体均可以分享社会发展的成果。我国《宪法》第 1 条第 2 款第 1 句规定："社会主义制度是中华人民共和国的根本制度"，第 15 条又确立了社会主义市场经济制度并赋予了国家进行宏观调控的权力。依据上述规定，虽然我国的经济以市场为导向，但与资本主义市场经济不同，国家必须对市场进行必要的干预并纠正市场分配的不足，进而为弱势群体实现自由创造条件。这就导致公民的纳税义务与私有财产权之间的冲突体现得较为明显。因此，在肯定征税行为具有必要性的前提下，探讨如何通过宪法私有财产权来限制征税的范围和强度具有非常重要的意义。既然在当前社会中公民纳税的自愿性不断减弱，那么征税行为必然构成对私有财产权的限制，而国家对基本权利的任何限制行为均须具备宪法正当性，否则即构成对该项基本权利的侵害（详见下文）。从某种意义上讲，通过私有财产权来限制国家征税权等同于适用私有财产权对国家征税行为进行宪法正当性审查。

二、根据征税目的和征税对象对税收进行分类

虽然国家行为的目的对于认定是否构成对基本权利的限制并无影响，但在审查限制基本权利的宪法正当性时，限制行为的目的却是必须考虑的因素，因为宪法正当性审查主要就是审查目的的正当性以及目的与手段之间是否成比例（详见下文）。而在征

---

〔1〕 Hans Herbert von Arnim, Besteuerung und Eigentum, VVDStRL 39（1981），286（337 f.）.

〔2〕 张翔：《财产权的社会义务》，载《中国社会科学》2012 年第 9 期。

税的问题上，审查目的与手段之间的关系尤为复杂，其中一个重要原因就是征税目的的复杂性和多样性。除此之外，在审查所采用手段的强度时，征税对象的不同对于私有财产权的限制强度也会产生影响。这就意味着各类税收不可能存在统一的宪法界限。因此，有必要首先以征税目的和征税对象为标准对税收进行分类，再分别针对不同类型的税收进行探讨。

（一）根据征税目的分类

从征税的目的角度讲，税收通常可分为财政性税收与非财政性税收。财政性税收通常指以获得财政收入为首要目的的税收。而非财政性税收的首要目标主要有两个：一个目标是引导公民出于经济利益等方面的考虑以某种方式做出或不做出某一行为，从而协助国家实现经济和社会政策等方面的公共目标，这类税收被称为引导税；另一个目标是将那些通过市场过程和现存占有关系确定的偏离公平的财产分配进行纠正，这类税收即再分配税。[1]

引导税的例子很多，比如国家以征收生态税的形式促使一些高污染企业不断减少对环境的破坏，在此，企业会在承受更重税负与改造或更新技术设备之间进行理智权衡，分析哪种选择在经济上更为划算；此外，国家还可以通过征税引导纳税人保护自身利益，比如征收烟草税的一个重要目的就是限制公民吸烟，保护公民自身的健康。但这并不意味着引导税完全不以获得财政收入为目的，只是与引导公民行为相比，财政创收成为次要目的。如果公民按照立法者的导向行为，那么税收必然会减少。可见，引导税的首要目的实现程度与次要目的实现程

---

[1] Vgl. Hans Herbert von Arnim, Besteuerung und Eigentum, VVDStRL 39（1981），286（339 f.）；类似的税收分类方法还可参见吕忠梅、陈虹：《经济法原论》，法律出版社 2008 年版，第 509 页。

度成反比。[1]

再分配税是现代社会国的常用手段，比如设立遗产税和赠与税的首要目的就是调节社会贫富差距，避免财富积累。当然，再分配税同样可以实现增加财政收入的目的。

（二）根据征税对象分类

根据征税对象的不同，税收主要分为财产税、所得税和流转税。财产税是抛开财产的流通或交易过程而着眼于稳定财产本身的税种，在征收财产税时，国家仅考虑纳税人所拥有或支配的财产，[2]而不考虑纳税人的其他具体情况。所得税是针对纳税人在一定期限内的纯收益而征收的税，包括公司所得税和个人所得税。在此，纯收益指资产净增长，即资产毛增长减去相关资产消耗和损失，因为只有那些真正归纳税人自己支配的收入才体现其给付能力。流转税则是针对商品或服务在流通过程中形成的流转额而征收的税。[3]

需要注意的是，目的分类与对象分类两种方法源于不同的视角，两种分类结果经常构成类别上的重合。举例来讲，在我国一

---

〔1〕 在讨论引导税是否构成对私有财产权的限制问题时会遇到一个特殊问题。举例来讲，上面提到的生态税可能构成对私有财产权的限制，但还可能构成对私营企业家职业自由权的限制，因为一般来讲，像改为使用更为环保的技术设备不仅无法促进私营企业增加经营收益，反而可能会增加企业成本，而使用何种设备和技术完全属于私营企业家职业自由的范畴。但引导税最终只可能对私有财产权或其他自由权二者之一构成限制，不可能产生基本权利的竞合，因为基本权利主体如果最终选择接受引导的目的行为，虽然职业自由权可能受限但不必再承受税负及容忍私有财产权遭受限制，而若最终选择承受税负，则可以拒绝引导的目的行为，充分行使个人相应的自由。

〔2〕 狭义的财产税一般仅指财产保有税，广义的财产税还包括财产转让税和财产收益税，参见刘隆亨主编：《财产税法》，北京大学出版社 2006 年版，第 33 页。由于财产转让税和财产收益税在很多情况下呈现出与所得税和流转税相似的特征，不便于区分讨论，因此下文所指的财产税主要是狭义财产税，仅在必要时对遗产税和赠与税这两种财产无偿转让税进行分析。

〔3〕 更详细的讨论可参见吕忠梅、陈虹：《经济法原论》，法律出版社 2008 年版，第 508 页；刘剑文、熊伟：《财政税收法》，法律出版社 2009 年版，第 206 页。

般认为遗产税和赠与税属于财产税范畴，但依照目的划分，其同时又属于再分配税；消费税属于流转税，但我国当前相当一部分消费税又应当被归入引导税范畴；而其他大部分流转税虽然也起着调节生产和消费的作用，甚至针对不同商品和服务制定不同的税率还可以起到再分配作用，但其主要目的仍然是增加财政收入，因此应当被归入财政性税收范畴；至于所得税是否属于财政性税收目前仍存在较大争议，本书认为，征收所得税本身的主要目的不是再分配，而是获得财政收入，发挥再分配作用的主要是所得税的累进税制，[1]因此下文将所得税归入财政性税收进行讨论；与此类似，虽然国家在现实中通常仅针对那些价额较高的财产征收财产税，但财产税的征税对象并非一成不变，会随着社会发展不断变化，财产税理论上包括针对任何稳定财产所征之税，因此大部分理论上可能存在的财产税应被归入财政性税收当中，本书仅将首要发挥再分配功能的财产税，尤其是具有较大特殊性的遗产税和赠与税放入再分配税部分进行讨论。

三、对税收的一般性正当性分析

人不仅是独立的个体，同时也是整个社会中的成员，而社会成员之间的利益必然会产生冲突，国家存在的一个重要目的就是平衡社会上这些相互冲突的利益。根据《宪法》第51条的规定，国家有必要在个案中进行利益权衡，为了维护其他宪法价值可以限制公民的基本权利。照此，宪法虽然并非绝对禁止国家限制公民的基本权利，但却禁止国家不正当地限制基本权利，换言之，国家限制公民的基本权利必须要具备宪法正当性。

具体而言，首先，根据《宪法》第51条，国家限制公民基本

---

〔1〕 本书并不讨论累进税制的问题，因为累进税制更多涉及平等权。本书是从自由权视角探索国家征税的宪法界限只涉及国家与公民二者之间的关系，只要审查国家给某一具体纳税人施加的税负是否符合宪法即可。

权利必须以实现公共利益或保护他人利益为前提。而实际上，实现公共利益的最终目的也是实现个人利益。此外，虽然每一个体都要受到整个社会的制约，但人本身即是目的，而不是手段或工具，人绝对不得成为国家的客体，国家必须尊重人的尊严。[1]国家行为即使以实现公共利益或保护他人利益为目的，也不得随意限制公民的基本权利，在实现目标的过程中必须注意手段的选择以及手段与目的之间的关联，即必须符合比例原则，否则即违反宪法。由于国家征税行为构成对公民私有财产权的限制，因此下文将针对国家征税行为的宪法正当性展开分析，而上文对税收作出的分类将作为分析的基础。[2]

（一）国家征税行为必须追求被宪法认可的目标

国家权力行使的目的是满足公民的需要，征税亦不例外，其最终目的应是尊重、保障和促进公民基本权利的实现。

再分配税主要以纠正市场分配结果和缩小贫富差距为目标，这一目标在宪法上具有正当性。审查引导税的目标是否被宪法认可也并不复杂。但审查财政性税收是否为了实现某一正当目标却会遇到困难。财政性税收的直接目的就是国库增收，如果我们仅将目标局限于这一最直接的目的，那么审查将会非常困难，因为增加财政收入的正当性取决于国家最终所要完成的任务的正当性。但如果我们审查国家财政任务的正当性，问题会变得更为棘手。正当性审查往往涉及对某一个体基本权利的限制与这一限制所要实现的目标之间的关联，而在通常情况下我们却无法查明某一纳

---

[1] 国家尊重人的尊严在我国的《宪法》依据是"人权条款"和具体基本权利规范体系，人的尊严是人权存在的基础，是各项基本权利的正当性基础，是我国宪法中的不成文规范。参见李海平：《宪法上人的尊严的规范分析》，载《当代法学》2011年第6期。

[2] 当然，保障纳税人的私有财产权不得导致纳税人可以左右国家财政任务，使代议机关成为宪法执行机关。但这只意味着我们需要在审查强度上做文章，而非审查标准。在对税法进行违宪审查时，一般应采用中等的审查强度。

税人所纳之税或者其承担的某一具体税负用于实现哪一项国家任务。与某一具体财产直接服务于某一公共需求不同，金钱是抽象的，能够被替代和互换，全部税收均先纳入国库，之后统一用于完成全部国家任务，原则上不得要求某一纳税人所纳之税专门用于完成某一特定国家任务，主要目的是保持纳税人与国家任务之间的距离，公民对国家任务的影响力不得取决于其纳税多少，在此尤其要竭力避免在纳税人与未来国家给付相对人之间建立关联，毕竟纳税与国家给付之间的关系不同于市场交易，国家给付具有中立性，并不受纳税人纳税额度的影响。[1]正是因为某一具体纳税人所承受的税负与国家所要完成的任务之间脱钩，国家财政支出较少遇到来自纳税人的阻力。[2]

但这一困难不得导致征税的正当性无从审查。从实际角度考虑，国家的任何一笔财政支出都关系到每一个纳税人的切身利益，至少全部税收总额与全部国家任务之间具有直接经济关联，二者通常成正比，国家财政任务的增加必然导致税收的增加。因此，在审查国家所追求目标是否具有宪法正当性时，可以将国家全部财政任务综合考虑，逐一审查每一项任务是否被宪法认可。

（二）国家征税行为必须符合适当性原则

比例原则中的适当性原则要求国家的征税行为必须有助于实现所追求的目标。在此，财政性税收通常不存在什么问题，必然有助于实现目标。而在引导税和再分配税问题上，需要在具体情况下审查是否确实有助于实现引导和再分配的目的。

---

〔1〕 Vgl. Josef Isensee, Steuerstaat und Staatsform, in: Rolf Stödter/Werner Thieme (Hrsg.), Beiträge zum deutschen und europäischen Verfassungs-, Verwaltungs-und Wirtschaftsrecht, Festschrift für Hans Peter Ipsen zum siebzigsten Geburtstag, Tübingen 1977, S. 423; Paul Kirchhof, Besteuerung und Eigentum, VVDStRL 39 (1981), 213 (250).

〔2〕 Vgl. Hans Herbert von Arnim, Besteuerung und Eigentum, VVDStRL 39 (1981), 286 (314).

（三）国家征税行为必须符合必要性原则

如果存在比所实施的征税行为对基本权利限制强度更小且同样能够实现目标的手段，那么国家的征税行为就不具备必要性。在缓解国家征税权与公民私有财产权之间的冲突时，国家首先必须尽可能减少不必要的任务，并非全部具备宪法正当性的任务都必须由国家亲自来完成，在一些情况下，私人可以同样甚至更出色地完成公共任务。国家任务的增多至少存在两个明显弊端：其一，每一次国家权限的扩张都会增加行政（有时还有立法和司法）成本，即增加纳税人的负担；其二，国家做的事情越多，权力越庞大，滥用权力的可能就越大，监督成本就越高，监督效果也就越差。我国在建设社会主义法治国家的过程中尤其需要对第二个弊端予以注意。因此，国家不仅需要在每一次接受新任务时对其必要性进行审查，还需要经常审查那些之前已经通过立法确立的任务在当前是否仍然具有必要性。

在讨论财政性税收的必要性时，虽然需要从整体上考虑国家任务，但这并不意味着只要全部财政收入和全部财政支出等量，国家征税就具有必要性，这将导致针对财政性税收的必要性审查失去意义。在此，宪法规定的效率原则应该作为征税与国家任务之间的桥梁发挥作用。效率原则要求成本与收益比例的最小化，由于在进行必要性审查时，目标即收益已经确定，因此效率原则主要要求尽可能减少成本。即使任务必须由国家亲自来完成，也应当在保证任务完成质量的同时尽量缩减财政支出。比如在完全可以通过压缩行政开支完成任务的情况下，国家增加税收就不符合必要性原则。效率原则限制了财政支出就等于限制了征税，可见，效率原则与征税关系密切。国家从本质上讲只是税收的受托人，既然征税是为了履行公共任务，那么国家就必须能够向委托人即纳税人证明亲自完成这些任务是必要的且在完成这些任务过程中尽可能做到了成本与收益比例的最小化，这是私有财产权的内在要求。由于审计机关的主要任务是以真实性和合法性为标准审查预算的编制和执行是否遵守了效率原则，因此其审查结果可以在一定程度上作为必要性原则的审查依据。

在将税收用于国家给付等福利措施时，应当持谨慎态度。[1]由于私有财产权的目的主要是从物质上保证个人尊严和自由的实现，因此其作用与基本权利的国家给付义务功能类似。但基本权利的国家给付首先是为保障个体的相对独立性，而不应导致对国家或他人的依赖性。私有财产权确保了公民个体能够在不受公权力影响的情况下自主规划私人生活的权利，其目的首先是满足财产所有者的私益，而不是实现公益（包括他人私益）。我们可以这样认为，若全部社会个体都能够在市场中获得实现自由的必要物质基础，那么基本权利的国家给付义务功能将会在很大程度上失去意义，因为国家给付只在私有财产权无法满足财产所有者实现基本权利的情况下才有必要。反过来也可以说，若公民可以且可能普遍享有给付请求权，那么宪法则没有必要保障公民的私有财产权。与国家尊重和保障私有财产权相比，国家给付义务只起辅助作用，否则个人在多数情况下将不再期望通过自身努力从市场中获得更多收入，而首先是想尽办法通过研究国家给付的相关法律条文从国库中获得尽可能多的福利。较之于在市场中追求财富，个人从国库中追求福利可能会更加"贪婪"，因为前者以等价交换为基础，而后者则通常只需较少的"付出"（比如审查自己是否满足特定法律的前提条件）即可获得较大"收获"。当公民都争先恐后地从国库中获得收入时，国家为了填补庞大的财政支出，又会在无须提供对等给付的情况下向纳税人索要更多金钱，这会造成财政税收上的恶性循环。当个人基于主观能力或客

---

〔1〕 在我国，很多学者将提高民生支出在整个财政支出结构中所占比例的行为称为"民生财政"。参见陈治：《论我国构建民生财政的法制保障》，载《当代法学》2011 年第 4 期。

观条件的限制无法通过自身努力获得实现尊严和自由的物质基础时，国家应首先协助其（重新）获得相应能力和条件，实现或恢复独立自主的状态，比如我国《宪法》第42条第2款就明确规定了国家通过各种途径创造劳动就业条件，第4款又规定了国家对就业前的公民进行必要的劳动就业训练。因此，给付只针对那些通过国家协助也不可能加入市场分配程序的群体（比如《宪法》第45条中涉及的部分老人、病人、残障人、客观无法获得相应职业培训机会的人）。国家成为第一责任人应当是例外情况，不可成为通例。国家给付义务的过度膨胀会消减公民的自主创造性和劳动积极性，会严重威胁我国宪法确立的私有财产制度和市场经济制度，社会的可持续发展也将遇到极大阻碍。宪法保障私有财产权的目的至少应是在一定程度上维护一个能够实现私益、发挥私人创造力的自由社会，任何社会国都必须以自由国中的私人自治、私有财产权等基本自由权为基础，而无限膨胀的社会国反而会对自由国构成威胁。

在再分配税问题上，国家首先必须对（健康）市场的分配结果和当前财产占有关系给予必要的尊重。如果社会上的贫富差距过大现象恰是由于国家不正当干预市场或不尊重公民私有财产权造成的，那么国家首先必须通过尊重市场和当前财产占有关系缩小贫富差异，此后再审查是否还有必要以征收再分配税的方式进行干预。

较之于强制性行为（要求或禁止），引导税对基本权利的限制强度原则上要小一些，因为财产所有者有着选择空间，可以放弃自己在理智情况下的行为，或者忍受个人资产的损失。但当引导税负担极大时，财产所有者可能实际上只有一种选择，即遵循国家导向以特定方式作为或不作为，这时对自由的限制强度几乎等同于强制。如果存在更为温和的手段能够使国家达到公共目的，那么这一引导税就缺乏必要性。此外，如果能够通过税收优惠实

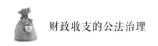
现公共目标，那么以加大税收的方式进行干预就不必要。

（四）国家征税行为必须符合狭义比例原则

依照狭义比例原则，国家所追求的公共利益与其所损害的个体利益必须成比例，不能显失均衡。

1. 对非财政性税收的成比例性审查

对引导税和再分配税的审查相对容易，因为引导税和再分配税的首要目的与征税手段之间可以建立直接关联。但在再分配税的问题上，有两点需要说明。

第一，国家即使有干预的必要，也只是对市场分配结果进行必要纠正，不得颠覆市场分配制度，更不得搞平均主义，将市场收入差距彻底消除，这不仅不符合狭义比例原则，而且违背了社会福利制度的初衷和社会主义的本质。

第二，在衡量以再分配为主要目的的遗产税和赠与税对纳税人私有财产权的限制强度时，有学者可能会认为，无偿转让的财产不仅在多数情况下不属于满足"人之尊严"所必需的物质基础，而且转让行为还违背了市场规律，不具备社会公正性，因此其受到私有财产权的保护强度通常不大。不能否认，与通过劳动以及其他形式的等价交换获得财产不同，通过继承和赠与行为获得财产者通常无需太多付出，尤其是大笔资产的无偿转让的确不太符合公平原则。但本书认为至少遗产税对私有财产权的限制强度还是很大的，至于赠与税也不可一概而论。在遗产税问题上，首先，继承权受到我国《宪法》第 13 条第 2 款的明确保障，因此宪法对继承的保护强度原则上要大于对赠与的保护强度。此外，如果说私有财产权涉及人和财产二者之间的关系，那么继承权则在很多情况下涉及人、家庭和财产三者之间的关系，而世界上绝大部分国家的宪法都十分重视对家庭的保护，因为家庭作为社会单位在一定程度上可以起到防止和抗衡国家权力过度干预基本权利的作用，因此继承过程蕴含了诸多社会、政治、经济和文化功能与元素。在赠与税问题上，一般来讲，赠与人与受赠人之间关系越近，私有财产权对赠与过程的保护强度就越大，因为关系越近，二者之间私益一般就越趋同。当然，即使赠与人与受赠人关系十分疏远，赠与税也绝对不得导致受赠人在财产转让后的经济自由空间未得到任何扩大。此外，国家征税的最终目的是实现公共利益，而如果赠与行为本身就有助于实现公共利益，那么国家征税的空间就会缩小，财产所有者应享有更多选择实现哪一具体公共利益的自由。

2. 对财政性税收的成比例性审查

审查财政性税收是否符合狭义比例原则极为复杂，因为通常无法查明某一纳税人的某一项具体税负或其总税负最终为实现哪些公共利益服务，即无法将二者进行直接的权衡。由于在审查宪法正当目标和必要性时已经对国家任务进行了较大强度的审查，因此在适用狭义比例原则时，应当主要审查征税是否构成对私有财产权的过度限制，[1]即分析如何来衡量征税对私有财产权的限制强度。[2]

在财产税[3]的问题上，相对于财产的获得、经营和转让，针对稳定财产征税对纳税人私有财产权的限制强度更大，因为与稳定财产相比，财产的获得、经营和转让通常具备开放性，在多数情况下依赖于国家对市场和法治秩序的保障，在财产流入法律交往后，归属关系必然不如过去牢固，这等于为征税打开了较多的

---

〔1〕 若财产税、所得税和流转税过高，导致纳税人无法承受，则征税会转化为对拥有财产、劳动、投资、消费等自由权的限制。

〔2〕 有德国学者建议狭义比例原则应要求最不紧要的财政任务与最重的税负之间不得显失均衡。Vgl. Hans Herbert von Arnim, Besteuerung und Eigentum, VVDStRL 39 (1981), 286 (359). 这等于要求每一项国家任务都必须与最重税负之间成比例。

〔3〕 主要承担再分配功能的那部分财产税适用于上文针对再分配税的讨论。但除了具有较大特殊性的遗产税和赠与税，此处的讨论在很大程度上也适用于衡量首要发挥再分配作用的财产税对私有财产权的限制强度。

空间。[1]如果纳税人在获得财产时已经承受了税负，那么此后针对该财产征收财产税就更应当慎重。

即使都是针对稳定财产征税，对私有财产权的限制强度也不可能完全相同。除了税率等因素，还必须考虑征税对象本身的特征和情况。虽然在征收财产税时，纳税人针对其稳定财产的相关权利未必受到限制，但纳税人却因拥有此财产而承受税负，导致其资产数额的减少和经济自由的缩小。因此，征税对象本身的特征和情况对衡量财产税对私有财产权的限制强度有着一定程度的影响，主要存在下列6条衡量方法：

第一，征税对象的来源对衡量财产税对私有财产权的限制强度存在影响。征税对象越难获得，征税对纳税人私有财产权的限制强度越大。

第二，征税对象的用途对衡量财产税对私有财产权的限制强度存在影响。由于私有财产权保障财产之私益，因此征税对象与纳税人的关系越紧密，越多用于确保纳税人的经济独立和个性与自由的施展，征税对纳税人私有财产权的限制强度就越大；[2]针对那些用于满足个人基本生存所需的财产（比如房屋、日用品等生活必需品）征税必须格外慎重；此外，针对那些寄托个人情感的财产（比如结婚戒指）征税要比针对那些完全用于实现经济利益的财产（比如用于营利的戒指）征税受到更多的限制。

第三，征税对象与纳税人之间建立关系的时间越长，征税对纳税人私有财产权的限制强度就越大。

第四，征税对象的珍稀程度对衡量财产税对私有财产权的限

〔1〕 Vgl. Paul Kirchhof, Die Steuer als Ausdruck der Staatsverfassung, in: Everhardt Franßen/Konrad Redeker/Otto Schlichter/Dieter Wilke（Hrsg.），Bürger-Richter-Staat, Festschrift für Horst Sendler, Präsident des Bundesverwaltungsgerichts, zum Abschied aus seinem Amt, München 1991, S. 72.

〔2〕 Vgl. BVerfGE 50, 290（340 f.）；53, 257（292）；100, 226（241）.

制强度存在影响，如针对古董征税对纳税人私有财产权的限制强度就要大于针对一般商品征税。[1]

第五，征税对象越不具备收益能力，或者越不应期待纳税人针对其从事经营活动，财产税对纳税人私有财产权的限制强度就越大；当征税对象完全不具备收益能力[2]或根本不应指望针对其从事经营活动时，财产税会对征税对象本身产生绞杀效果。即使征税对象具备收益能力且所有者确实利用其从事了营利活动，在一般情况下，国家也仅针对财产经营成果征税，对能够用于经营的财产本身予以保护，这不仅可以保障财产的私人用益，而且还保护了国家未来的税收来源。如果纳税人拥有某一具有收益能力的财产且完全可以期待其针对该财产从事经营活动，而其却放弃从事相关活动，那么国家对其提供给付当然不具备必要性，但这并不意味着国家针对该财产征税就会不受宪法限制，毕竟私有财产权还保障了财产所有者不利用其财产从事营利活动的自由。

第六，纳税人过去因该财产承受税负的次数越多，财产税对纳税人私有财产权的限制强度就越大。

在所得税的问题上，由于公民获得收益在多数情况下依赖于国家对市场和法治秩序的保障，因此宪法留给国家征收所得税的空间要大于征收财产税的空间，但征收所得税仍然要受到私有财产权的限制。

绝大多数的个人或企业所得都经过了市场中的等价交换（包括金钱、财产、劳动之间的交换）和公正分配。只有给纳税人留下合理的税后收益，纳税人才可能认为自己的付出是值得的，才可能有继续付出的动力，这是使私有财产制度可持续为

---

[1]　参见易继明、周琼：《论具有人格利益的财产》，载《法学研究》2008年第1期。

[2]　Vgl. BVerfGE 93, 149,（152 ff.）.

国民经济和公共利益服务的唯一途径。因此，国家不仅不得威胁税源，还应当对私有财产权的私益进行必要保护。如果税收高于实际收益，那么对于个人而言，资产数额可能会不断减少，对于企业而言，很可能会因纳税逐步走向破产，此时国家不仅无法再从企业那里获得税收，可能还需要对企业的失业人员提供给付，这会极大加重国家的财政负担，长此以往甚至会导致国家机器无法再正常运转。即使税收等同于实际收益，也必然会导致劳动或投资行为失去意义，同样违背狭义比例原则。对于市场中的企业而言，一个国家或地区的税负是决定其选址的重要因素，减轻企业的税负在很多情况下可以扩大税源，繁荣经济甚至最终增加税收。私营企业家一般不应同时承受企业所得税和个人所得税的双重税负。

针对不同来源的所得征税对私有财产权的限制强度也不尽相同。除了概率极小的中奖所得以及上文已经讨论的捐赠所得等偶然性所得，有学者将各种所得的最终来源划分为三种：即劳动力报酬所得、资本所得和劳动力与资本结合起来的所得。一般认为，所得来源的不同通常意味着担税力的差异，越多依靠资本的所得担税力越大，越多依靠劳动的所得担税力越小，所得税法一般采取资本所得重课税而勤劳所得轻课税的立场。[1]

此外，即使都是针对资本所得征税，对私有财产权的限制强度也存在差异，针对不可重复性收入征税对私有财产权的限制强度一般要大于针对可重复性收入征税。比如，财产转让通常是原所有者最后一次利用私有财产，不具备可重复性，因此对财产转

---

〔1〕 参见徐蓉：《所得税征税客体研究》，西南财经大学 2008 年博士学位论文。一个人往往有着固定的劳动年限，而投资却不受年龄的限制，可见依靠资本所得的担税力较之劳动所得更大。相关讨论还可参见陈丹：《论税收正义——基于宪法学角度的省察》，法律出版社 2010 年版，第 96 页。但为了促进经济发展和解决失业问题，当前一些西方国家开始逐步放弃这一立场，甚至出现对投资所得的征税力度比劳动所得还要小的现象。

让所得征税要比针对财产租赁所得征税受到更多限制。

除了通过市场等价交换获得的收益，还有通过法律规定的国家给付获得的收益。由于国家给付通常具有救助性质，在很多情况下只为满足那些不具备劳动能力和条件的公民的基本生活所需，因此原则上不得对这类收入征税，更何况国家在提供给付后再对其征税本质上是一种浪费。

在流转税〔1〕的问题上，与获得收益类似，市场中的商品流通以及商品和非商品的交易一般同样依赖于社会共同体的法治秩序，因此征收流转税也要比征收财产税对私有财产权的限制强度小。

流转税一般可以转嫁他人，通常由最终消费者在获得某一产品或服务时承担。流转税的额度不得过度影响最终消费者的消费决定，否则流转税会构成对企业营业自由和消费者消费自由的过度限制，并阻碍正常的商品流通和市场交易。由于购买生活必需品往往并非消费者自由选择的结果，因此国家对这类商品的流转额征税会格外受到宪法限制。与此相反，针对奢侈品流转额征税的空间就要宽松很多。当流转税在例外情况下无法转嫁给消费者时，企业等于被迫向国家转让部分盈利，由于企业通常还需要承担企业所得税，因此这时征收流转税对企业私有财产权的限制强度加大。

3. 对各类税收的整体考量

如果税种和税目极为繁多，即使每一税种和税目都具备宪法正当性，累加后仍然可能侵害纳税人的私有财产权，毕竟征税对私有财产权的限制更多体现在全部税收的总负担上，每一税种上限的总和并不等于全部税负的上限。因此，需要在单项考量的基

---

〔1〕 由于我国当前相当一部分消费税属于引导税，因此此处只讨论非引导性流转税，但此处的讨论在一定程度上也适用于衡量消费税对私有财产权或相应自由权的限制强度。

础上结合整体考量方法来审查征税的宪法正当性。[1]整体考量主要审查特定纳税人的全部税负是否过度限制了其私有财产权。[2]在进行整体考量时，引导税和再分配税也应纳入考量范围。既然私有财产权的宪法作用和意义不是保护财产本身，而是保障财产所有者自由和人格的施展，那么在对私有财产权的限制强度进行整体考量时，我们不应以财产本身为准，而应当衡量对纳税人自由和人格施展的限制强度。

首先，宪法基本权利的核心内涵"人之尊严"是一项重要标准。维护人之尊严是国家履行给付义务的最低标准，人之尊严不仅要求生存权的保障，还包括了文化和精神层面的基本需求，人之尊严不可能成为实现其他任何宪法价值的牺牲品。既然人之尊严是国家必须保障的，那么人之尊严的物质基础当然就更不得遭受国家的主动侵害，纳税人在履行全部纳税义务后，其剩余资产必须能够满足实现人之尊严所需。在此，私有财产权可能会与生存权产生竞合。[3]

其次，如果说整体税负不得影响到实现人之尊严所需的物质

---

[1] 当然也不得忽视上文单项考量的重要性。虽然纳税人最关心的是其承受的全部税负，但如果仅审查总税负是否正当，立法者的裁量空间会大范围扩展，私有财产权的保障效力在某种意义上将极大减弱。税法通常确定了一个个具体的征税对象，征税对象和过程的多样性意味着立法者要考虑到纳税人实际承受的每一单项税负的正当性。如果某一单项税负超越了宪法界限，即使其他各项税负很轻，整体税负十分合理，也无法改变单项税负违宪的事实。

[2] 当然无法否认，审查纳税人的全部税负并非易事，因为宪法审查的对象通常只是某一具体法律规范，而不是一系列法律规范共同作用的整体效果。如果若干合宪的法律规范共同作用带来的整体效果违宪，是否认定全部法律规范违宪？答案当然是否定的，为了避免总税负超越宪法界限，在必要时可以通过立法减免纳税人的最后一项税负甚至规定总征税额度的最高上限。Vgl. Dirk Ehlers, Eigentumsschutz, Sozialbindung und Enteignung bei der Nutzung von Boden und Umwelt, VVDStRL 51 (1992), 211 (211 ff.).

[3] 参见韩大元、冯家亮:《中国宪法文本中纳税义务条款的规范分析》，载《兰州大学学报（社会科学版）》2008 年第 6 期。

基础是国家征税的绝对界限，那么纳税人能够实现个性化生活则是国家征税原则上的界限，至少全部税负绝对不得导致以劳动或投资方式获得收入的纳税人的经济自由空间小于或等于那些依靠国家给付生活的公民的经济自由空间。

再次，私有财产权的保护强度一般随着私人资产的增长而减弱，经济上弱势群体的财产应受到特别保护。当某一低收入纳税人为了纳税必须牺牲某一财产时，对私有财产权的限制强度很大，在此可供选择牺牲的财产越少，效果就越接近征收。

最后，征税还要考虑到纳税人的家庭情况，[1]比如不具备收入能力的未成年子女通常需要分享纳税人的资产。税法必须要在一定程度上担负起维护婚姻和家庭稳定的任务。

第二节　具体税种收入的正当性分析：以个人所得税、遗产税为例

一、个人所得税

（一）征收个人所得税与基本权利之间存在的张力

保障公民权利是国家存在的正当性基础与根本目的。国家需履行维护社会治安、推行义务教育、扶持弱势群体等义务以促进公民财产权、教育权等权利的充分实现。上述义务的履行往往需要以高昂的执法成本、司法成本等公共成本为代价，因而只有在获得足够财政支持的基础上，才能确保国家有所作为。在多种可选择的财政收入手段中，税收是对公民财产自由、营业自由等基本权利限制强度最小的方式，也因此成为现代法治国家财政收入的主要来源。但征税权的行使作为公权行为同样蕴含着对公民基

---

〔1〕　Vgl. BVerfGE 93, 121（142）；Hans-Jürgen Papier, Steuern und Abgaben, KritV 1987, 140（148）Fn. 35；Peter Selmer, Finanzordnung und Grundgesetz, AöR 1976, 399（437 f.）.

本权利的限制，而在诸税种中，个人所得税作为具有高度属人性的直接税将基本权利与国家税收行为之间的紧张关系表现得尤为突出。[1]

1. 财产权

个人所得税的征收首先表现为对公民财产权的限制。一直以来私有财产权就作为保障公民享有自由与自主实现权利的载体受到宪法较高程度的保护，但在现代社会中，伴随着社会生活领域的巨大变迁，"公民财产权早已不再被视为是绝对的，而需要承担社会利益分配与协调功能，也就是型塑社会秩序的功能，即财产权在保障个人财产自由的基础上，也要同时有助于公益"[2]。具体来说，个人所得税的缴纳以公民在市场经济领域所获得的收益作为征收对象，使公民可支配收入减少，限缩了公民在财产领域的自由空间，是对公民财产权利的限制。

与此同时，现代国家的职能扩张更进一步加剧了公民财产权与个人所得税征收之间的冲突。在现代社会中国家存在的目的早已不再局限于维持自由安全的社会秩序，保护公民的人身和财产，还要承担经济调控、再分配等多项功能，所承担的积极义务愈加广泛，而上述活动的履行无疑需要大量资源作为支持，国家所需的财政收入因而亦随着愈来愈多的职责与任务而不断扩张。在这样的背景下，国家对于财政收入源源不断且日益增长的需求就与个人所得税的制度定位间产生了较为紧密的关联。因为虽然广泛地来说，所有类型的税收均有筹集财政收入的作用，但具体来看不同的税种还是有其独特的功能侧重。如上所述，以不同目的进行分类可将税收分为以获取财政收入和承载社会经济政策为目的的税种，个人所得税即属于前者。因此国家所需财政收入的增多

---

[1] 参见汤洁茵：《纳税人基本权利的保障与实现机制：以个人所得税为核心》，载《中国法律评论》2018年第6期。
[2] 张翔：《财产权的社会义务》，载《中国社会科学》2012年第9期。

会增强对于个人所得税征收的依赖程度，加剧个人所得税征收与公民财产权之间的冲突。

2. 平等权

实质上个人所得税的征收不仅表现为对公民财产权的介入，同样会对公民平等权产生威胁。自由权与平等权的界分是基本权利理论中非常重要的一种分类。在自由权案件中主要涉及了权利主体与国家之间的单向关系，审查国家行为是否对个体造成了侵犯；而在平等权案件中则涉及了"个人—国家—个人"三者之间的关系，对平等权是否受到侵犯的审查主要聚焦于比较个体之间的区别和差异，审查国家在法律规范中是否采用了任意的区分标准进行立法归类，从而对实质法律境况相同的公民进行了区别对待。公民平等权对国家的要求并非均等对待，而是同等情况同等对待，不同情况不同对待，只要有充足的理由对公民进行区别对待就并不构成对公民平等权的限制。因此可以说，在平等权的案件审查中主要涉及了对立法归类的合宪性审查，判断立法者对不同公民的区别对待是否具有实质合宪正当性。个人所得税作为设计精密复杂的税种，在税制模式的选择，征税对象的分类，税率设计等多个环节均会涉及对公民的区别对待，而这一区别对待是否符合宪法平等权的要求则是非常复杂的问题。譬如，就征税对象的分类来说，诸多学者均认为税制改革前个人所得税法中对稿酬所得和薪资所得的分类管理是对同种类型所得不合理的区别对待；[1] 而就税制模式的选择来说何者更为契合平等征税的要求也一直是学界讨论的焦点。由此可见，在个人所得税征收制度设计的诸多环节中均有涉及对公民的区别对待，如若立法机关不能较为审慎地权衡选择，公民平等权就将面临岌岌可危的境地。

---

〔1〕 参见刘剑文、胡翔：《〈个人所得税法〉修改的变迁评介与当代进路》，载《法学》2018 年第 9 期。

3. 最低生存保障

公民最低生存保障的需求也要求对个人所得税的征收保持必要警惕。虽然我国宪法并没有直接采用最低生存需求的表述，但基于最低生存需求对公民人格尊严保障具有的基础性重要地位，并结合我国《宪法》第 33 条第 3 款"国家尊重和保障人权"的规定，[1]国家应当尊重公民最低生存所需的自我实现，更需要为其提供适时的帮助，公民的最低生存需求要求国家应当保障公民作为一个有尊严的个体生存下去的权利。在个人所得税的征收中直接体现的固然是与公民财产权之间的冲突，但考虑到财产同样是公民生存所需的物质基础，对公民生存权的实现发挥着基础性重要作用，那么当个人所得税的征收对公民财产权的限制达到一定程度时，必然也会影响公民基本生存权利的实现。基于此，有观点认为对公民财产权的保障中已经蕴含了对公民基本生存所需的关照，只要确保财产权能够在税收行为中得到适当保护即可满足公民基本生存尊严的需要。但实际上这一观点只注意到了物质需要在对两种权利实现方面存在的重合性，却忽视了两者是不同宪法秩序和价值理念的体现。对公民最低生存所需的保障是为了确保公民的最低生活尊严，财产权则在满足人有尊严的生活的基础上，还致力于促进公民个性多样化的发展，也由此决定了在个人所得税的征收中对其保障需要采取不同的措施路径。因此，并不能因为对财产权的保障而忽视个人所得税的征收对公民基本生存所需可能造成的影响。

（二）适用量能课税原则的宪法正当性分析

国家征收个人所得税不可避免地会对公民多项基本权利构成限制。一方面出于实现公共利益，保护他人合法权益的目的，国

---

〔1〕 更多分析参见张薇薇：《"人权条款"：宪法未列举权利的"安身之所"》，载《法学评论》2011 年第 1 期。

家的征税行为具有实施的必要性，但另一方面，如若不能有效约束国家权力，则无法防范国家征税行为突破必要界限而对公民权利造成的不当侵害。因此必然需要一定的衡量标准来划定国家征税行为的边界，确保国家权力的行使落入宪法设定的轨道。

1. 形式合宪性标准对基本权利的保障存在不足

为了平衡国家征税行为与公民基本权利之间的冲突，我国宪法要求国家征税必须通过法律。《宪法》第 56 条规定："中华人民共和国公民有依照法律纳税的义务。"结合宪法原理可知只有将国家公权力机关确定为宪法的义务主体才具备合理的法理内涵与逻辑意义，[1] 由此，该条款实质上是对立法机关提出的宪法委托，[2] 要求立法机关切实履行制定税收法律的职责，防止行政机关直接染指与公民基本权利紧密相关的税收事项，并可进一步归纳为税收法定原则。该原则是对包括《个人所得税法》在内的我国税法体系的基本要求，彰显了宪法对立法机关的相对信任，对行政机关的审慎怀疑，有利于确保税法规范的明确安定性和民主正当性，防范行政机关权力滥用。

但在肯定其价值的同时亦无法忽视该原则可能缺乏对立法机关应有的警惕。税收法定原则体现的是对立法机关的信任，要求国家征税必须通过法律，以此形式标准作为保障公民权利的依据。但止步于此形式要求，并未明确国家公权力机关征收税款的根本目的何在，具体方式有何限度，从而也就无法防范国家出于获取更多税款的目的，以公共利益为旗帜制定不当税法规范加重公民税收负担。而在实践中代议机关制定不当税法规范的情形时有发生。可以说仅仅依赖税收法定原则只能对个人所得税立法进行形

---

〔1〕　林来梵：《从宪法规范到规范宪法——规范宪法学的一种前言》，商务印书馆 2017 年版，第 255 页。

〔2〕　关于宪法委托更多的分析与介绍，参见陈新民：《宪法基本权利之基本理论（上）》，元照出版有限公司 1999 年版，第 37~93 页。

式约束，却无法保障税法规范本身的正当性。换言之，税收法定原则只能使所征之税具备形式合宪性，尚无法确保税法规范的实质合宪性。而实质合宪性的缺失无疑会使公民基本权利在税收法定原则的庇护下仍存在被威胁侵害的可能。因此为了更加全面地保障公民基本权利，应在此基础上找寻能够完善、补强其功能的实质性价值基准。

2. 实质合宪性标准的探寻：受益说与量能说

不同于税收法定原则作为形式合宪性标准要求国家征收个人所得税必须通过法律，实质合宪性的标准则要求能够直接体现对公民基本权利的关照。由于税收是公民承担的无对价的税收义务，[1]是所有公民基于公共利益而承担的社会责任，因此只有国家能够将纳税义务平等分配于所有公民，使公民能够为了公共利益进行平等牺牲，落实平等税负的情况下，公民基本权利受到的限制才能够处于较为适当的状态，国家的征税行为才能够具备实质合宪性。正如日本著名学者北野弘久所言："认同公平税负原则是租税立法上一条最为重要的指导性原则已成为人们的共识。"[2]而何为税收公平，在理论上存在着受益说与量能说的讨论。

（1）受益说

受益说认为公民向国家缴纳的税款是公民享受国家所提供的公共服务的对价，政府行为使公民受益，因此公民应当向国家缴纳税款。受益说标准认为纳税人缴纳的税款与其从政府中所获得的收益成正相关的比例关系，享受到政府公共服务的公民应按照

---

[1] 无对价的税收义务是指公民在履行税法所定之义务时，不存在要求国家对应其个人提供对待给付的对价关系。但是在通常情况下公民缴纳的税款会反映在国家对公民可提供的给付或服务中，从而，另一方面也可以理解为公民缴纳税款与国家所提供之给付之间，存在总体性的对价给付关系。参见柯格钟：《论税捐正义的追寻：从宪法平等原则到税法量能课税原则的路径》，载《台大法学论丛》（2016 年）第 45 期特刊。

[2] ［日］北野弘久：《税法学原论》，陈刚等译，中国检察出版社 2001 年版，第 84 页。

所享受的公共资源的多少来确定应缴纳的税款。虽然受益说将公民缴纳的税款作为公民享受公共服务的对价看似具有公平正当性，但进一步深入分析可发现该观点仍存在值得推敲的地方：首先，政府所提供的公共服务本就是面向社会不特定公众开放的，与公民受益程度之间的关联往往难以具体确定，无法在法律上具体量化；其次，即使一些贫困公民无能力缴纳税款，也不能就此剥夺公民享受公共服务的权利，甚至基于国家对公民基本权利负有的义务和责任，国家更应该对社会的弱势群体提供更多的社会资源与公共服务，以确保这部分公民享有足以作为有尊严的人生活下去的基本条件。从上述角度来看受益说不仅无法落实实质公平、体现对公民权利的保障，甚至有违税款征收使用的基本宪法原理，所以受益说并不适宜作为个人所得税法的实质性判断标准。

（2）量能说

量能说则认为税款的缴纳是公民对国家负有的无对待的金钱给付义务，公民缴纳税款的正当性来自财产权所负有的社会义务。按照学界通说，量能课税原则具体包括以下两个考量维度。一是纵向量能课税：要求国家的征税行为必须受公民个人支付能力的制约，在考量公民负担能力的基础上征收税款。二是横向量能课税，要求国家征税必须具有公平正当性，对本质上相同的纳税人征收相同的税款，对本质上不同的纳税人使其承担不同的税负。[1]因此又有学者将该原则总结为：依照个人税收负担能力而平等课税原则，在其中税收负担能力为该原则的核心，一般认为公民的税收负担能力应当是客观现实上负担税收的支付能力，来源于个人在经济活动中所获得的经济成果，在此基础上扣除公民为满足自身及家庭所必须的生活费用，则为纳税人现实上可支配的金钱或者其他财产利益，也就是自身客观上足以支付税捐的负担能力，

---

〔1〕　参见葛克昌：《租税国的危机》，厦门大学出版社 2016 年版，第 170 页。

并因此形成量能课税原则的核心内涵。[1]

从中可以看出，不同于受益原则将税款作为公民享受政府公共服务的等价交换，量能课税原则有意创设了国家税收行为与公民缴纳税款之间的距离，专注于从公民自身出发，依照公民税收负担能力的不同具体确定个人所应缴纳的税额，对国家征税行为的展开提出了明确具体的要求，其中蕴含了限制国家征税权力，保障公民基本权利的重要宪法理念：首先，国家征收税款应在衡量公民个人税收负担能力的基础上进行，不得过度征税，这是对公民财产权的保护；其次，量能课税原则要求在不同的纳税主体之间，将公民税收负担能力的不同作为将公民进行区别对待的标准，对于如何落实公民平等权的保障提出了明确正当的标准，有利于将税收义务在不同纳税主体之间进行平等分配。另外，对公民最低生存需求的关照也通过要求国家最终的征税额度扣除公民基本生存所需的费用得以体现。

综上所述，量能课税原则中蕴含着真正体现税收公平、保障公民基本权利的丰富意涵，足以使之作为个人所得税征收的实质合宪性评判标准。正是基于量能课税原则在制约国家征税权力、保障公民权利方面具有的重要作用，许多国家纷纷将量能课税原则确立为其个人所得税法的基本原则，亦有国家将之确立为宪法的基本原则，以此为标准衡量税法规范的制定是否具有实质合宪性。我国实定法中尚未明文规定量能课税原则，在我国适用该原则是否存在宪法依据？将其作为《个人所得税法》制定的衡量基准有何意义？都需要进一步探讨论证。

3. 量能课税原则适用的宪法依据

量能课税原则要求国家的税收行为必须在考量公民个人税收负担能力的基础上进行平等征收，是对国家限制公民基本权利行

---

[1] 参见柯格钟：《论量能课税原则》，载《成大法学》（2007年）第14期。

为所提出的"限制的限制"。基于量能课税原则对公民基本权利保障具有的重要价值，对适用量能课税原则的正当性依据也主要应从公民基本权利的相关条款中进行探寻。

宪法私有财产权的规定是纵向量能课税原则适用的宪法依据。依据《宪法》第 13 条的规定，国家负有保护公民财产权的义务，但宪法同时也规定国家为了公共利益的需要，可以对公民财产权进行一定限制。纳税即是公民应当忍受的社会责任。然而，即便为了促进公共利益赋予了税收行为的正当性，该种限制也应当是必要且有限度的，因为财产权在本质上还是自由权，对财产权保障的根本目的是实现个人自由，促进个人全面发展。公民财产权所担负的社会义务不得造成公民财产权的过重负担，过度压缩公民的私人空间。纵向量能课税原则要求国家征收个人所得税应当受公民个人的经济负担能力制约，在衡量公民个人负担能力的基础上征收税款，只能对私有财产在使用中所创造的新增收益课以税负，而不得涉及财产权本体，有力协调了财产权社会义务与公民自由之间存在的矛盾。因此《宪法》第 13 条适合作为纵向量能课税原则在我国适用的宪法依据。

《宪法》第 33 条第 2 款是横向量能课税原则适用的宪法依据。横向量能课税原则要求对于具有同样纳税能力的公民承担相同的税负，不同纳税能力的公民承担不同的税负实质上是宪法平等权在税法领域的具体表达。宪法上的平等并非齐头并进的平均主义、要求所有公民承担完全相同的负担，[1] 而是要求国家能够在兼顾个体差异的基础上，实现同等情况同等对待、不同情况区别对待。横向量能课税原则的内涵契合了上述平等权的宪法理念，要求国家税款的征收必须受到公民个人税收负担能力的制约，要求具有同样纳税能力的公民承担相同的税负，不同纳税能力的公民承担

---

[1]　参见张翔：《个人所得税作为财产权限制——基于基本权利教义学的初步考察》，载《浙江社会科学》2013 年第 9 期。

不同的税负，以公民个人的经济负担能力作为将公民进行区别对待的实质性理由，提出了在税法领域对公民进行区别对待的实质性标准，能够最大限度确保公民足以为公共利益的实现担负平等的税负责任，进行平等牺牲。正如有学者指出"量能课税原则是宪法平等原则在税法上的具体实践，是最重要且具有伦理价值的税收基本原则"[1]，能够为公民平等权的保障提供更加明确的指引，有效平衡税收行为对公民平等权构成的威胁，尽力促成对所有公民平等征税。因此来说，《宪法》第 33 条第 2 款关于一般平等权的规定足以作为横向量能课税原则的正当性宪法依据。

《宪法》第 33 条第 3 款同样构成我国使用量能课税原则的宪法依据，其规定："国家尊重和保障人权。"从该条款中可以推出国家应当保障公民最低生存所需的权利，保障公民得以具备作为一个有尊严的个体生存下去的权利。在量能课税原则对公民税收负担能力的理解中不得机械地将公民在经济活动中所创造的全部收益作为公民理论上的税收负担能力，事实上，该原则要求对于公民最终纳税额的确定应当扣除公民的基本生存所需费用，将公民的基本生存所需费用作为国家开展征税活动的最低界限，契合了宪法条文中尊重与保障公民权利的宪法要求，因此，《宪法》第 33 条第 3 款同样为量能课税原则在我国适用提供了宪法依据。

《宪法》第 51 条所推导出的比例原则亦与量能课税原则同符合契。既然已经具有判断国家行为合宪与否的一般性判断标准，为何还要在税法领域引入量能课税原则，两者之间存在何种关联？如果从比例原则的角度对《个人所得税法》进行合宪性分析，可以较为简易地得出个人所得税制度符合目的正当性原则和适当性原则的要求，即个人所得税征收是为了使国家能够获取足够的财政收入以支持其公共服务功能的实现，同时个人所得税的征收也

---

〔1〕 参见柯格钟：《论税捐正义的追寻：从宪法平等原则到税法量能课税原则的路径》，载《台大法学论丛》（2016 年）第 45 期特刊。

有助于该目的的实现，因此能够通过比例原则"目的正当性"与"适当性"的审查。但是，"个人所得税的具体征税额究竟应限定在何种水平，方能符合'必要性'原则，也就是对纳税人财产只是构成最小的、最温和的限制"[1]，则并不具有清晰明确性。而对于这一必要性的界限，量能课税原则则可以提供较为明确的指引。量能课税原则要求国家征收税款应当以公民税收负担能力作为衡量标准，对公民财产权留有充足的自我实现空间，公民承担的个人所得税负担不得过度侵害公民财产权，使公民财产权承受不合比例的过度限制。通过上述分析可以得出量能课税原则实际上是比例原则的子原则——必要性原则在税法领域的具体表达，因此《宪法》第51条也能够作为量能课税原则适用的宪法依据。

综上所述，量能课税原则可以从我国《宪法》第13条和第33条第2款以及第51条中导出，在我国宪法秩序下存在适用该原则的规范依据，因此在下文将进一步通过对个人所得税法与量能课税原则之间的关系进行阐释，说明在个人所得税法中引入量能课税原则的重要意义。

4. 量能课税原则作为个人所得税法实质合宪性标准的重要意义

（1）促进个人所得税法成为纳税人权益保护之法

正如上文所述，个人所得税法是以获取财政收入为主要目的建构的税收制度，在国家财政收入的获取方面扮演了极为重要的角色，并且基于在现代社会中国家职权的逐步扩张，国家对于财政收入的需求也日益增长，会进一步加强国家通过征收个人所得税来获取财政收入的欲望。因此如若缺乏能够对个人所得税的征收提供指引的一般性原则，个人所得税制度的实际运行很有可能会向获取财政收入的目的倾斜，使个人所得税法沦为国家获取财

---

〔1〕 张翔：《个人所得税作为财产权限制——基于基本权利教义学的初步考察》，载《浙江社会科学》2013年第9期。

政收入获取的工具。"以量能负担原则为指导，税收立法者立法时就会在顾及国家财政收入的同时，尽可能地考虑纳税人各种人的因素。在选择课税对象时，斟酌纳税人的个人条件，如生存保障、抚养义务、特别急难以及资本维持等；区别对待生存权财产、资本性财产和投机性财产；慎重对待直接税和间接税的比例安排，尽量使'租税人税化'[1]，以保障纳税人根据其负担能力公平负担纳税义务的权利。"[2]量能课税原则直接以宪法层面公民基本权利为国家税收行为的约束标准，不仅对国家征税行为提出了具体要求，更是明确警示国家税款的征收固然以获取财政收入为直接目的，但并不意味着以财政收入的获取为根本导向，而应当将公民基本权利作为最高价值标准，在此目标的规范约束下，考量公民个人税收负担能力并征收税款。量能课税原则引入有利于确保个人所得税制度成为"纳税人的权益保护之法，而非国家征收活动正当性依据的法律"。[3]

（2）有效约束国家征税权力的行使

从税收的最初功能来看，国家征收税款的直接目标在于获取财政收入，从而确保国家具备足够的财政能力为公民提供公共服务。但在现代社会中，由于国家职能的逐步扩张，致使税收在获取财政收入的功能外，也承载了越来越多社会利益调节的功能。特别是个人所得税所具有的宽税基、税负不宜转嫁、直接税的特点，使得个人所得税在现代社会中成为调节贫富差距、承载各种经济政策、调控经济的重要工具。虽然上述功能的发挥能够挖掘

---

[1]　"人税化"是日本著名税法学者北野弘久所提出的观点，他认为"如果按宪法理论理解应能负担的含义，租税应该尽可能朝人税化方向发展，且在租税中尽量考虑纳税者各种人的因素方面。人税化在税法学中意味着在租税中尊重人权"。参见〔日〕北野弘久：《税法学原论》，陈刚等译，中国检察出版社2001年版，第104~105页。

[2]　许多奇：《论税法量能平等负担原则》，载《中国法学》2013年第5期。

[3]　参见〔日〕北野弘久：《税法学原论》，陈刚等译，中国检察出版社2001年版，第145页。

个人所得税法的制度潜力，对国民经济发展、社会稳定运行具有重要作用，但同样也隐藏着使个人所得税法背离制度设计初衷的危险。诚然税收的整体使用管理依然遵循取之于民、用之于民的规则，但从形式上看，以财政收入为目的的税收是公民财产权为了公共利益所作的单方面牺牲，只有在所有公民均可依据自己的能力平等负税，承担社会责任的情况下，才能使这种单方牺牲具有正当性，减轻公民的抗税意愿。而国家为了使之发挥调控经济、实现社会政策的作用则很有可能使个人所得税法的制度设计背离平等税负的要求，使部分公民承担不合比例的过重负担或者不切实际的税收优惠，从而对公民权利产生较大威胁。将量能课税原则引入并作为衡量国家征收个人所得税是否具有实质合宪性的判断标准，则能够对国家机关发挥有效的约束作用，警示国家即使运用个人所得税发挥宏观调控、调节收入差距的社会作用也必须在衡量公民税收负担能力的基础上进行制度设计，如果过分背离这一原则而径直追寻上述经济目标，则是侵犯公民基本权利、背离税收实质合宪性的不当做法。因此，将量能课税原则引入作为个人所得税法中实质合宪性的审查标准，有利于约束国家税收行为不得偏离预定的轨道，防范国家征税权力的滥用。

综上所述，量能课税原则不但不存在合宪性缺失的质疑，反而还是宪法基本权利保障精神在税法领域的积极体现，量能课税原则要求任一税法条款的制定均服膺于量能课税原则中蕴含的保障公民基本权利的宪法理念，对立法机关制定税法章节条款的方方面面均具有辐射约束作用，能够使公民在面对国家征税行为时占据更加有利的地位，应将之作为个人所得税法制定施行所应遵循的实质合宪性标准，并落实于税收实践的方方面面。

（三）量能课税原则对《个人所得税法》的制定要求

在税收法律的制定中，立法者往往会依据公民个人经济情况与负担能力的不同在各项征税要素的制定中对公民实行分类管理，因此在本章节中对于《个人所得税法》的合宪性分析也主要是以各项征税要素作为基本框架，依据量能课税原则在个人所得税征税客体、税制模式、税率设定、税基方面进行简要评述。

1. 征税客体："所得"范围之界定

在日常生活中公民可以通过多种途径获得收入，但个人所得税的征收并非毫无节制地面向公民所有收入，这一范围的界定关涉公民自由与公共利益间的平衡。"所得"即是国家运用法律技术手段在征收个人所得税问题上划定的"界限"。只有公民收入中被界定为"所得"的部分才能作为征税客体。基于量能课税原则的根本性地位，对"所得"概念的理解必然不可脱离该原则的指引。量能课税原则要求税款的征收应在衡量公民负担能力的基础上进行，而何为公民负担能力则与该原则所致力于保障的公民财产权息息相关。从财产权的保护结构来看，私有财产的存续保障是财产权保障的核心内涵之一，也由此要求"国家对私有财产的征税必须限定在财产权人通过经济行为所取得的收益领域"[1]，而不得对私有财产的本体进行征税，否则将可能对财产权产生扼杀作用，也因此使得个人所得税课税客体——"所得"的范围轮廓逐渐清晰，即公民所得应当是其在市场交易行为中所获得的使自身经济能力增加的部分。换言之，只有公民收入的获取使其经济负担能力实质增加的情况下才能称为公民所得，并于此征收相应所得税。而对诸如公民所获得的损失补偿等给付类收入虽具有财产增加的表象，实质上只是对公民原有损失的填补，实际财产并未增加，纳税能力也并没有因此增长，对此类收入国家不得征收所得税。基于上述分析，立法机关要在确定个人所得税法的课税客体时应统筹考虑，审慎决策，制定适当的税收规范，让该规

---

〔1〕 参见王婷婷：《课税禁区法律问题研究》，法律出版社 2017 年版，第 155 页。

范不仅能够将非税收入排除在外，尊重公民独立于受国家管理的自由空间；又能够对所有应税收入精准辨析，量能课税并保障公民基本权利。

2. 税制模式："所得"分类之管理

个人所得税的税制模式是指征收个人所得税的类型。[1]由于税制模式的确定会对公民的不同所得进行比较衡量，涉及对公民不同所得如何归类，应当适用何种模式征收的问题，因而与公民平等权之间有着较为密切的关联。公民平等权要求同等情况同等对待，不同情况区别对待。因而有必要首先对个人所得税的所得进行更加深入的剖析，辨别不同所得之间是否存在实质差异，进而指引个人所得税税制模式的选择。

可将所得凝练为两类：资本所得与劳动所得。资本所得是指个人利用资本，借由转移其所有权或使用权，而获取的其中价差或孳息，如租金、利息所得。劳动所得则是指因劳动力而取得的报酬，指私人通过其提供的劳务，借由市场而获取的经济上成果，包括薪酬所得、农林所得等表现形式。[2]从宪法意义上讲，资本所得与公民财产权的行使关系密切，亦即私有财产权的使用收益问题，劳动所得则主要是公民行使劳动权获得的收益。劳动所得较之资本所得具有"高度人格性"，而资本的使用收益与"物"的关联较大。[3]此外，从实然角度来看，劳动所得较为稳定透明，易于管理征收；而资本所得具有较强流动性，纳税人容易通过转移资产等方式进行税收规避。从上述分析可知两种所得具有较大属性差异，属于不同性质的公民收入，为了实现实质公平，贯彻

〔1〕 参见蒋遐雏：《个人所得税税前扣除的概念厘清与制度完善——以混合所得税制改革为背景》，载《法商研究》2020年第2期。

〔2〕 参见柯格钟：《论所得税法之所得分类》，载《月旦法学教室》（2007年）第59期。

〔3〕 参见葛克昌：《所得税与宪法》，北京大学出版社2004年版，第53页。

量能课税原则，应对两者分类管理。从理论上来讲，可供选择的征收模式包括分类税制，综合税制以及分类与综合相结合税制。何种税制模式能够更为公正合理地实现对资本所得与劳动所得的区别对待，贯彻量能课税应是选择的重要标准。

（1）分类税制模式

分类税制下将公民所得划分为多种类型，对每一类均适用不同的扣除标准、税率和计算方法。[1]在肯定其具有识别简单，征收便捷优点的同时，也不能忽视该模式存在对所得类型的划定过于细致具体、缺乏抽象归纳标准的问题，即该税制模式对所得类型的理解过于分散多样，无形间加大了立法者对同类所得区别对待的风险。例如，我国自 1980 年施行个人所得税直至 2018 年个人所得税法改革之前，一直采用分类所得税制，[2]将公民所得分为 11 种，并分别按照不同税率征税。在此种税制模式下立法者将"工资、薪金所得"与"劳务报酬所得"实行分类管理，前者适用 3%[3]—45%的超额累进税率，后者则适用 20%的比例税率，而实质上两者均属于劳动力价值的对价，是公民行使劳动权创造的收益，本应适用同等的管制模式和税率结构，但在分类税制模式下却要承受不同的税收负担，未能贯彻量能课税原则所要求的横向平等。此外从实践角度来看，"该税制模式也为收入来源较为广泛的公民采用收入分解，转换所得类别的方式避税提供了制度空间，无法全面反映个人在纳税年度内取得的不同性质和来源的所得，难以真正实现量能平等负担"[4]。因此分类税制不适宜作

[1] 参见胡翔：《个税改革中分类税制综合化的几个基本问题》，载《现代法治研究》2017 年第 4 期。

[2] 有关税制模式的历史演变，参见张守文：《改革开放、收入分配与个税立法的完善》，载《华东政法大学学报》2019 年第 1 期。

[3] 2011 年《个人所得税法》修订以前，"工资、薪金所得"适用超额累进税率为 5%—45%。

[4] 叶珊：《个人所得税纳税义务的法律建构》，载《中国法学》2020 年第 1 期。

为我国税制模式的选择。

（2）综合税制模式

"综合税制模式不区分各种所得的来源、性质，对纳税人在一个纳税年度内来源于各个渠道的净所得汇总后按照累进税率统一征税。"[1]由于对所有类型的所得不加区分地适用同一税率，规避了在分类所得税制下公民通过分解所得进行避税的可能，但也不可避免地触发了宪法问题。例如，高收入群体通常具有较高的财富积累，多采用资本投资方式如利息、租金等方式获取收入，收入来源多为资本所得，具有较强的税收负担能力；而普通公民则往往依赖于通过每日劳作获得较为微薄的工薪收入作为生活来源，所得收益较为单一，多为劳动所得，相较于高收入群体税收负担能力较弱。如果适用综合税制模式征收税款，则意味着不加区分不同所得类型背后的性质差异，适用相同的税率模式缴纳税款，未能体现对资本所得与劳动所得的区别对待，违背量能课税原则所蕴含的保障公民平等权的要求。

（3）分类与综合相结合税制模式

分类与综合相结合税制模式实际上是分类税制模式的改良版本，具有多种样式，但一般来说多是采用将各类劳动所得纳入综合所得范畴一并征税，而对各类资本所得实行分类管理的表现形式。该种模式能够融合上述两种征税模式的优点，一方面对所有类型的劳动所得纳入综合所得范畴统一稽征，落实对同种类型所得的同等对待，实现横向公平；另一方面对其他资本所得分类计税，体现对不同所得类型的区别对待，兼顾纵向公平，由此能够最大程度贯彻量能课税原则，平等保障公民权利。因此，从宪法角度来看我国所得税立法适宜采用分类与综合相结合的税制模式。

2018年我国《个人所得税法》的立法修正实现了我国税制模

---

〔1〕 卢艺：《从国外二元所得税制的经验看我国个人所得税课税模式选择》，载《税务研究》2010年第6期。

式由分类所得税制向分类与综合所得税制的转变：将劳动报酬所得与工资、薪金所得等各类劳动所得均归入综合所得适用同一标准征税，而对于投资所得、资本利得仍然分类计征，[1]对原分类税制模式下存在的同种类型所得区别对待所引发的平等问题进行了矫正，有利于贯彻落实量能课税原则，促进个税制度的横向公平。其中须注意的是，将属于资本所得的特许权使用费所得[2]纳入综合所得范畴与其他劳动所得适用同一累进税率征收税款是否符合量能课税原则值得进一步思考。为了保障公民的合法权益，未来立法者对税制内部的划分管理应当有更加深入的考量，按照所得来源的不同合理划分税制类目，进而促进实现对同种性质所得同等对待，不同性质所得区别对待。

3. 税率：确定税负的核心要素

税率是税制的核心要素，不仅是税法设计的关键所在，也是决定税负高低的一个重要因素。[3]基于资本所得与劳动所得的不同，应当首先对不同所得应当承担的税负大小进行理论分析，进而指引《个人所得税法》税率设计的具体规定。

从宪法的规范基础来看，资本所得是公民将自身资产投入市场经济活动中所获得的收益，与公民财产权的关系较为密切；劳动所得则主要是公民付出自身劳动，行使劳动权所获得的经济成果。两者体现了不同的宪法价值，对应宪法中不同的基本权利，因此对两者应当承担的税负之差别也应当首先结合我国宪法文本

---

〔1〕 参见张守文：《改革开放、收入分配与个税立法的完善》，载《华东政法大学学报》2019年第1期。

〔2〕 特许权使用费所得是通过知识产权的授权许可使用而取得的所得，是基于财产而发生的。尽管知识产权开发过程中需要付出劳动，但知识产权一旦形成，权利人基于权利行使而取得的所得就应当属于资本所得。可参见刘剑文：《个税改革的法治成果与优化路径》，载《现代法学》2019年第2期。

〔3〕 参见丛中笑：《我国个人所得税法工薪累进税率的优化——扩大级距、减并级次和降低税率》，载《当代法学》2010年第2期。

的理解予以确定。我国《宪法》第 13 条第 3 款规定国家为了公共利益的需要，可以依照法律规定对公民的私有财产进行限制。从中可以看出我国宪法对公民财产权的规定采用的是"单纯法律保留"的规范方式。从宪法角度来说，"基本权利限制的法律保留是指宪法授权法律去干预落入基本权利保护范围的行为"。[1]而且单纯的法律保留意味着宪法只是授权立法者去干预基本权利，但是没有对限制基本权利的立法提出特殊的、进一步的要求，[2]赋予了立法者较大的形成空间。而反观我国宪法对劳动权的规定，不仅没有提及对公民劳动权的限制，反而在文本中明确规定国家应当通过各种途径创造劳动就业条件，加强劳动保护，改善劳动条件，并逐步提高劳动报酬和福利待遇，运用大量篇幅说明国家对于公民劳动权的实现所负有的积极保护义务和给付义务，给予劳动权充分的关照与保障。而且结合我国《宪法》第 6 条第 2 款中所确立的国家在社会主义初级阶段必须坚持以按劳分配为主、多种分配方式并存的分配制度以及我国宪法中社会主义国家的规定，不难得出在我国劳动所得在多种所得方式中所具有优先保障地位以及尊重劳动者主体地位的重要宪法理念。因此相较于公民财产权，我国宪法对于公民劳动权具有更加充足的保护。《个人所得税法》作为我国宪法框架秩序下的部门法，理应贯彻上述宪法要求，采用劳动所得较资本所得税负更轻的税率结构。

实际上进一步分析，我国宪法所选取的价值权衡也是具有实践依据的。首先，从消耗成本来看，劳动所得者需付出如闲暇牺牲、住所限制、家庭照顾等与其收入相应的对价，[3]资本所得者

〔1〕 王锴：《调取查阅通话（讯）记录中的基本权利保护》，载《政治与法律》2020 年第 8 期。

〔2〕 参见王锴：《论法律保留与基本权利限制的关系——以〈刑法〉第 54 条的剥夺政治权利为例》，载《师大法学》2017 年第 2 期。

〔3〕 参见葛克昌：《所得税与宪法》，北京大学出版社 2004 年版，第 53 页。

虽然对其资本的维护增值同样需要辛劳奔波，但自主安排空间较大，具有更大灵活性。其次，劳动所得的获取基础——个人劳动力受个人年龄、健康状况等因素影响较大；[1] 而资本所得者的资产本身虽然在日常使用中同样会面临磨损与消耗，但与劳动力相比仍具有较大优势与稳固性。综合上述分析，资本所得者较之于劳动所得者税收负担能力更强，为了落实实质平等，体现量能课税，在税率的相关制度设计中应当确保劳动所得者的税收负担较资本所得者更轻。

2018 年《个人所得税法》修正将综合所得最低档次税率适用的全年应纳税所得额上限提高，并大幅调整劳动所得适用的税率级距，有利于切实降低劳动所得者税收负担，促进对收入水平与负税能力较为相似的劳动所得者同等对待，落实量能课税原则所要求的横向公平。在未来的法律完善中，立法者可以在上述宪法理念的指引下进一步优化税率结构，平衡资本所得者与劳动所得者的税收负担，逐步实现对资本所得和劳动所得税收的实质平等。

4. 税基：具体征税额度之确定

如果说纳税客体是对纳税人收入中何类所得应当纳入征税范围的界定，税基则是对某笔应税收入具体征税额度的确定，即判断应在扣除何种费用的基础上对应税收入征收税款。这主要是因为纳入征税客体范围的所得额虽然是公民在经济活动中所获得的收益，但在日常生活中公民为了维持自身生存所需或展开生产经营活动，需支付不可规避的特定支出，对上述费用并无自由支配的可能，因而公民的税收负担能力必然会降低，从这个角度来说，纳入征税范围的此笔所得体现的也只是公民理论上的税收负担能力，为了保障公民基本权利、体现公民实际的税收负担能力，量能课税原则要求所得税税基的确定应当遵循主观净所得与客观净

---

〔1〕 参见汤洁茵：《劳动权的税法保障——以所得税法为核心的考察》，载《山东财政学院学报》2011 年第 1 期。

所得原则。

（1）主观净所得原则

主观净所得原则要求立法者在确定个人所得税税基时应将个人生存所需的最低费用与维持家庭的生活费用予以扣除。上述要求体现了量能课税原则对公民最低人格尊严的保障和婚姻家庭制度的保护。从我国《宪法》第 33 条第 3 款"国家尊重和保障人权"中可以推出国家负有尊重并实现公民最低生存所需费用的义务，公民为了维持自身生存所耗费的费用是国家征税活动不得染指的范围，因此国家在征收个人所得税时必须将上述费用予以扣除，尊重公民享有独立于国家的自主空间。就宪法层面而言，此种所需具有永恒稳定的价值内核，要求能够保障公民人性尊严所需的最低层次需要，但所需具体费用无疑是会随着社会变迁而逐步调整的，国家应当在税基扣除额的确定中根据社会发展状况合理界定公民个人"基本生存所需"的范围。

在扣除公民个人生存所需费用的基础上，应当将公民维持家庭生计费用的支出予以扣除。家庭是社会形成与发展的基础，也是国家的基本组织细胞。[1] 在现代社会中公民并非原子化的个人，而是在家庭、社区、社团等一系列组织机构中的一员。而在所有将公民个体联系在一起的组织中，家庭又是最基本而核心的存在。家庭能够为成员提供各方面的生存和发展条件——精神上的支持、情感上的慰藉、社会关系网的扩展以及物质上的帮助等，[2] 从而满足家庭成员——特别是其中弱势群体物质、精神层面归属感的需求，为其提供符合尊严的生活需要，是社会弱势群体获得生活保障的避风港。正是基于家庭对国家与公民个人具有的重要意义，

---

〔1〕　参见葛克昌：《租税国家之婚姻家庭保障任务》，载《月旦法学杂志》2007 年第 3 期。

〔2〕　参见唐冬平：《宪法如何安顿家——以宪法第 49 条为中心》，载《当代法学》2019 年第 5 期。

《宪法》第49条第1款规定："婚姻、家庭、母亲和儿童受国家的保护。"此种保护不仅意味着国家应当保障家庭不受其他主体的侵害，更是基础性地蕴含了对国家自身的制约与限制。国家首先应当做到尊重公民家庭的自主空间，不得对此肆意介入。体现在税法领域就是要求国家征收税款应当留足公民为了维持自身家庭生计所需的必要费用，公民为了抚养孩童，履行赡养老人的义务，对上述支出同样无自行支配的可能，降低了公民的负担能力，依照量能课税原则的要求，对此支出理应列入基本扣除额予以扣除，才能确保国家的税收行为不会侵犯到宪法所保障的家庭制度。

（2）客观净所得原则

在扣除了公民基本生存所需费用的同时，量能课税原则亦要求税基的确定应当遵循客观净所得原则。即税基的确定"应扣除与应税收入相配比的经营成本、费用及损失"。[1]不同于主观净所得中所蕴含的保障公民最低生存所需的实现的要求，对所有类型所得均具有的普适性，客观净所得主要面向公民的资本所得。因为公民的劳动所得通常是薪酬所得，其在工作中所消耗的成本通常已经被雇主支付，所以劳动所得通常只涉及生存费用的扣除，但对于资本所得者来说，其对于资本所得的获取通常还需要付出一定的经营成本，如交通费、机器设备的消耗成本等。公民对于上述费用的支出降低了公民税收负担能力，因此理应认为对上述费用予以扣除后体现的才是公民实际的税收负担能力。而进一步深入分析可见，对于资本费用的扣除也是为了确保公民的职业自由、营业自由权不受国家侵害。不可否认，纳税是财产权负有的社会义务，具备纳税能力的公民不可违法逃税、避税；但从另一角度来看，该种义务在限缩公民财产自由的同时，也课以国家不得侵犯公民营业自由、职业自由的义务。换言之，国家既然已经

---

〔1〕 王婷婷：《课税禁区法律问题研究》，法律出版社2017年版，第105页。

通过限缩公民财产自由征收税款，获得了维持自身运转、为公民提供服务所需的财政收入，就不得再通过过度介入市场经济等方式限缩公民的其他基本权利。如果国家不在扣除公民上述成本消耗的基础上就对公民收益进行征税，无疑构成了国家对公民市场经济活动中经营行为的干预，侵犯公民营业自由。从这个角度来看，纳税不仅是对公民财产权的限制，也是对公民享有职业自由和营业自由的保障。正是基于上述分析，税基的确定只得"在收入减除营业成本费用后之净所得课征，使公民营利事业具有永续经营之可能"〔1〕。

（3）我国税基制度的发展

在与税基有关的立法安排中，2018 年《个人所得税法》的修正有以下转变：其一，提高了综合所得的一般费用扣除标准。将一般费用扣除标准由原来的 3500 元/月修订为 5000 元/月，更新了对公民免于征税的最低生活费用的理解，对促进量能平等课税目标的落实具有积极的进步意义。其二，增加了专项附加扣除的规定。2018 年修正之前《个人所得税法》对所有纳税人取得的收入采取统一的费用扣除标准，未将纳税人的家庭结构及经济能力纳入考虑范围，无形中加重了家庭结构复杂、家庭负担较重的纳税人的实际税负。〔2〕而本次修法增添了有关子女教育、大病医疗，赡养老人等方面的专项附加扣除规定，体现了新《个人所得税法》对量能课税原则的进一步贯彻落实。本书认为，未来立法还可以从以下两个方面进一步完善：

第一，最低生存费用是所有公民均不可规避的无差别的需要，扣除制度旨在体现国家对纳税人生存权利的保障，无论纳税人的

---

〔1〕 黄源浩：《从"绞杀禁止"到"半数原则"——比例原则在税法领域之适用》，载《财税研究》2004 年第 1 期。

〔2〕 参见武晓芬、耿溪谣：《我国个人所得税税制模式改革及其完善对策——基于实现税收公平的视角》，载《税务与经济》2019 年第 1 期。

所得来源是否劳动所得，其生存权利都应该受到保障，因此可以进一步扩大扣除制度的适用范围，体现对不同所得者所需最低生存费用的关照。

第二，现代社会中随着金融危机和通货膨胀的频发及加剧，公民所获得的收入也会面临贬值，如果不能够将这一经济波动反映到公民的所得中，必然会增加公民的无形税负，造成"隐性增税"。因而，在物价上涨和通货膨胀已然常态化的经济情况下，为消除"税率爬升"而产生的增税效果，应当借鉴各国实行的税收指数化制度，建立费用扣除动态调整机制，使扣除费用与 CPI（Consumer Price Index，居民消费价格指数）相关联，[1]从而确保免税额得以真正满足公民基本生活需要，落实量能课税原则。

二、遗产税

遗产税是对财产所有者去世以后遗留的财产征收的税种，通常包括对被继承人的遗产征收的税收和对继承人继承的遗产征收的税收。从实物形态上考察，其征税对象一般包括不动产、动产以及其他财产性权利[2]。世界遗产税发展大致经历三个阶段：古代遗产税、近代遗产税以及现代遗产税。古代遗产税最早出现于公元前 26 世纪（另有说法为公元前 7 世纪）的古埃及。此后，古希腊、古罗马和中世纪欧洲各国相继开始征收遗产税，目的均是筹措战争经费。1598 年起源于荷兰的近代遗产税同样是作为一种筹措战争经费的手段而出现。16 世纪末至 20 世纪初，英国、法国、美国、意大利、日本、德国等国家相继开征遗产税。近代遗产税非固定征收税种，战争结束即停止征收。20 世纪以后，现代

---

〔1〕 参见施正文：《分配正义与个人所得税法改革》，载《中国法学》2011 年第 5 期。

〔2〕 其他财产性权利包括有形资产、无形资产、利息、保险、年金、养老金计划的收入、为被继承人保留的对某些财产或者所得的使用权，等等。

遗产税逐渐成形，遗产税发展成为一个固定征收的税种，征税目的也不再是筹集战争经费。[1]

市场经济社会的发展使人民增加了对遗产税功能的期待，遗产税征收目的渐趋复杂化。随着现代国家的转型，根据生产要素进行的市场初次分配已经不能满足福利国家的需求，公民对社会福利的需求和对公平的期待使得政府承担起越来越多再分配的任务。税收对调节财富再分配具有无法替代的重要作用，曾经一度作为增加政府财政收入来源的遗产税也开始扮演起调节财富再分配的角色。

然而，近些年来，意大利、加拿大等一些具有悠久遗产税征收历史的国家却计划废止或已经废止遗产税，废止遗产税似乎成为当今国际上的新趋势。自我国建立社会主义市场经济体制以来，随着经济的发展，为了调节贫富差距，近年来我国政府有关部门以及学界对于遗产税的关注愈发密切。现代遗产税具有征税对象范围广、起征点高、税率高、规则复杂、执行难等特点，这些特点使得遗产税成为长期热议的话题。为此，有必要从宪法学角度针对利用遗产税调节财富再分配展开探讨。

（一）遗产税的功能

1. 增加政府财政收入

遗产税产生之初，多是出于筹集战争经费、政府财政经费等目的，通过对富人征收税率较高的遗产税以实现国家财政的增收。虽然现代国家征收遗产税不再单纯为了增加政府财政收入，但遗产税对于财政收入的促进作用依然是其主要功能之一。遗产税属于财产税，我国尚未开始征收。征收遗产税可以增加国家的财政收入，并缓冲其他财产税可能带来的强烈波动。

---

〔1〕　刘佐主编：《遗产税制度研究》，中国财政经济出版社 2003 年版，第 22～23 页。

2. 调节财富再分配

包括遗产税在内的所有税收除了促进国家财政收入之外，还承担着财富再分配等宏观经济调控的非财政性任务。遗产税发展至今，其主要目的已经从财政性目的逐渐转变为非财政性目的。遗产税发挥作用的方式在于国家对高收入群体征收遗产税，对低收入群体给予补助，遗产税的征收和再分配过程可以在一定程度上重新划分不同收入阶层之间的财富，有助于缓解大量财富集中在少数人手中的状况。遗产税作为经典的调节财富再分配工具被予以厚望。[1]

3. 鼓励公益行为

除再分配功能外，遗产税在一定程度上也可以引导富人使用财富的行为方式。在征收遗产税的国家，被继承人生前公益赠与的财产支出往往可以享受遗产税征税优惠政策。这使得公益赠与的净成本低于将遗产全部转移给下一代的净成本，即用税收优惠激励富人投身公益慈善事业。公益慈善事业也有助于减轻政府财政负担、培育社会的财富再分配能力，从而有助于社会公平正义的实现。

（二）效率原则与比例原则对遗产税的控制与反思

遗产税本身作为效率原则中的"成本"，遗产税的各项功能即是其所追求的"收益"。假设前述遗产税的3项功能作为国家任务均具有正当性，那么效率原则主要考察的应该是为了实现这些目标成果，是否可以有更少的投入，即主要考虑最小化原则。事实上，效率原则和比例原则在某些方面是重合的。效率原则中的最小化原则可为比例原则的必要性原则和狭义比例原则所包含。税收相关的政府行为可分为征收行为（财政行为）和再分配行为

---

〔1〕 高凤勤、李林：《OECD国家遗产税政策实践及其启示》，载《河北大学学报（哲学社会科学版）》2016年第3期。

（经济行为）。征收行为需要考察政府获得的财政收入与税收成本是否符合效率原则。再分配行为需要考察人力、物力、财力等政府投入与财富再分配的社会效果是否符合效率原则。无论在征收过程中还是再分配过程中，如果国家行为限制到公民的私有财产权等基本权利，则应被比例原则审查。

1. 对增加政府财政收入的反思

由于遗产税的征税对象是被继承人生前的全部财产，因此财产的统计难度很大，征税成本非常之高。以美国为例，遗产税征税成本曾一度占据征税所得大半，甚至高于征税所得。1998 年，美国联邦政府用高达 460 亿美元的征税成本，只取得了 230 亿美元的遗产税收入。可见，虽然遗产税具有高额的应税所得和可以高达 50%甚至更高的税率，但实际并不能给政府带来预期的财政收入。而我国的情况更为特殊，当前我国并没有较为完善的财产登记制度，这加大了财产统计的困难程度。故此，不难推测遗产税在我国的征收成本甚至会高于美国等国家。在征收遗产税的国家，现实情况也的确如此：遗产税收入在国家总税收收入中所占的比例越来越低。这也是意大利、新西兰等许多国家和地区停征遗产税的重要原因之一。

以比例原则进行审查，如前所述，增加政府财政收入这一目的本身是正当的。多数情况下，扣除遗产税征税成本的净遗产税收入为正。因此可以概括地说，对富人征收遗产税这一手段的确有助于增加财政收入，换言之，遗产税的征收是具备适当性的。增加政府财政收入最重要的手段就是税收。如果不征收遗产税，为了弥补遗产税可创造的财政收入，只能新增其他税种或者调整现有税种的税率。假设在一个税收体系完善的国家，无法增设新税种，调高现有税种的税率也很难具备科学性。那么此时，遗产税的征收是具备必要性的。但是，为了增加政府财政收入，耗费大量人力、财力征收遗产税，征税成本远高于净税收所得，则很难说手段与目标成比例，无法通过狭义比例原则的审查。

从效率原则的角度考量，基于必须要获得这部分政府财政收入的前提假设，效率原则中的"收益"被固定，不可限缩。根据最小化原则，需要成本与收益之间的比例控制到最低。而遗产税征收成本过高，过程损耗过大的现实情况显然不符合最小化原则。

2. 对调节财富再分配的反思

从比例原则的角度进行审查，首先需要考察调节财富再分配这一目标本身是否具有正当性。分配正义的意义是，在保障自由的前提下，通过适当分配的手段以保障公民的平等权。作为宪法最重要的价值之一，平等所追求的更应该是机会平等，而非简单的结果均等。由于先天智商、能力等初始禀赋存在天然差异，在社会生活的自然状态下，公民创造财富的机会是非均等的。国家存在的意义要求其扮演后天纠正的角色，通过立法、行政等手段弥补公民初始禀赋差异，尽量为公民生产财富创造平等的机会。[1]一方面，私有财产是个人施展自由的前提和物质基础。在贫富差异悬殊的社会中，过于贫穷的公民难以获得个人发展的物质基础，换言之，财富过度集中很可能会影响生产财富的机会均等，进而影响个人的自由。另一方面，财富的集中很可能会通过影响选举等方式影响到民主政治。[2]因此，无论在个人层面还是在国家层面，财富的过度集中都可能不利于宪法自由、民主等价值的实现，继而可以得出结论：为了机会平等而对结果进行社会财富再分配这一目标本身是正当的。但是，对社会财富再分配必须且仅能为了实现机会平等。而为了实现机会平等，社会财富再分配的补偿范围只能限于弥补初始禀赋差异，换言之，只能用以补偿人类可

[1] See John Rawls, *A Theory of Justice*, The Belknap Press of Harvard University Press, 1971, p. 278.

[2] Alberto Alesina et al., "The Evolution of Ideology, Fairness and Redistribution", *The Economic Journal*, Vol. 122, Issue 565, 2012.

控范围内的因素所造成的不平等，而不必补偿那些完全可以由个人后天努力而弥补的差距。

遗产税发挥作用的过程可分为征收过程和再分配过程。征收过程中，如果暂不将遗产税的后续影响纳入考虑范围，对富人征收遗产税，富人的财富总量降低，贫富差距在数值上看是减小的。再分配过程中，虽然遗产税对财政收入的贡献呈现越来越少的趋势，但总体来说，其创造的财政收入还是正值。将这些财政收入通过社会福利手段等再分配，在一定程度上还是可以起到调节社会财富再分配作用的。因此几乎可以说，遗产税这一手段有助于实现调节社会财富再分配这一目的，具备适当性。

那么是否存在其他手段能够实现与遗产税相同的财富再分配功能呢？答案是肯定的。这里可以考量两种替代手段对私有财产权等基本权利的限制强度。替代手段之一是其他的政府行为，政府可以通过立法行为、行政行为、各种各样的经济调控行为来进行财富的再分配，方式之多，无法穷尽。这里无法假设一种政府行为并以此与遗产税比较对基本权利的限制程度。但可以大胆地预测，对基本权利限制强度更小并能实现同样作用的替代手段是非常可能存在的。另一种替代手段是保留富人的财富，保留集中的财富可以促进规模效应的形成，商品的生产成本因而降低，穷人购买商品变得更加容易。诚如卡内基所言："这并不会使富人变穷，相反，它会使穷人变富，因为穷人能拥有更好的物质资源，富人与穷人之间宽广而惊人的鸿沟也因此被大大缩小了。"[1]不同于分散现有财富以实现贫富差距缩小的目的，保留富人的大宗财富可以为社会创造出更多的集体财富，并通过生产、消费等市场行为将多余的财富自然地、非人为干预地再分配。我们知道，政府干预市场的合理性来源是市场失灵，即只有在市场不能自发

〔1〕 Andrew Carnegie, *The Gospel of Wealth and Other Timely Essays*, Belknap Press of Harvard University Press, 1962, p. 83.

调节以实现商品和劳务的有效分配，且政府的干预可以有效纠偏时，政府才能介入市场调节。非此情况下，政府不得介入。政府的过多介入会影响市场整体的自由和个人的自由，破坏经济运行的内部规则。市场过度依赖政府会导致经济内生力量疲软，当政府无法准确预测、评估经济形势并作出正确决策时，经济会面临灭顶之灾；个人过度依赖政府会导致福利国无限扩张，个人生产财富的动力下降，将面临"柔性专制"的风险。减小贫富差距的目的是弥补初始禀赋的差异、提供更为平等的机会，而绝非消灭财富。那么，较之于利用遗产税进行财富再分配，保留并利用富人的财富进行市场化的财富再分配显然更有利于保护公民的私有财产权。综上，利用遗产税实现社会财富再分配并不符合必要性原则。

从效率原则的角度考量，为了机会平等，进行社会财富再分配是必要的。基于必须要获得与遗产税等量的财富再分配效应这一前提假设，效率原则中的"收益"被固定，不可限缩。根据最小化原则，需要把成本与收益之间的比例控制到最低。与上文必要性原则审查的理由相似，非常可能存在遗产税之外的其他的政府行为可以用更小的成本实现同样的收益；如果利用集中财富的经济效应进行社会财富再分配，可以不消耗甚至负消耗实现同样的效果。基于这样的分析，利用遗产税进行社会再分配不符合最小化原则。

3. 对鼓励公益行为的反思

从比例原则进行审查，慈善捐赠等公益行为可以促进社会和谐发展，对社会财富再分配意义重大。慈善捐赠也被视为市场分配和财政分配之后的"第三次分配"。鼓励公益行为这一目的本身具有正当性。

当今各国普遍用税收制度来引导和鼓励公民进行慈善公益捐赠。[1]具体做法是，在个人所得税和遗产税中规定对慈善公益捐

---

〔1〕 高凤勤、李林：《OECD 国家遗产税政策实践及其启示》，载《河北大学学报（哲学社会科学版）》2016 年第 3 期。

赠支出的税收优惠，诸如免征额和低税率。较之于其他支出，慈善公益捐赠支出的净成本更低。具体到遗产税来说，各国普遍对遗产税规定高额累进税率[1]。与遗产税的高税率相对，被继承人在生前的固定时间内或继承人在继承财产后的固定时间内进行的慈善公益捐赠支出可以享受高免税额和低税率的优惠。因此，通过税收优惠的规定，遗产税可以在一定程度上形成对慈善公益捐赠的激励，符合适当性原则的要求。

诚然，税收政策并不一定能够激发公民内生的公益愿望，也许只是公民"两害相权取其轻"的选择。也许通过教育等手段能够更好地培养公民的公益心，让慈善公益行为更多出于公民内在的意愿。但是综合考虑时间成本和效率等因素，用遗产税鼓励公益行为是具备必要性的。

较之于毫无政府干预的情况，通过规定遗产税税收优惠政策引导公民做慈善捐赠，在一定程度上限制了公民的财产支配自由。为了确保公民财产支配自由受限制的程度低于所实现的慈善激励效果，必须把限制的强度控制在一定范围内。这一范围的界限是相关规定不得对公民的慈善捐赠构成强迫。如果是否捐赠会极大影响遗产税纳税额，假设一种极端的情况：如果根据遗产税制度的规定，不做公益捐赠的情况下需要缴纳的遗产税甚至高于做公益捐赠的支出，那么遗产税制度实际上便对公民做公益捐赠构成了强迫。表面看来，公民可以自由选择，但实际上无论公民缴纳遗产税还是进行公益捐赠，其私有财产受限制的程度相当。由于相关制度不仅会影响公民对私有财产的占有，还会影响到公民对私有财产的自由支配，因此，缴纳遗产税造成的私有财产减少必须在较大程度上低于公益捐赠带来的减少，才能认为相关规定没有对公民构成强迫。较之于其他支出和私人赠与，对慈善捐赠的

---

〔1〕　综观征收遗产税的世界各国，遗产税税率最高可达90%（伊朗），多数国家的遗产税税率上限达50%及以上。

财产如果仅在税率、免征额等方面做出适当的税收优惠规定，引导和鼓励纳税人做慈善，则不应认定为强迫。所以，如果遗产税相关规定未对公民的慈善行为构成强迫，则应认为遗产税作为鼓励公益的手段符合狭义比例原则，也即符合比例原则；反之，不符合狭义比例原则，进而不符合比例原则。

从效率原则的角度考量，在肯定鼓励公益行为这一目标的正当性前提下，效率原则中的"收益"被固定。根据最小化原则，需要把成本与收益之间的比例控制到最低。与上文必要性原则审查的理由相似，为了实现同样的目标所可以采取的教育、宣传等更为柔性的手段，其时间成本、人力成本等远高于遗产税的税收激励。因此，利用遗产税鼓励公民进行慈善公益捐赠符合效率原则。

（三）对我国开征遗产税的建议

一些专家提出开征遗产税可以完善我国的税收体制，尤其是财产税体制。然而，建立完善的税收体制之目的不仅在于保障国家的财政收入，更在于保障公民的各项基本权利。完善税收体制这一目标是具备正当性的，但是否要通过开征遗产税来完善税收体制，必须审查在我国财产税体系中加入遗产税是否可以实现保障国家的财政收入和保护公民的基本权利的双重目的。首先，不能以现有税种存在漏洞作为开征新税种的理由，现有税种的问题需要从根源上解决，不能期待通过开征新税种的财政收入弥补现存税种的不足。其次，从世界各国遗产税的发展历史看来，废除遗产税似乎已经成为当今国际趋势，废除的原因主要是遗产税无法有效实现预期功能。因此，只有遗产税功能可以较好实现时，征收遗产税才能有利于完善税收体系，反之，则是以立法的形式为公民带来更多负担，甚至形成新的税收不公平。

现代遗产税的三大功能中，最重要的功能是调节财富再分配的功能，增加财政收入只是为了实现财富再分配这一最终目标的中间目标，而鼓励公益行为则是遗产税的附属功能。为了真正实现遗产税对财富再分配的效果，首先必须保障遗产税促进财政收入的过程。如上文所述，遗产税征收成本过高、效率过低，通过征收遗产税以期待增加政府财政收入无法通过比例原则和效率原则的审查，不具备宪法正当性。受制于获取财政收入这个中间目的的效率问题，遗产税在调节社会财富再分配上能发挥的作用有限，强制减少富人收入，却未能在同等程度上实现对穷人的机会补偿，对公民基本权利的限制强度过大。为了发挥与遗产税相同的财富再分配作用，可能存在其他经济损耗更小、对公民基本权利限制强度更轻的其他手段。通过征收遗产税实现财富再分配功能不符合比例原则和效率原则的要求，也不具备宪法正当性。然而，较之于宣传、教育等其他手段，通过科学的遗产税制（保证不在形式上和实质上对捐赠行为构成强迫）鼓励富人进行慈善公益捐赠，可以兼顾公平与效率。利用遗产税引导富人的慈善行为虽然在一定程度上对公民支配私有财产的绝对自由构成了限制，但这种限制符合比例原则和效率原则，具备宪法上的正当性。

可见，调节财富再分配这一遗产税的最重要功能和增加财政收入这一遗产税的中间功能均不具备宪法正当性。鼓励公益行为这一遗产税的附属功能却能兼顾公平与效率，具备合宪性。遗产税的三个目标追求的合宪性审查结论不一致。然而，三大功能的核心是财富再分配功能，增加财政收入是中间功能，鼓励慈善是附加功能。在三个方面无法得出一致结论时，应按功能的重要程度依次考量征收遗产税这一手段的合宪性。为了实现核心功能，必须首先保证遗产税征收过程的效率。征收效率要求必须有包含财产登记制度、财产评估制度、死亡登记制度、相关法律法规等在内的完整制度体系配合遗产税的征收过程。[1]在配套制度未完

---

〔1〕　黄国龙：《借鉴国际经验完善我国财产税制》，载《涉外税务》2008年第8期。

善时，征收环节的高难度、高损耗等问题无法解决，遗产税核心功能难以较好实现，征收遗产税这一手段对于财富再分配目的之实现不具备充分的合宪性。在无法保障遗产税对于实现财富再分配这一核心功能的合宪性时，不应出于其他目的追求而决定开征遗产税。

第三节　小结

总的来说，宪法赋予国家征税权并不等于国家以任何名义和强度征税都被允许。征税构成对私有财产权的限制，审查其宪法正当性需要将引导税、再分配税和财政性税收区别对待。在对财政性税收的合宪性进行个案审查时，需要解决无法查明纳税人的具体税负最终用于完成哪一项国家任务的问题。私有财产权的作用与基本权利的国家给付义务功能类似，都是满足尊严和实现自由的物质基础，但相对于前者，后者只应起辅助作用。在通常情况下，财产税对私有财产权的限制程度要大于所得税和流转税。

具言之，国家征收个人所得税会对公民的财产权、平等权以及最低生存需求构成限制。应将量能课税原则作为衡量《个人所得税法》制定是否具备实质合宪性的基本标准。量能课税原则对个人所得税课税要素的制度安排提出了以下要求：其一，就征税客体而言，应将公民在经济活动中所获得的收益部分纳入征税范围；其二，就税制模式而言，应以所得来源为依据对资本所得与劳动所得实行分类管理；其三，就税率设定而言，劳动所得所承担的税负应低于资本所得；其四，就税基的确定而言，应保证扣除额的确定足以实现只对公民所得中的"净资产收益"予以征税。

遗产税的期待功能主要包括：增加政府财政收入、调节财富再分配以及鼓励公益行为。其中，调节财富再分配是现代遗产税的最重要功能，增加政府财政收入是为了实现财富再分配的中间功能，鼓励公益行为是遗产税的附加功能。通过宪法比例原则和效率原则对此三项功能的审查发现，鼓励公益行为功能具备宪法正当性，而调节财富再分配功能和增加财政收入功能不具备宪法正当性。在无法保障遗产税对于实现财富再分配这一核心功能的合宪性时，不应出于对其他目的的追求开征遗产税。

第四章　征收的公法治理

第一节　对私有财产的征收

2004 年私有财产权入宪不仅意味着宪法明确保护财产所有者的主观权利，还标志着"私有财产权"作为一项制度被宪法认可，这对于宪法和法律解释具有重要的指导意义。

我国《宪法》第 51 条规定："中华人民共和国公民在行使自由和权利的时候，不得损害国家的、社会的、集体的利益和其他公民的合法的自由和权利。"这意味着国家限制基本权利的理由可以是公共利益，也可以是其他个体的基本权利。但《宪法》第 13 条第 3 款却认定仅以追求公共利益为目的的征收才可能合宪，保护其他个人的基本权利不得成为征收的理由。在此，严格依据文本解释会引发诸多问题，比如一个人的生命在多数情况下很难解释为公共利益，而当符合其他条件时，若为了挽救某人的生命不得不就某一私有财产而实施的征收应当被视为具备宪法正当性。修宪者仅将公共利益列为征收的理由或许是因为延续了传统观念，认为公共利益必然高于个人利益，但也有意通过将其作为对征收这种对私有财产权特定形式的"限制之限制"，将私有财产权提至高于其他基本权利的位置。但无论如何，这一文本上的限定至少意味着不同公民的私有财产之间不存在高低之分，宪法禁止根据价值等因素将私有财产划分等级，不得以保护其他公民的私有财产为由征收某一公民的私有财产。

关于《宪法》第13条第3款中征收条件的规定，草案最初的表述是"国家为了公共利益的需要，可以依照法律规定对公民的私有财产实行征收或者征用，并给予补偿。"为了明确"依照法律规定"字眼不仅包括征收的主体和程序，还包含补偿的内容，后正式颁行的《宪法》文本将"并给予补偿"前的逗号删去。[1]可见，《宪法》第13条第3款中蕴涵的法律保留原则要求征收必须依照法律进行，且法律必须规定征收目的、征收条件、征收主体、征收程序、补偿主体、补偿程序等内容。至于法律的明确程度，特别是对征收目的的细化程度，则取决于规范对象本身，不可一概而论，在注意法律清晰性和明确性的同时还应保持适度的灵活性，否则冗长的法律制定和修改程序会阻碍社会的发展。总之，关于征收的法律规定既是征收的依据，也是征收的界限。只有具备宪法正当性的征收才可能导致补偿，补偿使宪法对私有财产权的存续保障转化为价值保障，价值保障属于私有财产权的次要保障范畴，存续保障具有优先性。[2]毕竟私有财产权首先保障的是个人对私有财产的拥有和使用，而不是财产的价值数目。对于不具备宪法正当性的征收，补偿无法使其正当化，财产所有者可利用防御权功能针对征收行为进行防御。[3]此外，宪法明确补偿制度还具有警示作用，立法和行政机关在决定实施征收前必须考虑到征收带给公共财政的压力。正是因此，与基本权利的事实损害不同，征收只可能是具有目的性的行为。

---

〔1〕《十届全国人大二次会议主席团关于〈中华人民共和国宪法修正案（草案）〉审议情况的报告》，2004年3月15日，转引自张翔：《财产权的社会义务》，载《中国社会科学》2012年第9期。

〔2〕 Werner Boehmer, Grundfragen der verfassungsrechtlichen Gewährleistung des Eigentums in der Rechtsprechung des Bundesverfassungsgerichts, NJW 1988, 2561（2563）.

〔3〕 德国学者Jackisch认为价值保障不属于私有财产权的保障范围，即存续保障和价值保障不得成为互补关系，后者仅属于以特定形式限制私有财产权所引发的后果。可参见 Vgl. Axel Jackisch, Die Zulässigkeit der Enteignung zugunsten Privater, Frankfurt am Main 1996, S. 61. 这一问题对于财产所有者是否有权在防御和补偿之间作出选择具有重要意义。

第二节　私有财产征收与财产权社会义务的教义学界分

随着现代社会不断多元化和专业化，飞速发展的经济和科技往往使诸多问题愈发不可预见，国家面对这类问题经常不得不更多地介入公民的私有财产，如用于加大基础设施建设。即使在西方国家，私有财产权也不再像其以往宪法文本表述的那样"神圣不可侵犯"。[1] 如上所述，对私有财产权的限制不止于对私有财产权的征收，也包含基于私有财产权的社会义务对财产权内涵的形成和边界的界定。如果对私有财产权的限制属于基于社会义务而对内涵的形成或对边界的界定，那么立法者的立法空间相对较为广泛，宪法对其提出的正当化要求偏低。由于应被归入立法形成权和界定权的限制属于财产权应承担的社会义务，因此针对此类限制原则上无需补偿。然而如果对私有财产权的限制构成现代意义上的征收，则应给予补偿。

然而我们应如何在个案中区分社会义务和征收？一直以来，如何厘清二者之间的界线始终是很多国家财产权教义学争议的焦点。考虑到德国《基本法》与我国宪法关于财产权规定的相似性，以及德国《基本法》中的社会国原则与我国宪法中的社会主义原则在维护社会公正、保护弱势群体、强调社会个体之间的团结互助等方面目标的一致性，德国的相关讨论可以在进行我国宪法学关于私有财产权的研究时以资参考。[2]

---

〔1〕　Ulrich Scheuner, Die Garantie des Eigentums in der Geschichte der Grund-und Freiheitsrechte, in: ders., Staatstheorie und Staatsrecht, Berlin 1978, S. 775.

〔2〕　关于美国的相关情形可参见肖泽晟：《财产权的社会义务与征收的界限》，载《公法研究》2011 年第 1 期；孟鸿志、王传国：《财产权社会义务与财产征收之界定》，载《东南大学学报（哲学社会科学版）》2014 年第 2 期。

在德国，多年来占据主导地位的是德国联邦行政法院发展出来的强度理论（Schweretheorie）和德国联邦最高法院发展出来的特别牺牲理论（Sonderopfertheorie）。强度理论认为社会义务与征收二者之间的区别主要体现在强度方面，若对财产权的限制达到一定强度，则超出社会义务的范畴即构成征收，进而引发补偿。[1]特别牺牲理论则基于公正和平等的视角予以考虑。依据该理论，如果对私有财产权的限制并不具有普遍性，而是导致某一个人或团体的私有财产权较之于其他个人或团体而言格外受到损害，即这一损害不仅使其成为公共利益的牺牲者，而且属于不具备期待可能性的特别牺牲者时，那么这一限制行为则构成征收，进而应给予补偿，以使这一个案中的不公平得以弥补。[2]

依据强度理论，社会义务与征收之间是可以相互转化的，当社会义务对私有财产权的限制达到一定程度时，即从社会义务过渡至征收。然而不可忽视的是，立法者在制定法律的那一刻往往无法判断对财产权限制的强度，限制强度通常在个案执行时才可以被确定。而在对私有财产权征收的问题上，无论是德国《基本法》还是我国宪法均设定了"唇齿条款"，即将征收与补偿制度相互勾连。照此，如果立法者仅规定征收的主体和程序，而未同时规定补偿的主体和标准，那么立法者对征收的规定则不符合宪法。[3]与此不同，财产权的社会义务原则上并不伴随着补偿。由此可见，社会义务与征收之间的界限必须在形式上就能够得以确定。只有这样，立法者才可以在制定法律的那一刻即知晓哪些情形属于征收，进而应当同时对补偿制度做出规定。

---

〔1〕 BVerwGE 5，143（145）.

〔2〕 BGHZ 6，270（280）；张翔：《财产权的社会义务》，载《中国社会科学》2012年第9期。

〔3〕 张翔：《个人所得税作为财产权限制——基于基本权利教义学的初步考察》，载《浙江社会科学》2013年第9期。

与此相应，德国联邦宪法法院在此后也认为强度理论不利于法律安定性，应当使社会义务和征收的区别在形式上即可以被清晰界定，从而避免在具体个案中彼此之间存在相互转化和过渡的可能。然而德国联邦宪法法院也并不认为特别牺牲理论可以避免二者之间的过渡性，因而没有直接采用该说，而是在 20 世纪 80 年代初期在"赠阅本义务（Pflichtexemplar）判决"[1]和"湿砂石（Nassauskiesung）裁决"[2]中发展出来了分割说（Trennungslehre）。依据该说，征收是指为完成特定公共任务，具有目的性地全部或部分剥夺被财产权条款所保护的具体的主观的私有财产法律地位的法律行为。[3]照此，作为社会义务的财产权内涵和边界的确定与征收最主要的区别体现为：前者是指立法者普遍且抽象地确定权利和义务，后者则在执行过程中表现为具体的个案介入，针对的是具体的特定财产，并未触及前者这一抽象制度，只是使这一制度在个案中发生断裂。[4]以德国联邦宪法法院的"赠阅本义务判决"为例：课以向各大图书馆交付若干新书赠阅本的义务并不构成征收，因为义务主体可以任选若干本样刊交付，并未被强制交付特定的财产。[5]依据分割说，社会义务对财产权限制的强度甚至可能大于征收。

表面看来，该说似乎终结了社会义务与征收之间可以相互转化的理论难题，但既然征收以外的限制私有财产权的全部行为均应落入对内涵和边界的确定，那么后者不仅涵盖对私有财产权主体权利和义务规定的所有法律规范，而且还应包括在个案中对这

---

〔1〕 BVerfGE 58, 137（137 ff.）.

〔2〕 BVerfGE 58, 300（300 ff.）.

〔3〕 BVerfGE 102, 11（15 f.）.

〔4〕 Johannes Dietlein, Aktuelle Entwicklungen der Enteignungsdogmatik-Eine Bestandsaufnahme nach der Garzweiler-Entscheidung des Bundesverfassungsgerichts vom 17. 12. 2013, AuR 2015, 167（167）.

〔5〕 BVerfGE 58, 137（144 f.）.

类规范的执行。[1]如果法律对私有财产权内涵和边界作出确定不属于征收，那么执行这类法律自然也不可能构成征收。可见，分割说将征收视为在个案执行过程中对特定财产的具体介入并不合理，该说同样无法在形式上清晰划定社会义务和征收的界限。

2001 年，德国联邦宪法法院又将征收的前提确定为存在获取财产（Gueterbeschaffung）的过程。[2]然而正如上文所述，对征收的概念不应回归到传统意义上的理解，征收未必意味着财产客体的转移，是否构成征收应取决于是否存在对财产权的剥夺以及由此引发的权利和资产的丧失，征收本身并不要求财产获取。[3]与此相应，在最新的"加茨威勒（Garzweiler）判决"中，德国联邦宪法法院再次调整对征收的定义，指出公权力"获取财产的情形……也属于征收"，[4]其中"也"字意味着获取财产只构成征收的一种情形。

此外，德国联邦宪法法院在个别判决中还采用另一标准来区分社会义务和征收，即审查财产更多体现出与财产权主体个人的关联还是更多体现出与社会的关联。[5]若财产本身所发挥的功能主要满足个人所需和个人自由的施展，则立法者对财产权内涵和边界的界定权较为受限；若财产的社会功能较强，则立法者的界定空间较大，财产权主体所承担的社会义务可能也就偏多。举例来讲，社保请求权属于公法上的请求权，虽然该请求权通常以个人付出为基础且主要服务于个人生存，但对社保制度的维护和保

---

〔1〕　Thorsten Kingreen/Ralf Poscher, Staatsrecht Ⅱ-Grundrechte, 32. Aufl. Heidelberg 2016, Rn. 1030.

〔2〕　BVerfGE 104, 1（10）.

〔3〕　Johannes Dietlein, Aktuelle Entwicklungen der Enteignungsdogmatik-Eine Bestandsaufnahme nach der Garzweiler-Entscheidung des Bundesverfassungsgerichts vom 17. 12. 2013, AuR 2015, 167（167）.

〔4〕　BVerfGE 134, 242（289）.

〔5〕　BVerfGE 101, 54（75）.

障往往更多依赖于国家的立法，因此德国联邦宪法法院认为这类公法请求权的社会关联多于个人关联，立法者对其应享有较为广泛的界定空间。[1]本书认为，这一划分社会义务和征收的标准具有一定的合理性，但在个案中仍然无法避免社会义务与征收之间的过渡性，毕竟财产的私人性与社会性的成分会随着社会的发展而不断变化，立法者在制定法律的那一刻无法准确预测出在个案执行时二者成分所占的比例。因此，这一理论在一定程度上仍然具有强度理论的缺点，在划分社会义务和征收时，应将其当作参考，而不应视其为主要依据。

综上所述，区分社会义务与征收的标准应当回归特别牺牲理论。在此，判断是否构成特别牺牲仅应基于公正和平等的视角分析私有财产权主体与其他人相比是否不具备期待可能性，即在一个理性的第三人看来财产权主体是否成为无法接受甚至无法容忍的特别牺牲者。虽然有学者认为判断是否具备期待可能性仍然需要对相互冲突的法益进行权衡，但至少在宪法学领域，这一观点并不具备合理性。例如，在宪法的比例原则中，最后一项子原则是狭义比例原则，该原则除了要求在所要实现的目标所蕴含的法益与限制基本权利的行为所损害的法益之间进行权衡之外，还要求限制基本权利的手段不得给基本权利主体带来过度的、无法接受和容忍的负担，即不得使其不具备期待可能性。在此，对期待可能性的判断同样仅应考量基本权利主体自身的情况，而不再要求法益权衡，[2]其属于法益权衡之外的一个独立步骤，被视为比例原则中尊重人权和维持个案公正的最后一道保护屏障。与此类似，在判断是否构成特别牺牲时，对期待可能性的考量同样不应

---

〔1〕 BVerfGE 53，257（293）.

〔2〕 然而姜昕认为，在具体情况下是否应当让个人忍受或服从，除了要考虑个人情况外，还必须考虑是为了何种公益目的而要求个人必须忍受。参见姜昕：《比例原则释义学结构构建及反思》，载《法律科学（西北政法大学学报）》2008 年第 5 期。

要求法益权衡，而仅应在对财产权主体与其他人进行比较之后考虑财产权主体自身的情况。照此，适用特别牺牲理论是区分社会义务与征收的最佳方法。

依据特别牺牲理论与征收补偿制度下明确法定的征收目的、征收条件、征收主体、征收程序、补偿主体、补偿程序，私有财产权的限制类型与限制手段得以受到有效的合宪性控制。由于征收后国家作出的补偿依赖财政支出，因此维护私有财产权价值保障的具体方式将在本书第三单元作进一步分析。

第三节　特殊问题：第三人受益之征收

一、第三人受益之征收的宪法许可性条件

第三人受益之征收是指国家实行征收后使第三人成为新财产所有者并将实现公共利益的任务转交给这一受益私人。[1]在此，作为新财产所有者的私人包括自然人和法人，但法人不得是类似"国有企业"这种披着私人外衣的公权力主体。从宪法角度来看，如果国家应对某一法人的活动施加决定性影响，那么这类法人原则上不属于私人范畴。第三人受益之征收被宪法许可至少需要满足两个条件：其一，公共利益能由私人来实现；其二，宪法中的征收规定允许第三人受益。

（一）公共利益能否由私人实现？

通过上文的阐述不难看出，宪法中征收的条件并不包含受益

---

[1]　Wilhelm Schmidbauer, Enteignung zugunsten Privater, Berlin 1989, S. 29。这与行政权限授予私人（Beleihung）的情形不同，第三人受益之征收中公权力无法随时对财产权受益私人进行控制和监督。第三人受益之征收还包括一种情况，在财产转让给第三人的那一刻即实现了公共利益，由于此类情况并不常见，本书不对其展开探讨，关于美国土地征收的此类情形参见刘连泰：《将征收的不动产用于商业开发是否违宪——对美国相关判例的考察》，载《法商研究》2009 年第 3 期。

者这一范畴，征收主要考虑的是财产所有者的损失和国家所要实现的公共利益。而实际上，任何实现公共利益的措施都必然（应）使一部分（不特定的）群体受益。根据德国学界的主流观点，公共利益与私人利益的界线并非通过受益者数量的多少判断，而是根据受益者群体是特定的还是不断变化的来确定。[1]

那么私人到底能否实现公共利益呢？从宪法角度来讲，实现宪法认可的公共利益的任务即公共任务。如上所述，在特定领域，国家本身就应当放权，允许私人及私团体完成公共任务。因此在征收问题上，由私人实现公共利益不存在宪法文本上的障碍。具言之，我国《宪法》第13条第3款明确规定征收的条件之一是国家以实现公共利益的需要为目的。这一条款将目光集中在公共利益上，而非实现公共利益的主体，因此实现公共利益的主体对于征收的合宪性并无影响。[2]

德国学者 Badura 认为，宪法中的私有财产权条款不仅没有禁止私人完成公共任务，而且还要求公共任务优先由私人完成，因为优先由国家作为财产所有者完成公共任务会破坏私有财产权的制度保障功能，而私人成为新财产所有者则不会触及私有财产权

---

〔1〕 Helmut Rittsieg, in: Alternativ-Kommentar zum Grundgesetz der Bundesrepublik Deutschland, Band 1, 2. Aufl., 1989, Art. 14 Rn. 201. Dürig 认为多数人的利益就是公共利益。Vgl. Günter Dürig, Zurück zum klassischen Enteignungsbegriff, JZ 1954, 4 (4 ff.). 但"多数"是指全体国民的多数还是全部利益相关人的多数？若是后者，如何界定利益相关人？本书认为公共利益的认定不应取决于人数多寡，多数和少数是相对的，可能随时发生变化，而且公共利益并非个人利益的简单叠加或整合。

〔2〕 在这一问题上，我国《宪法》与德国《基本法》文本类似。德国《基本法》第14条第3款规定："只有为实现公共福祉才可允许对财产权实行征收。对财产权的征收只能通过和依据规定了财产补偿方式和程度的法律进行。确定补偿时要公正权衡社会公共利益和相关人的利益。对于补偿额有争议的，可向普通法院提起诉讼。"德国联邦宪法法院也认为实现公共利益的主体不影响征收的正当性。Vgl. BVerfGE 74, 264 (284). 但在此前的"缆车（Gondelbahn）裁决"中，法官 Boehmer 持不同观点，他否定了私人受益之征收的合宪性，认为征收非私人受益的工具，而只能是完成紧迫国家任务的手段。Vgl. BVerfGE 56, 266 (271).

制度。[1]照此，宪法私有财产权条款要求在不得不采取征收措施的情况下，优先使私人成为新财产所有者，而非国家。国家有义务审查公共任务是否可以且应该优先由私人完成，在得出肯定答案的情况下，国家必须实行第三人受益之征收。但第三人原则上至少不应享有请求国家实行征收并转让财产的主观权利，否则会给当前的财产所有者带来极大的不安定性，这与私有财产权保障精神不符。更重要的是，主观公法权利产生的前提是宪法或法律的相关规定旨在保护个人利益，[2]而宪法私有财产权条款以及规定征收的相关法律规范并非旨在保护受益第三人的权利，其目的是保护原财产所有者的权利以及通过规范国家权力来促进公共利益。

（二）宪法中的征收规定是否允许第三人受益？

不得否认的是，基于人的利己本性，私人在无法实现个人利益的情况下通常不愿通过"义务劳动"去实现公共利益。换言之，只有在能够同时实现个人利益的情况下，即当私人利益与公共利益在一定程度上具有一致性时，私人通常才可能去实现公共利益。那么宪法中关于征收的规定是否允许作为私人的第三人受益呢？[3]

我国《宪法》文本要求国家实行征收必须以实现公共利益为

---

[1] Peter Badura, Eigentum und Sozialisierung, in: Ergänzbares Lexikon des Rechts (Loseblatt), Gruppe 5, 1986, 5/200. 在美国，司法机关持类似的观点："一旦公共目的成立，选择何种路径是议会的权力，议会可以决定通过一个私人企业比通过政府部门完成这一计划，可能一样好，还可能更好……我们不能说政府部门亲自开发是促成社区公共目的的唯一渠道。"在此，美国法院并不认为商业开发和公共利益冲突，反而认为前者是实现后者的路径。参见刘连泰：《将征收的不动产用于商业开发是否违宪——对美国相关判例的考察》，载《法商研究》2009年第3期。

[2] Wilhelm Schmidbauer, Enteignung zugunsten Privater, Berlin 1989, S. 80.

[3] 这一问题在美国的情况详见刘连泰：《将征收的不动产用于商业开发是否违宪——对美国相关判例的考察》，载《法商研究》2009年第3期。

目标，单纯为满足私人利益而实行的征收肯定不合宪，但宪法并未禁止实现公共利益的同时实现私人利益。在新财产所有者看来，追求个人利益通常是首要和最终目标，实现公共利益仅为手段，而《宪法》第 13 条第 3 款中的"为了"二字要求国家不得以实现私人利益为目标，因此在国家看来，第三人受益只可能是实现公共利益的手段和附带结果。宪法是约束公权力的根本大法，国家征收行为的目的和结果受私有财产权条款的约束，而第三人的动机和目的并不受其约束，不同的动机和目的可能导致相同的结果。

二、第三人受益之征收的宪法正当性审查

与其他征收形式相同，第三人受益之征收同样需要经过宪法正当性审查。最重要的审查标准当属比例原则。上文已经探讨过征收中第三人受益中正当目的与私人目标得以一致存在，下文将进一步分析适当性原则、必要性原则和狭义比例原则这三项子原则。

（一）适当性原则

1. 国家有义务采取保障和促进措施

适当性原则要求征收的手段必须有助于实现公共利益。在此，国家必须考虑实现公共利益的可能性，促进公共利益绝不得仅停留在主观计划当中，必须在事实上采取保障公共利益实现的措施，这尤其适用于第三人受益之征收。

不能忽视的是，宪法和法律通常规定了很多国家任务，在国家亲自实现公共利益的情况下，国家不得考虑自身经济利益，其必须受宪法和法律的约束从而负有实现公共利益的义务。与此不同，新财产所有者本应享有支配财产的自由，宪法私有财产权条款仅要求国家实行征收必须以实现公共利益为目的，受益第三人原则上并不受宪法和法律中公共利益的约束，其通常仅在能够获得个人利益时才可能具有实现公共利益的愿望，而公共利益与私

人利益不总具有一致性,[1]即使在实施征收时二者更多体现为一致性, 随着时间的推移, 二者也可能相互偏离甚至背道而驰。例如, 以促进就业为目标实施征收后, 某私营企业成为新的财产所有者, 不仅扩大了企业的经营规模, 还解决了当地就业问题, 但随着经济形势的变化, 该企业如果因资金链趋紧而不得不裁员, 此时公共利益则反而会被私人利益排斥。而若国家在征收后亲自实现公共利益, 则不会发生这种情况, 因为国家的行为始终会受到法律的约束。基于国家与私人的这一本质差别我们不难看出, 虽然所要实现的公共利益较之于私人利益未必居于主导地位, 但国家负有保障公共利益不被私人利益排斥的义务。因此, 在第三人受益之征收中, 对第三人实现公共利益的约束不得仅局限于征收的那一刻, 国家有必要在实施征收时和实施征收后采取特别的保障措施, 从而促使第三人及时开始并可持续地实现公共利益, 否则征收则不具备宪法正当性。[2]根据宪法私有财产权条款的要求, 确保公共利益的实现是一切与征收相关的行为的目标, 对于受益第三人而言是否划算以及存在多大风险均应由其本人来权衡和判断。

2. 保障和促进手段的选择

由于公共利益本身在某种程度上是开放的, 因此国家所采取的保障和促进手段同样应具备一定的开放性, 当公共利益随着社会发展产生变化时, 保障和促进手段也应随之变化。[3]

既然实施保障和促进措施也是国家对新财产所有者基本权利

---

〔1〕　例如, 如果为了满足某地居民的文化需求, 在征收土地后由受益第三人修建了一座歌剧院, 但由于门票昂贵, 事实上只有少数有钱人才能进入, 那么公共利益则被私人利益所排斥。参见刘连泰:《将征收的不动产用于商业开发是否违宪——对美国相关判例的考察》, 载《法商研究》2009 年第 3 期。在此, 国家在实施征收时有义务保障歌剧院的门票价格不高于当地居民平均收入的承受力。

〔2〕　在德国, 国家若未采取充分的保障措施促使公共利益实现, 则等同于未以实现公共利益为目标, 被征收人可以提出宪法诉讼。Vgl. Wilhelm Schmidbauer, Enteignung zugunsten Privater, Berlin 1989, S. 196.

〔3〕　Wilhelm Schmidbauer, Enteignung zugunsten Privater, Berlin 1989, S. 207.

的一种限制，那么法律必须作出必要规定，[1]且国家需要将全部相关利益进行权衡，包括受益第三人的财力等。从宪法角度来看，虽然未实现公共利益的责任始终由国家来承担，但必须确保受益第三人实现公共利益的手段不得过分限制第三人的行为自由，必须留给其充分的自由空间以及实现公共利益的灵活性，第三人原则上享有选择实现公共利益方式和方法的自由，否则保障和促进手段反而会阻碍公共利益的实现。

保障公共利益实现的手段主要就是通过缔结契约等各种合法形式强迫受益第三人（继续）实现公共利益。除了保障公共利益实现的手段，还存在一些促进公共利益实现的手段，主要包括撤销征收并返还财产、惩罚等。此外，增加延缓条件和期限（auf-schiebende Bedingungen und Befristungen）[2]可以对原财产所有者提供有效的保护。与这些促进手段相比，强迫实现公共利益为优先采取的手段，若优先采取撤销征收手段，则无法实现征收的目的。与惩罚等促进手段类似，撤销征收的目的只是通过明确未（继续）实现公共利益的后果对新财产所有者产生警示作用，即使我们认可在未（继续）实现公共利益的情况下原财产所有者享有返还财产的请求权，[3]也无法使撤销征收和返还财产成为保障

---

〔1〕 德国联邦宪法法院持此观点，vgl. BVerfGE74，264（296）。但很多学者认为这对于征收的法律保留要求过高，vgl. Hans-Juergen Papier，Anmerkung zu BVerfG，JZ 1987，619（620）.

〔2〕 Vgl. Wilhelm Schmidbauer，Enteignung zugunsten Privater，Berlin 1989，S. 253 ff.

〔3〕 德国联邦宪法法院和学界普遍认为，如果未实现公共利益，即使不存在相关法律规定，被征收人在满足特定条件的情况下也享有返还财产的请求权，因为此处并不涉及公民基本权利的限制，而是基本权利本身，根本不必遵循法律保留原则。参见 BVerfGE 38，175（175 ff.）；Otto Kimminich，Anmerkung zu BVerfG，DÖV 1775，312（314 ff.）。而且，原财产所有人返还请求权的相对人是国家，而非受益的第三人，因为是国家认定了实现公共利益的目标、作出征收的决定并将财产转让给第三人，宪法保障的是个人针对国家的权利。由于认可返还请求权的同时可能构成对新财产所有者私有财产权的限制，因此返还财产不得导致第三人承受过度的负担。在认可返还请求权的情况下，需要重新估算征收和返还行为给各方造成的损失并重新确定补偿额度。

公共利益实现的手段，因为原财产所有者可能不行使这一权利。甚至在实施征收的那一刻，撤销征收就有可能对第三人无法起到应有的警示作用，比如第三人计划改变实物财产本身的特征，改变后这一财产对于原财产所有者将不再具有任何价值，因此返还财产的请求权对其没有任何意义而不会被行使。可见，撤销征收等促进手段只能作为补充措施，不得在实施第三人受益之征收时将其作为唯一措施。

预先选择哪种保障和促进手段主要取决于第三人实现公共利益的可能性和风险性。在选择手段之前需要对此作出评估，行政机关的评估还要结合个案，评估的准确性对于公共利益的实现起着决定作用。一方面评估本身会存在失误的风险，另一方面评估的结果可能是第三人实现公共利益存在主观或客观风险，一般而言，评估本身失误的风险越大，或第三人实现公共利益的不确定因素越多，保障手段的密度和强度就应越大。

最终采取哪种手段还取决于未实现公共利益的原因。第三人最终未实现公共利益的可能性有如下几种：①基于客观原因，公共利益永远无法由任何人来实现；②基于主观原因，第三人不再可能或不再愿意实现公共利益；③基于新获得的信息或知识、客观情况发生变化等原因，继续实现原定公共利益不再被公众所期待。[1]对于客观不可能实现目标、第三人主观不再可能实现目标或公众不再期待实现原定目标的情况，迫使第三人实现公共利益这一保障手段和促使第三人实现公共利益的惩罚手段均无法发挥应有作用。

3. 保障和促进措施持续的时间

在很多情况下，上述措施持续的时间取决于国家与第三人之间的协议，但持续的时间必须足以使征收行为正当化，在此并不排除一次性履行公共任务就可以使征收正当化的可能。通常来讲，

---

〔1〕　Vgl. Axel Jackisch, Die Zulässigkeit der Enteignung zugunsten Privater, Frankfurt am Main 1996, S. 166.

所要实现的公共利益越明确，保障和促进措施持续的时间就越易确定。对于新财产所有者而言，明确保障和促进措施的持续时间可以使其准确估量自身利益的得失，从而决定是否获得这一财产并实现公共利益。当出现客观上无法实现公共利益或公共利益产生变化等情况时，须提前结束这类措施。

4. 小结

综上所述，在运用比例原则中的适当性原则审查时，必须审查国家是否采取了足够充分且适当的措施以保障和促进第三人实现公共利益。较之于国家实现公共利益的情形，采取相关手段确保第三人（继续）实现公共利益是第三人受益之征收唯一的额外许可条件。

（二）必要性原则

必要性原则要求在同样能够实现公共利益的手段中，国家必须选择对基本权利限制强度最小的手段。在征收问题上，不仅要求征收措施本身是最小限制手段，还要求在个案中的具体征收行为是最小限制手段。相对于征收而言，国家应优先选择租赁、征用、使财产承受物权负担（dingliche Belastung）[1]等措施。此外，若第三人可以通过自由的市场交易从原财产所有者手中获得该财产，[2]或原财产所有者同样可以实现公共利益，则国家不得实施征收。如果国家能够利用公共财政通过资助某一企业促使其实现公共利益，则征收私人财产不具备必要性，因为公共支出由纳税人均等负担，而征收的负担和损失仅由财产所有者独自承担。在肯定征收措施的必要性后，国家也应当优先选择部分征收，而非全部征收。

（三）狭义比例原则

在进行利益权衡时，除了所要实现的公共利益与财产所有者

---

〔1〕 Alexander von Bruennek, Das Wohl der Allgemeinheit als Voraussetzung der Enteignung, NVwZ 1986, 425（429）.

〔2〕 Wilhelm Schmidbauer, Enteignung zugunsten Privater, Berlin 1989, S. 160.

的损失，还需要考虑财产所有者拥有这一财产会实现哪些公共利益。由于宪法并不认可私人利益为征收的理由和目的，且第三人是否受益以及第三人的利益是否占据主导地位对于征收的正当性并无影响，因此第三人所受之益不得在权衡时予以考虑，否则将导致私人受益越多、征收就越具备正当性。

虽然人数的多寡对于界定公共利益并无影响，但对于利益权衡却起着重要的作用。利益权衡不总意味着相互冲突的利益可以得到调和，在某些情况下不得不完全优先考虑其中一方的利益。征收对于财产所有者私有财产权的限制强度越大，所要实现的公共利益就必须具有越高的宪法价值位阶，且保障和促进公共利益实现的措施就应越充足。

三、第三人受益之征收的其他问题

（一）补偿主体

在讨论征收私有财产的正当性之后，还必须探讨补偿问题，即私有财产权的价值保障。

毫无疑问，对第三人受益之征收给予补偿同样须通过公正的权衡，但补偿主体应该是国家还是受益的第三人呢？这原则上可以由国家与第三人之间的协议来确定，但作为直接受宪法约束的公权力，国家必须尽可能减少财政支出，特别是当第三人的个人利益与所要实现的公共利益更多体现为一致性时，如果其不负有补偿义务，则无需太多代价即可获利，这明显缺乏公正性。

在第三人给予补偿的情况下，法律同样需要针对补偿作出必要的规定，以满足法律保留原则。法律尤其要明确补偿的标准，并对国家与第三人之间的协议作出必要的限制。

（二）任务的变更和受益第三人的变更

受益第三人可否变更征收时所确定的公共任务？比如修建私立医院可否改为修建私立学校？德国学界普遍认为，只要新的公共任务同样可以使征收正当化,国家则不得阻碍任务的变更。如果第三人未完成修建私立医院的任务,而修建私立学校同样可以使征收正当化,那么既令该第三人返还财产又要另行以修建学校为目的实施征收是毫无意义的。[1]同理,既然受益第三人的人选对于征收的合宪性并不起决定作用,在任务不变的情况下还可以变更作为新财产所有者的第三人。[2]当然,公共任务和受益第三人的变化必须依照法定程序进行。

(三) 公共任务完成之后的财产所有者

有些学者认为,公共任务一旦完成,第三人不应继续作为财产所有者支配财产,否则原财产所有者在公共利益实现之后仍然须忍受财产权损失,这具有不公正性。[3]但本书认为,这并非第三人受益之征收所特有的问题。在国家征收并亲自实现公共利益的情况下,国家无需在公共利益实现之后将财产返还给原所有者,否则征收和征用的界线将不再清晰。在实施征收的那一刻,国家将公共利益与原财产所有者永远失去财产所有权的损失进行权衡,比例原则要求所要实现的公共利益使永远剥夺财产所有权正当化。针对第三人受益之征收,即使在实施征收后不久客观条件产生变化,返还所征收的财产对于实现公共利益并无影响,第三人也无需将财产返还,因为第三人是在权衡个人利益得失之后作出实现公共利益的决定,而这一权衡建立在认定其能够永远成为财产所有者的基础之上。

---

〔1〕 Helmut Stummer, Die öffentliche Zweckbindung der enteigneten Sache, München 1967, S. 78; Klaus Brueggemann, Die nachträgliche Zweckverfehlung in verwaltungsrechtlichen Schuldverhältnissen, Hamburg 1969, S. 161.

〔2〕 Wilhelm Schmidbauer, Enteignung zugunsten Privater, Frankfurt am Main 1989, S. 212 f.

〔3〕 Vgl. Rüdiger W. Stengel, Die Grundstücksenteignung zugunsten Privater Wirtschaftsunternehmen, Heidelberg 1967, S. 51.

第五章 国有企业收入的公法治理

如前文所述，我国仍处于从计划经济向市场经济的转轨过程中，仍有赖国家依靠自身优势集中社会经济资源促进重点领域发展，以顺应传统思维模式、创造就业机会并增加财政收入。

有必要为国家从事经济活动提出宪法上的界限。本章将首先介绍国有企业收入问题中应直接受到限制而予以维护的重要基本权利——营业自由，继而通过比例原则审查确定国家从事经济活动的宪法界限。

第一节 宪法对营业自由的保障

一、营业自由的宪法依据

虽然我国《宪法》并未将营业自由明确列举为公民基本权利，但从现有宪法条款中不难推导出营业自由的基本权利法律地位。营业自由可以从私有财产权、劳动权以及社会主义市场经济条款中得出。

（一）私有财产权是营业自由的基础

私有财产权，也称公民财产权，指公民个人通过劳动或其他合法方法取得、占有、使用或处分财产的权利。[1]私有财产权若得不到有效保障，自由经营过程的保障就无从谈起。私有财产权是公民最核心的基本权利之一，如果说生命权是保障公民行使其

---

〔1〕 胡锦光、韩大元：《中国宪法》，法律出版社 2007 年版，第 287 页。

他一切权利的客观基础，那么私有财产权则是保障公民过上有尊严的生活的必要前提。私有财产权不仅体现为个人生存的物质基础，还体现为财产蕴含的私益价值，私有财产使公民的私人空间和施展自由成为可能，以便个体相对于国家保持一定的独立性，得以充分发挥个体的创造力，保障公民的个性化需求。[1]需要强调的是，私有财产权的主体并不仅限于自然人，私法人同样受到私有财产权的保护。私法人也是宪法基本权利主体已经是学界的共识，[2]只是在具体基本权利的享有上与自然人有所区分，比如某些以自然人为特征的基本权利不可以为私法人所享有，如婚姻自由。私有财产权不仅可以为私法人所享有，更是私法人经营活动的前提条件，私营企业的经营过程即是私有财产的使用过程。

2004年通过的《宪法修正案》将"国家保护公民的合法的收入、储蓄、房屋和其他合法财产的所有权"修改为"国家依照法律规定保护公民的私有财产权"[3]，正式将公民私有财产权全面纳入宪法保障。这一修改具有重大的历史意义，2004年《宪法修正案》扩大了私有财产权的保护范围，此前1982年宪法规定的所有权概念并不包括财产权的全部内容，它只是财产权的一部分，无法完整地表述财产权的基本内容。[4]过去由于私有财产法律保障尚未健全，私营企业财产权保护存在不足，某些私主体的合法权益难以得到有效维护。私营经济等非公有制经济是社会主义市场经济的重要组成部分，保障私营企业的财产权就是保障市场经济的有序发展。私有财产权入宪标志着我国全面承认与保护私有财产权的转变，私营企业家可以充分利用个人财产发挥创造力，

〔1〕 陈征：《国家权力与公民权利的宪法界限》，清华大学出版社2015年版，第96页。
〔2〕 杜强强：《论法人的基本权利主体地位》，载《法学家》2009年第2期。
〔3〕 参见2004年通过的《宪法修正案》第22条。
〔4〕 韩大元：《私有财产权入宪的宪法学思考》，载《法学》2004年第4期。

既保障了个人的自由又促进了社会多元化发展。营业自由的基础得以保障，非公有制经济高速有序发展，我国社会主义市场经济建设进入新阶段。

（二）劳动权是营业自由的来源

学界通常认为营业自由是职业自由的一部分，而多数学者认为我国的职业自由来源于宪法明确保障的劳动权。[1]

1. 宪法中劳动权的变迁

自1954年劳动权第一次入宪至今，四部宪法均明确规定公民有劳动的权利，宪法文本对于劳动权的规定并无明显变化，但四部宪法中劳动权的内涵并非一成不变。事实上，劳动权的内涵也是随宪法的更新而发展的。在理解四部宪法中劳动权的内涵时，应综合运用文义解释、目的解释、历史解释、体系解释等解释方法。制宪者将劳动权写入1954年宪法，是由于中华人民共和国成立初期国民经济极度萎靡，国家需要集中劳动力量迅速发展经济，计划经济体制之下的我国公民只能在政府的安排下，在国有企业、集体企业或者农村生产队的组织形式里从事生产经营活动，[2]几乎可以说所有的工作机会均来自国家的统一安排，国家承担着巨大的劳动权保障义务。宪法作为公民权利的保证书，劳动权入宪是当时社会背景下的必然要求。彼时的劳动权更多体现着社会权性质。然而，1993年宪法修正确认我国实行社会主义市场经济后，个体经济、私营经济等非公有制经济得到迅速发展。非公有制经济是以承认私营企业家与劳动者的雇佣关系为前提的，这就大大地丰富了劳动权的内涵。公民从事劳动不再局限于国家的计划安排，有了更多的自主选择权。公民既可以自主从事个体经济，也可以自由选择就职于某个企业。

---

〔1〕　高景芳：《职业自由概念的扩展分析》，载《石家庄学院学报》2011年第1期。

〔2〕　王德志：《论我国宪法劳动权的理论建构》，载《中国法学》2014年第3期。

改革开放以前，计划经济时期公民的劳动权更多体现着要求国家创造劳动条件、提供劳动培训的社会权内涵；改革开放后社会主义市场经济下公民的劳动权增添了自由选择职业和岗位等自由权内涵。如果现在依然按照 1954 年劳动权初次入宪时的制宪者本意来解释劳动权，势必导致过度扩大理解其社会权内涵。1982 年宪法重新制定时虽然延续了劳动权条款，但对于劳动权条款进行目的解释时不应考据 1954 年的制宪者原意，而应以 1982 年宪法制定者的本意为依据。1982 年，在改革开放的时代背景下，非公有制经济得到恢复和发展，个体经济明确被宪法保护，在解释劳动权时必须充分考虑到从事个体经营的劳动者。这些劳动者的职业活动不再依赖于国家的安排，有了更多自主经营的空间，劳动权的单纯社会权属性开始发生改变。多数学者认为现在的劳动权兼具自由权与社会权属性。[1]

2. 社会主义市场经济条款对劳动权的辐射作用

1993 年，社会主义市场经济以宪法修正案的形式正式确立。此外，现行《宪法》第 6 条至第 18 条有着诸多关于经济制度的规定。根据体系解释，在对劳动权等宪法基本权利进行解释时必须考虑到我国的经济制度取向，这些关于经济制度和私有财权的规定对于劳动权起到辐射作用。到今天，社会主义市场经济体制越来越完备，公民的"劳动"行为更多是市场主导下的主动行为，而非国家计划下的被动行为，劳动权已经具有自由权性质，如果过度强调劳动权的社会权性质，则可能违背市场经济原理，请求国家提供大规模劳动就业机会几乎无法实现也不应该由国家负责实现。自 2004 年宪法明确保护私有财产权以来，"劳动"的内涵进一步扩大，私营企业家可以自由选择将资本投入企业进行自主经营，这种自主经营企业的活动同样应当被认定为劳动权所

---

〔1〕 王天玉：《劳动法分类调整模式的宪法依据》，载《当代法学》2018 年第 2 期。

保护的劳动行为。

值得注意的是，1993 年社会主义市场经济入宪后，《劳动法》随即在次年通过。《劳动法》作为宪法性法律，对劳动权的内涵作出了部门法解释。虽然《劳动法》上的劳动权构造并不同于宪法上的基本权利，但作为部门法依然可以为我们理解宪法上抽象的劳动权概念提供重要参考。[1]尤其是考虑到《劳动法》是制定于社会主义市场经济体制之下的，第 1 条即说明了该法制定的目的之一是为了"建立和维护适应社会主义市场经济的劳动制度"，《劳动法》对宪法抽象概念的解释就更具有现实意义了。《劳动法》第 3 条第 1 款规定，劳动者享有平等就业和选择职业的权利、取得劳动报酬的权利、休息休假的权利、获得劳动安全卫生保护的权利、接受职业技能培训的权利、享受社会保险和福利的权利、提请劳动争议处理的权利以及法律规定的其他劳动权利。诚然，《劳动法》的保护主体是劳动者，不能完全等同于《宪法》劳动权的主体——公民，[2]《劳动法》规定的劳动者部分权利，如取得劳动报酬的权利，也不适用于宪法基本权利的解释，[3]但是，《劳动法》对《宪法》劳动权概念的其他具体化规定依然具有重要参考价值，其中最为重要的一点就是自由选择职业的权利，这恰是宪法劳动权的应有之义。可见，今天的劳动权内涵不仅保障从事劳动的权利，还包含选择某一特定职业以及从事该职业的自由。可以说，在今天我国职业自由已经是受到宪法保护的一项重要的基本权利。

（三）职业自由是营业自由的上层概念

在德国，通常认为营业自由属于职业自由的一部分，直接受到宪法职业自由规范的保护，因为职业自由的保护对象是经济上

---

〔1〕 王锴：《论我国宪法上的劳动权与劳动义务》，载《法学家》2008 年第 4 期。

〔2〕 王德志：《论我国宪法劳动权的理论建构》，载《中国法学》2014 年第 3 期。

〔3〕 王锴：《论我国宪法上的劳动权与劳动义务》，载《法学家》2008 年第 4 期。

具有意义的劳动，即"职业"。职业是个人的事业和生计来源，个人认为自己适于从事任何一种活动的，都有权以这种活动作为自己的职业。通过职业这一称谓，强调个人在谋生活动中的个性，个人也通过职业向社会作出贡献。而职业又可以区分为受雇于他人的职业和独立的职业，前者主要指受雇于企业的工作，而后者可以包含多种形式，比如自由职业者、个体工商户、私营企业经营者，等等。[1]当这种独立的职业以公民的私有财产为运营资本，依公民的自由意志去合法经营，持续性地以营利为目的时，[2]这种职业就可以被视为"营业"了。故营业自由是职业自由的一部分，是具有上述特殊条件的职业自由。职业自由的范围大于营业自由，比如通常认为律师和医生等职业活动仅属于职业自由，而不属于营业自由，因为他们仅具备职业自由的一般条件，不具备成立营业自由的特殊条件。仅属于职业自由而不属于营业自由的职业活动也因此不需要进行营业登记并缴纳营业税。

（四）营业自由与几个相近概念的联系与区别

1. 营业自由与自主经营权

"自主经营权"是一个具有中国特色的概念，在《宪法》中体现为第16条"国有企业在法律规定的范围内有权自主经营"和第17条"集体经济组织在遵守有关法律的前提下，有独立进行经济活动的自主权"。可见，这里的自主经营权主要是公有制经济主体享有的权利。之所以专门规定了公有制经济主体享有自主经营权是因为我国国有企业的所有权归全体人民所有，集体经济组织的所有权归劳动群众集体所有，而全民决策的经营效率低下，不利于国有企业和集体经济组织的发展。1978年改革开放以后，为

---

〔1〕 参见谢立斌：《药店判决》，载张翔主编：《德国宪法案例选释（第1辑）：基本权利总论》，法律出版社2012年版，第52页。

〔2〕 宋华琳：《营业自由及其限制——以药店距离限制事件为楔子》，载《华东政法大学学报》2008年第2期。

了提高生产和管理效率，使国有企业和集体经济组织的经营减少政府干预，国家逐渐提出所有权与经营权相分离的经营模式，公有制经济主体自主经营权的概念应运而生。

但是，此种中国特色的自主经营权绝不等同于营业自由，自主经营权的主体是公有制经济组织，而营业自由的主体是私营企业家。私营企业家依据营业自由享有完全的意思自治，可以自由设定经营目标，决定经营策略并对经营结果完全负责。公有制经济主体的自主经营权只限于狭义的经营活动，仅涉及效益问题，即如何更快更好地实现既定目标，却无权改变既定目标。此外，依据《宪法》第91条，国有企业还需接受国务院审计机关的审计监督，其经营效益需要接受国家的事后审查。自主经营权保障的是公有制经济组织的经营效率，营业自由保障的是私营企业家的营业自由，二者从主体到内容均有明显不同，虽然字面表述类似，却绝不可将二者混为一谈。营业自由是被宪法保障的基本权利，但自主经营权由于其主体公权力的属性，并不是宪法基本权利。

2. 营业自由与私有财产权

私有财产权是营业自由的基础，不仅因为私营企业家的财产为经营活动提供了必要的物质基础，而且经营活动创造出的增值价值会为私营企业家带来经济回报，这种经济回报是对其自由经营结果的认可，也成为其施展更多自由的前提和物质基础，激励私营企业家在未来进行新的营业活动。市场经济制度建立在公民个人创造力的基础之上，私营企业家自由经营活动集合在一起会成为促进市场经济健康发展的巨大推动力。健康的市场又为营业自由提供了条件保障，进一步促进私营企业家经营才能的自由施展。营业自由和市场经济形成了促进社会经济发展、保护公民自由的良性循环。反过来说，在经济活动领域，如果资产不受保护，则创业既没有可能，也没有意义。

在现行宪法之下，所有保护经济利益的私法权利都被纳入了

《宪法》第 13 条私有财产权的保护范围。[1]私营企业家作为企业资产的所有者，必然受私有财产权的保护。然而，其动态的营业活动更多受到营业自由的保护，这是因为私有财产权和营业自由的保护内容各有侧重：私有财产权侧重于保护静态的财产存在状态，营业自由则侧重于保护营业活动中财产的动态使用和收益过程。具体到营业活动中，私有财产权保护的是营业活动创造的价值结果，营业自由则保护私营企业家自由经营的过程。

二、国家对营业自由的尊重和保障

（一）国家不得非正当干预营业自由

基本权利的主要目的在于确保个人的自由免受公权力的干预，这种个人对国家的防御体现在两个方面：首先，公民可以自由地行使基本权利，国家有尊重义务，非经证明具有宪法正当性不得对其进行限制。其次，当基本权利受到国家侵害时，公民可以要求国家主动停止侵害、消除影响甚至给予赔偿。[2]营业自由是被我国宪法保护的基本权利之一，因此，公民在行使营业自由时国家不得进行非正当干预。此处需要说明，国家干预等于介入，但不必然意味着侵害，是否构成对基本权利的侵害需要分析干预的宪法正当性，只有不能通过宪法正当性审查的干预才应该被认定为侵害。处于社会主义初级阶段的我国基本经济制度是以公有制经济为主体、多种所有制经济共同发展，国有经济被定义为国民经济的主导力量，国家保障国有经济的巩固和发展，[3]在这样的经济制度背景下，私营企业营业自由面临的限制主要来源于以下两个方面：其一是国家从事经济活动；其二是营业行政许可制度。由于国家从事经济活动是财政收入方式之一，将于本章第二节详

---

[1] 参见谢立斌：《论宪法财产权的保护范围》，载《中国法学》2014 年第 4 期。

[2] 于文豪：《基本权利》，江苏人民出版社 2016 年版，第 42~43 页。

[3] 参见《宪法》第 6 条、第 7 条。

细分析，因此此处主要对营业行政许可制度进行分析。

各个国家的营业准入制度安排和营业行政许可手段往往与该国调控经济的方式密切相关。我国《宪法》第 15 条第 2 款规定"国家加强经济立法，完善宏观调控"，社会主义市场经济体制下的我国强调国家对市场的宏观调控作用，立法干预营业自由的情况较为普遍，我国《行政许可法》为了"规范行政许可的设定和实施，保护公民、法人和其他组织的合法权益，维护公共利益和社会秩序，保障和监督行政机关有效实施行政管理"[1]规定了若干设定行政许可的事项，[2]涵盖了安全、生态、资源等涉及公共利益的诸多领域。德国也存在类似我国的情况，德国目前实行的是社会市场经济（soziale Marktwirtschaft），营业自由也受到较多立法限制，这些限制的目的往往是维护安全、保护个人健康、保护消费者，或是基于社会国原则维持社会公正、保护弱势群体。无论我国还是德国，通过立法限制营业自由的目的虽然具备正当性，但其合宪性有待进一步审查。我国当前的行政许可制度还存在一些尚待完善之处，对此需要在宪法层面通过考虑营业自由予以权衡解决。

（二）国家保护中小企业的营业自由

现代社会私有化程度逐步加深，权力结构也随之发生变化，对公民基本权利的限制不再仅来自国家，一些私权利也能够对自

---

〔1〕　参见《行政许可法》第 1 条。

〔2〕　《行政许可法》第 12 条："下列事项可以设定行政许可：（一）直接涉及国家安全、公共安全、经济宏观调控、生态环境保护以及直接关系人身健康、生命财产安全等特定活动，需要按照法定条件予以批准的事项；（二）有限自然资源开发利用、公共资源配置以及直接关系公共利益的特定行业的市场准入等，需要赋予特定权利的事项；（三）提供公众服务并且直接关系公共利益的职业、行业，需要确定具备特殊信誉、特殊条件或者特殊技能等资格、资质的事项；（四）直接关系公共安全、人身健康、生命财产安全的重要设备、设施、产品、物品，需要按照技术标准、技术规范，通过检验、检测、检疫等方式进行审定的事项；（五）企业或者其他组织的设立等，需要确定主体资格的事项；（六）法律、行政法规规定可以设定行政许可的其他事项。"

由带来较大影响。在市场经济活动中，公平的竞争环境是营业自由的前提保障，同行竞争不但不构成对营业自由的限制，还是市场创造力的重要来源。然而，如果大型企业滥用其市场支配地位，在定价、数量、生产要素配置等方面实施垄断，则会对中小型企业的营业自由构成限制，而中小型企业由于其资源和市场地位的限制很难凭借一己之力挽回因垄断企业的限制而造成的损失。此时，国家有义务进行市场干预来保护中小型企业的营业自由。毕竟确立基本权利的最根本目的就是使公民能够真正行使宪法所赋予的自由与平等的权利，因此当基本权利遭到非国家权力的侵害而自己又无防御能力时，国家有义务进行干预来保护公民的基本权利。国家保护义务功能需要通过立法、行政和司法的协调合作来实现。立法保护是最基本、最重要的手段，也是行政和司法保护的规范依据。在对营业自由的保护上，为了避免垄断、不正当竞争等市场行为对营业自由造成的侵害，美国、日本、德国等世界各国纷纷立法保护各营业者在市场中的公平地位。改革开放初期，我国的市场经营活动主体类型越来越丰富，非公有制经济迅速发展，私营企业家的营业自由亟需加强保障。社会主义市场经济制度入宪以来，我国先后于1993年和2007年出台了《反不正当竞争法》和《反垄断法》，为保护市场公平竞争、维护私营企业的营业自由提供了重要保障。

值得注意的是，国家保护基本权利不是没有界限的，因为国家保护义务是建立在"私人（侵害方）—国家—私人（被侵害方）"的三方关系架构上的，国家的角色是平衡侵害方与被侵害方的利益，国家对被侵害方基本权利进行保护的界限即是侵害方的基本权利，若国家过度保护了被侵害方，则会构成对侵害方基本权利的侵害，此时，侵害方可基于基本权利的防御权功能对国家提出停止侵害的主张。

此外还需要澄清一点，虽然国家从事经济活动对营业自由构成限制时也受到《反垄断法》和《反不正当竞争法》的约束，但这并不属于国家履行保护义务功能。如上文所述，国家从事经济活动行为带有公权力属性，对私营企业营业自由构成限制时不满足国家保护义务的"私人—国家—私人"的三方关系要求，而是"私人—国家"两方关系，应属营业自由的防御权功能范围。

第二节　国家从事经济活动的宪法界限

一、经济制度规定与作为消极权限规范的基本权利条款

我国宪法中存在不少关于经济制度的规定，包括《宪法》第6条、第11条，以及第15条第1款和第2款，此外，市场经济制度的规定还出现在宪法序言中。然而，一方面，《宪法》第6、7条等条款不可能为国家随意从事经济活动开绿灯，否则宪法不会同时确立市场经济制度并保护非公有制经济。另一方面，市场经济制度的规定也不可能对国家的一切经济活动都亮红灯，否则将会与其他宪法条款产生冲突。那我们又应当如何理解《宪法》文本中"社会主义经济制度的基础""公有制为主体""国民经济中的主导力量""社会主义市场经济""社会主义市场经济的重要组成部分"这一系列概念呢？

针对上述概念，各学科的定义可能会不尽相同，但作为宪法概念，其内涵应与宪法基本权利的精神一致，因为基本权利是宪法的最高价值，不但包括这类关于经济制度的宪法规定，而且包括宪法根本原则（如民主和法治原则）在内的一切宪法条款最终均应是为了最大程度实现公民的基本权利。宪法中关于宪法原则、国家目标、国家权限等方面的规定通常不可优先于基本权利适用，而只能在基本权利体系的框架内发挥效力。这类规定与基本权利条款之间原则上是手段与目的的关系。如果说基本权利是一种价值目标，那么关于国家制度的规定则更多体现了本国的历史传统，

因为不同国家往往拥有不同实现价值目标的制度手段。

正是因为基本权利的目的性，这些主观权利同时起着消极权限规范的作用，[1]个人基本权利的空间同时也是国家权限的界限，该界限客观存在，并不取决于个人是否确实行使了自由或提出了相关请求。在这个空间中，只有个人自由和市场与社会的自治，没有国家权力的空间。我国《宪法》第51条明确了公民行使基本权利的界限，同时也等于明确了国家干预市场和社会的条件。德国学者 Carl Schmitt 认为基本权利思想蕴含着自由法治国家最基本的分配原则。[2]当国家未遵守这一分配原则时，权力的行使则不具备正当性和合法性。[3]可见，宪法基本权利条款蕴含着国家权力运作的最重要的宪法界限。

此外，较之于国家制度的规定，基本权利所蕴含的宪法价值具有永恒性，国家制度的设计是为实现基本权利而服务，需要在保持一定稳定性的前提下随着社会的不断发展而变化。我国宪法中那些关于经济制度的条款产生于不同时期，在对其进行解释时要避免矛盾的出现。在可能的情况下，通过基本权利这样具有永恒性的宪法价值对经济制度条款进行解释，能够确保产生于不同时期的宪法条款相互协调一致。

二、国有企业的宪法性质

在通过基本权利条款进行分析之前，必须先明确行为主体的

---

〔1〕 Bodo Pieroth/Bernhard Schlink, Staatsrecht II-Grundrechte, 25. Aufl., Heidelberg 2009, Rn. 73 ff.

〔2〕 Vgl. Carl Schmitt, Verfassungslehre, 9. Aufl., Berlin 1993, S. 164.

〔3〕 这里所说的合法性与民主合法性不同，前者涉及国家权力的限制问题，后者则主要涉及国家权力的来源问题。哈耶克认为前者比后者更为重要，因为防止权力专断首先在于它的限制，而不在于它的来源。参见张文显：《二十世纪西方法哲学思潮研究》，法律出版社1996年版，第264页。民主是某一共同体中不同社会个体自由的一种实现形式。由人民作出的决定具有民主合法性，但只有当其未违背基本权利条款时，才最终具备宪法正当性。

宪法性质。由于私人自由本身就是重要的宪法价值，因此私人行为无须实现其他任何宪法价值。当个体行为损害了其他宪法价值时需要将私人自由权所蕴含的宪法价值与其所损害的宪法价值进行调和或权衡。而公权力自身并不享有受宪法保护的自由权，行使公权力必须为了实现某一宪法价值并符合比例原则，否则就违反了宪法规定。

广义上的国有企业即指本书第一章已述的"国家出资企业"，主要即国有独资企业、国有独资公司、国有资本控股公司和国有资本参股公司，在市场中的活动可能会给私营企业家的基本权利带来消极影响（详见下文）。如果它们在市场中的行为体现为私人自治，那么立法机关的任务则是通过平衡私人之间（即上述企业和与其一起参与市场竞争的私营企业之间）的利益来确保公平的市场竞争。若上述企业体现为公权力的运行，那么基于法律保留原则，其创立及其今后在市场中的行为需要立法机关的授权和约束。虽然我国《宪法》第 16 条第 1 款规定"国有企业在法律规定的范围内有权自主经营"，但我们却无法看出"在法律规定的范围内"这一字面表述是平衡私人之间利益的立法委托还是约束公权力的法律保留。鉴于私人与公权力之间的本质区别及其对立法机关的不同要求，我们有必要在分析具体基本权利之前先探讨一下上述企业的宪法性质。

（一）国有独资企业和国有独资公司

德国一些学者主张以企业的法律形式为标准划分企业的市场行为体现为私人自治还是公权力行使。[1] 依此观点，凡具备私法形式的经济组织，比如股份有限公司和有限责任公司在市场中的

---

〔1〕 Hans Hugo Klein, Die Teilnahme des Staates am wirtschaftlichen Wettbewerb, Stuttgart/Berlin/Köln/Mainz 1968, S. 234; Günter Püttner, Die öffentlichen Unternehmen. Ein Handbuch zu Verfassungs-und Rechtsfragen der öffentlichen Wirtschaft, 2. Aufl. , Stuttgart/München/Hannover 1985, S. 120.

活动就都体现为私人自治。这一划分标准显然不正确。首先，宪法基本权利条款的根本目的是保障个体即自然人的自由和平等，对划分标准起决定性影响的应当是行为主体的本质，而不是其外在形式和行为方式。即使采用了企业制、甚至公司制的法律形式，国有独资企业和国有独资公司背后都只存在着国家权力，其市场行为没有体现任何自然人的自由，因此其仅具有公权力属性。企业享有民事主体地位并不一定意味着其行为在宪法意义上体现私人自治。其次，宪法正当性原则不仅要求行使公权力必须以实现某一宪法价值为目的，还要求权力主体在通过理智的分析之后能够确保该价值的真正实现。如果国家在明知无法促使和监督公共利益实现的情况下仍以实现该利益为由行使权力，那么其行为则不具备宪法正当性。国家创立国有独资企业或国有独资公司行为本身就属于行使公权力，目的必须是实现某一公共利益，但公共利益并不能通过创建行为本身，而只能通过企业在市场中的活动来实现。如果这类企业在市场中的行为认定为私人自治，那么企业的活动目标将可以由企业自主决定，国家则无法对其施加影响和控制，这时国家的创建行为本身将不具备宪法正当性。可见，国有独资企业和国有独资公司只是国家从事经济活动的工具，属于一种派生的国家权力。国家权力不会因采用企业化的组织形式和管理模式而摆脱公共利益约束，否则行政机关引入私营企业先进的管理和运作方式以提高工作效率和服务质量的目标非但不能实现，还会导致行政机关放弃公共职能、行政活动体现私人自治，这是任何一个国家的宪法都无法接受的。与此观点相应，企业是否私有化也不能仅以经济组织法律形式的转化为准，更主要的是看财产权是否属于私人，尤其要看任务是否由私人完成。[1]

有些人可能会认为既然我国《宪法》第 16 条第 1 款赋予了国

---

〔1〕 Ferdinand O. Kopp/Ulrich Ramsauer, Verwaltungsverfahrensgesetz: Kommentar, 10. Aufl., München 2008, Rn. 105.

有企业在法律规定范围内的自主经营权，第 2 款又要求国有企业在法律规定范围内通过职工代表大会和其他形式实行民主管理，那么承认这类企业的公权力属性进而使其受公共利益的约束将会限制其本应享有的自由决策空间。但我们不能忽视的是，国有独资企业和国有独资公司可以自主决定的仅是"经营权"，经营权涉及的是企业效益问题，而创建这类企业的根本目的原则上应是实现营利以外的其他公共目标（见下文），将所有权与经营权分离只是为了使企业能够灵活适应市场变化从而尽可能以最少的成本来实现既定公共目标，而不意味着企业可以摆脱公共目标的约束。更何况即使从经营权角度来看，企业行为也不完全体现私人自治。国家一方面要监督国有独资企业和国有独资公司是否实现了既定公共目标，另一方面还有责任审查其经营效益（《宪法》第 91 条第 1 款）。在公共目标方面国家需要随时进行监督并在必要情况下予以纠正，而在效益方面国家通常须事后进行审查，只是其间的具体经营权由经理人独自行使。在这一点上，国有独资企业和国有独资公司与完全体现私人自治的私营企业有着本质的区别。与此相应，虽然《宪法》第 16 条第 2 款中的"民主管理"指企业职工通过一定的组织形式参与企业的决策、管理和监督，但职工参与最多只能涉及如何更快更好地实现公共目标这一问题，主要局限于经营权范畴，而绝不可以允许职工自主改变企业的既定目标。国有独资企业和国有独资公司须受到公共利益和经济效益的双重约束是这类企业的重要特征，而不是其摆脱公共利益约束的理由。

综上所述，国有独资企业和国有独资公司并不体现私人自治，而是具有公权力性质，其在市场中的活动需要立法授权并受公共利益约束。

（二）国有资本控股和参股公司

不同于国有独资企业和国有独资公司，国有资本控股和参股公司实际上是国家与私人混合所有的企业，其背后不仅存在国家权力，还存在私人权利。其在市场中的行为很难区分出哪部分体现的是国家意志，哪部分体现的是私人自治。正是基于这一原因，判断其宪法性质的难度很大。

我们可能首先会想到通过公司内部国家与私人持股比例来确定其宪法性质，即国有股比例越多，企业则越接近国家权力，也就应越多地受到公共利益约束。[1]但这样会给立法机关带来极大不便，在具体情况中立法机关很难分辨出其立法任务到底是保护这类企业自身的利益还是对其行为进行授权和约束，因此这一想法缺乏可操作性。在国有资本控股和参股公司中，由于公共职能与私人自治部分通常是混合在一起并通过企业在市场中的行为统一体现出来的，因此立法机关不可能将企业行为拆分为公共职能和私人自治两部分进行规范，而只可能取其一。

在这类企业中，国家通常是为了利用私人资本或关系来协助自己实现公共利益，而私人股东入股则主要是为了追逐个人经济利益。与国有独资企业和国有独资公司不同，国家通常无权审查私人股东是否实现了自身的经济目标，因为这属于典型的私人自治范畴。[2]但另一方面，国有资本控股和参股公司与国有独资企业和国有独资公司又有着类似之处：国家持股（无论比例多少）的目的必须是利用持股企业在市场中的活动实现某一公共目标；如果这类企业在市场中的行为完全体现私人自治，那么国家则无法通过对其影响和控制来实现既定目标，这时国家持股行为本身将不具备宪法正当性。更何况完全忽视这类企业的公共职能将会导致国有独资公司象征性地引入少量私人资本即可摆脱公共利益

---

〔1〕 德国学者 Herbert Bethge 持此观点。Vgl. Herbert Bethge, Zur Problematik von Grundrechtskollisionen, München 1977, S. 66 Fn. 142.

〔2〕 基于对企业中私人股东利益的保护，大部分德国学者认为这类企业在市场中的活动体现为私人自治。Vgl. Klaus Stern, Das Staatsrecht der Bundesrepublik Deutschland, Band Ⅲ, 1. Halbband München 1998, S. 1169; vgl. auch Hans-Georg Koppensteiner, Zur Grundrechtsfähigkeit gemischt-wirtschaftlicher Unternehmungen, NJW 1990, 3015（3109 ff.）.

约束。我国《宪法》第 91 条第 1 款要求国务院审计机关对企业事业组织的财务收支进行审计监督。审计监督的对象是国家财政收支，既然国有资本控股和参股公司中也有国家财政资金，那么这里所说的企业不仅包括国有独资企业和国有独资公司，还应包括国有资本控股和参股公司。从这一角度来看，国有资本控股和参股公司也与完全不受国家审计监督的私营企业有着本质区别。可见，我们不应将公司中私人股东的利益优先于公权力追求的公共利益来考虑并将国有资本控股和参股公司在市场中的活动完全视为私人自治的体现。既然在不追求公共利益的情况下国家不得持股，那么只要国家持股，企业本身就受公共利益的约束，无论国有股比例有多少。因此，这类企业在市场中的活动和国有独资企业和国有独资公司一样属于履行公共职能。虽然企业履行公共职能必然导致企业中私人股东也至少要在一定程度上受到公共利益的约束，但这并不会对其相应的基本权利构成侵害，因为私人股东通常是在明知国家持股并受公共利益约束的情况下而自愿入股的，即自愿让渡了部分基本权利。即使国家持股行为发生在公司成立之后，即私营企业中某股东将其股权转让给国家，转让行为依照法律规定通常也需要其他股东许可。即使不存在相关法律规定，股东之间至少可以预先达成禁止将股权转让给国家的协议。可见，国有资本控股和参股公司中私人股东的利益并不应受到特别保护。但当国家通过追求公共利益之外的行为侵害了私人股东的基本权利，比如不正当干预其营利活动时，私人股东可以照常利用基本权利的防御权功能进行防御。

（三）小结

综上所述，无论是国有独资企业和国有独资公司还是国有资本控股和参股公司，其在市场中的生产经营活动均属于行使公共职能。立法机关不仅要对国家创建这类企业或国家入股行为进行授权和约束，还要对企业在市场中的生产经营活动进行授权和约束。上述企业的自主行使经营权保障其在市场中的具体经营活动不受主管行政机关的干预，但活动必须在立法授权的范围内进行。可见，这类企业给私营企业家基本权利带来的消极影响在很多情况下能够归责于立法授权行为。但由于立法通常不可能具体到不给行政机关留下任何决定余地的程度，因此，即使立法授权本身合宪，上述企业在市场中的行为仍然可能违宪，如未对法律进行合宪性解释或在立法授权范围内违反了比例原则。

三、针对相关基本权利条款的分析

那么国家从事经济活动到底会涉及私营企业家的哪些基本权利呢？首先，我们简单讨论一下结社自由权。结社自由权不仅保障了公民个体成立社团的自由，还保障了所有成员在社团中从事相关活动的自由。宪法意义上的结社指若干个体（通常至少 3 人）自愿的、时间上有一定延续性、组织上有一定稳定性并以实现某一共同目标为目的的联合。[1]这一定义首先就将一人或两人投资经营的企业排除出保护范围。此外，若干人成立私营企业不应属于宪法意义上的结社行为，因为与社团成员不同，公司股东们的目标是相互利用资本来营利，而不是通过共同合作促成意志形成。持股人相互利用资本不是结社意义上的共同目的，而是彼此雷同的个人目的的集合。因此，在讨论私营企业家的基本权利时我们没有必要讨论结社自由。但国家从事经济活动却可能会影响到私营企业家行使宪法职业自由权。其次，私营企业的资产属于财产权范畴，受到宪法私有财产权的保护，而国家从事经济活动可能会给企业所有者的财产造成损失。不过在私营企业家职业自由权与财产权保护范围的划分问题上适用一个通用标准：职业自由保

---

[1] Bodo Pieroth/Bernhard Schlink, Staatsrecht Ⅱ-Grundrechte, 25 Auflage, Heidelberg 2009, Rn. 721 ff.

护营利活动本身，而财产权保护营利活动的结果。[1]由于在讨论国家从事经济活动的宪法界限时更多涉及私营企业家营利活动的过程，因此下文将不对财产权进行分析。最后，在某些特定方面通过平等权也能得出国家从事经济活动的宪法界限。

（一）职业自由与营业自由

我国《宪法》第42条第1款规定："中华人民共和国公民有劳动的权利和义务。""劳动的权利"不仅保障从事劳动的权利，还包含选择某一特定职业和职位以及从事该职业的自由。针对私营企业家而言，它还表现为更具体的营业自由。

1. 营业自由的保护范围

私营企业家从事合法的经济活动属于行使宪法营业自由权。但同财产权一样，营业自由权既不保障特定的成果和市场占有率也不保障营利机会，换言之，营业自由并不保障私营企业家不遭受市场竞争，因为宪法保障某一企业的市场占有率必然会在一定程度上限制该市场中其他私营企业家以及所有希望进入该市场的潜在经营者的营业自由。可见，营业自由不保障某一经营者的特定成果，而是为了同时保护所有个体的职业自由或营业自由。而与私人加入市场竞争不同，国家从事经济活动不属于行使自由权，其给市场竞争者带来的消极影响通常无法预料。因此，职业自由及营业自由不保护市场竞争这一原则只应当局限于基本权利主体之间的竞争，而不适用于国家加入市场竞争的情形。[2]

2. 对营业自由的影响

无论是立法授权还是国家创建企业或国家持股行为本身，最多只可能对某一市场领域中私营企业家的营业自由权构成一定程

---

〔1〕 BVerfGE 30，292（334 f.）；88，366（377）.

〔2〕 Karl-Oskar Schmittat, Rechtsschutz gegen staatliche Wirtschaftskonkurrenz, ZHR 1984，428（451）.

度的威胁，而尚未带来任何实际上的影响。只有当国家确实在立法授权基础上和范围内通过上述企业向市场中的消费者提供了产品或服务，私营企业家的利益才可能会受到损失。因此，无论企业在市场中的活动是否可以归责于立法授权行为，我们只需分析企业的市场行为本身是否会对私营企业家的营业自由权带来影响。

私营企业家行使营业自由的前提是存在一个公平、自由和健康的市场。而国有独资或国有资本持股企业的活动即使完全符合市场竞争原则，这类企业本身总会具有私营企业不具备的一些天然优势。国家参与市场竞争不仅会导致市场竞争强度加大，还会导致市场结构发生质的变化。无论基于何种原因导致国有独资和国有资本持股企业在市场中的优势地位，甚至无论其在市场中是否具有优势地位，只要国家从事了经济活动，都或多或少会给该市场领域中的私营企业家行使营业自由权带来影响。若国有企业违反市场规律参与竞争，对私营企业将造成更加严重的影响。

但是这类影响是否在宪法意义上构成对基本权利的损害呢？从我国《宪法》文本中可以看出，制宪者并未将基本权利的防御权功能局限于防御某种特定形式损害，恰恰相反，宪法的根本目标正是最大限度地实现公民的自由与平等，是否构成损害应当取决于实际效果，而非行为形式，个体应当能够利用宪法基本权利防御来自公权力的任何形式的损害。因此，除了那些法律上的"要求"和"禁止"，公权力给个体利益带来的间接的、非目的性的、事实上的损失同样可能在宪法上构成对基本权利的损害。[1]但另一方面，由于基本权利主体是国家和社会中的个体，因此基本权利能否最终全面实现还必然取决于诸多相关社会因素。如果

---

〔1〕 Vgl. Günter Püttner, Die öffentlichen Unternehmen. Ein Handbuch zu Verfassungs-und Rechtsfragen der öffentlichen Wirtschaft, 2 Aufl., Stuttgart/München/Hannover 1985, S. 92; vgl. auch Michael Ronellenfitsch, in: Josef Isensee/Paul Kirchhof, Handbuch des Staatsrechts der Bundesrepublik Deutschland, Band Ⅲ, 3. Aufl., Heidelberg 2005, § 84 Rn. 34.

我们仅对行使公权力与个体的损失二者之间的因果关系进行检验，即只要二者之间具有因果关系时就认定构成对基本权利的损害，那么防御权功能必然会被无限扩大，甚至那些主要源于普遍生活风险的损失均将会归责于公权力。因此，在确定是否构成对基本权利的损害时我们需要考虑相关基本权利条款的保护目的。只有当公权力给基本权利主体带来的损失属于制宪者期望防御的损失时，才可能构成对基本权利的损害。[1]

对国家通过从事经济活动给私营企业家利益带来的损失进行防御符合营业自由权的保护目的。虽然带来这类损害不是国家从事经济活动的直接目的，但给私企经营者带来的消极影响并不属于那些事先无法或极难预见的后果，而是显而易见的必然结果。因此，国家从事经济活动在宪法上构成了对私营企业家营业自由的限制。由于限制基本权利不一定意味着对自由的彻底剥夺，因此对私营企业家营业自由权损害的本质不因国有独资和国有资本持股企业市场占有率的改变而改变，无论是垄断市场还是仅占极小的市场份额，只要这类企业参与了市场竞争，就会给私营企业家行使营业自由权带来消极影响，而影响程度的问题在分析宪法正当性时才应考虑。

3. 国家从事经济活动的宪法正当性审查

（1）宪法上的正当目标

在国家从事经济活动的问题上，宪法上正当的公共目标包括：通过进入某些个体和私营经济不宜或不愿进入的领域来弥补市场空缺并满足社会需求；通过国有经济较为强大的控制力来防范或应对社会、经济及政治危机和其他突发事件，从而确保国家和社会的安定；发展中国家通过建立和发展某些具有国际竞争力的战略性产业和高新技术产业为经济和社会的可持续发展创设基础性

---

[1]　Ulrich Ramsauer, Die Bestimmung des Schutzbereichs von Grundrechten nach dem Normzweck, VerwArch 1981, 89（102）.

条件等。

有些学者认为国有企业的首要目标是国有资产的保值增值，这一观点至少在宪法上是讲不通的。首先，营利本身原则上不可能成为国家从事经济活动的正当目标，否则国家从事经济活动将无须实现其他任何公共目标，宪法会给国家随意从事经济活动大开绿灯。其次，在垄断性行业中，一味追求国有资产的保值增值会导致产品价格不断提高，损害消费者利益。而在私营企业不愿进入的市场领域，国有资产往往很难保值增值，因为这些通常是很难营利的领域。在这些领域中，国家从事经济活动不仅须弥补市场空白，还应降低产品价格，切实满足公众需求。可见，国有资产的保值增值原则上不应成为宪法认可的公共目标，而只能作为附属目标。由于过于强调国有资产的保值增值很可能反倒会危害宪法公共目标的实现，因此只有在确保公共目标不受影响的前提下企业才能够追求利润最大化。

当前我国不少国有企业在从事主业的同时还长期从事某些副业。如果能够证明副业与主业之间存在直接关联，那么只需审查主业是否追求宪法认可的公共目标。如果副业与主业之间不存在直接关联，那么副业自身也必须追求某一正当公共目标，否则企业必须放弃该副业，因为副业同样会对该市场领域中的私营企业家行使职业自由权造成消极影响。允许营利作为企业附属目标不等于允许企业从事营利性质的副业。

由于宪法明确将地方国家机关的权限局限于决定和处理本地区事务，因此地方国家机关从事经济活动必须仅为了实现该地区的公共利益。可见，较之于中央一级，地方国家机关从事经济活动要受到宪法更多的限制。在跨行政区域从事经济活动时尤其需要慎重，地方国家机关不得超越其宪法权限，更不得损害其他地区的公共利益甚至与其他地方国家机关在经济领域进行恶性竞争，否则其行为不具备宪法正当性。

（2）适当性

比例原则中的适当性要求国家从事经济活动必须有助于达到所追求的公共目标。在这里，适当性考虑的是国家从事经济活动本身能否作为实现公共目标的适当手段。换言之，国家从事经济活动与所追求目标之间必须有直接的关联。[1]如果国家仅通过其经济活动创造的收入去实现公共利益，行使公权力与公共目标之间就不具备直接关联，而只是间接关联。虽然国家的财政收入最终通常还是要用于实现公共利益，但是在缺乏直接关联的情况下，国家从事经济活动本身则不具备适当性，否则国家在很多情况下将可以摆脱宪法约束，以创收或填补财政亏空为由随意从事经济活动并损害私营企业家的利益。此外不能忽视的一点是，我国《宪法》第56条规定了公民的依法纳税义务，这就意味着制宪者认为税收应当作为国家财政收入的一项重要来源。如果国家仅通过从事经济活动就能满足财政所需，那么公民依法纳税的义务将会在很大程度上失去合理性。

（3）必要性

比例原则中的必要性要求当存在若干同样能够达到目的的手段可供选择时，国家应选择对个体利益损害最小的手段，否则手段就缺乏必要性。依照必要性原则，国家通过从事经济活动实现的公共利益必须是市场机制自身无法达到而且也难以利用规制经济秩序或宏观调控经济发展等对市场干预强度较弱的手段来实现的目标。如果能够通过契约来资助并约束某一私营企业实现公共目标，国家就不必亲自从事经济活动。例如，若以创造就业机会为由从事经济活动，国家必须有充分的理由证明私营企业不可能或至少极难创造出同样数量和质量的就业机会。在此，国家创造的就业机会指的是客观真实的职位需求量。如果国有独资

---

〔1〕　Albert Krölls, Grundrechtliche Schranken der wirtschaftlichen Betätigung der öffentlichen Hand, GewArch 1992, 281（283）.

或国有资本持股企业实际录用的员工总量多于真实需求量，我们必须以真实需求量为准与私营企业能够创造的工作职位数量进行比较，否则国家将可以通过庞大的财政支出使企业录用大量"多余"的员工，创造就业机会将会成为国家从事经济活动的一个普遍适用的借口。此外，必要性原则还约束了企业的国有资本占股比例。如果同样能够实现公共利益，国有资本占股比例应当尽可能减小，因为国有资本占股比例越大，企业在市场中的优势地位通常就越明显，给私营企业家行使营业自由权带来的消极影响就越大。

（4）狭义比例原则

依照狭义比例原则，国家所追求的公共利益与其所损害的个体利益必须成比例，不能显失均衡。在国家从事经济活动问题上，我们需要将私营企业家营业自由遭受损害的强度与国家所追求公共利益的重要性和迫切性进行理智权衡。在衡量私营企业家利益遭受损害的强度时，既要参考国有独资或国有资本持股企业先天及后天获得的竞争优势，又要考虑其具体的市场行为。这类企业占有的优势或市场行为越易于损害私人竞争者的利益甚至将其排挤出市场，国家所追求的公共利益就必须具有越重大的意义。还以创造就业机会为例：如果国家创造出的（真实）就业机会只比私营企业略微多一点好一点，这一公共利益与私营企业家损失的巨大利益就不成比例。当国有经济在市场中处于垄断地位时，私营企业家只能彻底放弃自身职业，这时对职业自由权的损害强度达到了顶峰，因而只有在追求某一极为重大的公共利益时，垄断才可能具有宪法正当性。

（二）平等权

《宪法》第33条第2款规定了公民的平等权。但国家仅给予国有独资和国有资本持股企业诸多优惠政策而未给私营企业类似优待的行为并不会构成平等权意义上的差别待遇，因为只有当本质上相同的基本权利主体受到不同对待或本质上不同的主体受到相同对待时才可能涉及平等权问题，平等权的关系架构通常为"私人—国家—私人"的三角关系，其中只可能有一个主体的平等权受到侵害，另一主体只是作为参照对象加入平等权的关系架构。虽然私营企业的行为体现了其背后基本权利主体的私人自治，但无论是国有独资企业、国有独资公司还是国有资本控股和参股公司在宪法上均具有公权力属性，与私营企业不具备可比性。即使国家事后参股某一原本100%的纯私营企业，这一行为也不可能构成对其他类似私营企业的差别待遇，因为国家参股后私营企业在宪法上就具有了公权力属性，此时已不存在两个可供比较的私营企业了，这里只可能涉及自由权问题。这与国家资助某一私营企业有着本质不同，因为私营企业在受到国家资助后宪法性质并未发生改变，其仅受与国家所缔结契约的约束，国家既无权随时监督和审查其活动是否偏离了契约目标也无权事后审查其经营效益。如果国家不正当地资助了某一私营企业，而未资助本质上相同的其他企业，则侵犯了这些其他企业背后基本权利主体的平等权。

但是在讨论国家从事经济活动的宪法界限时平等权仍然具有重要意义。平等权要求国家实现公共利益所需的财政支出由每一个公民平等分摊，比如以上文提到的纳税形式（《宪法》第56条）。[1]而如果国家通过从事经济活动营利，那么国库收入将主要由两部分组成，一部分来源于税收，另一部分则来源于经济活动的创收，而后者是以该市场中私营企业家放弃自身（潜在）占有的市场份额为代价的，换言之，私营企业家不仅要与其他公民一样承受纳税负担，以使国库能够获得第一部分收入，还要放弃其企业的市场份额，以使国库获得另一部分收入。这一双重负担使私营企业

---

〔1〕　具体如何实现税收平等并不属于本书的讨论范围。

家相对于其他纳税人而言遭受了差别待遇。[1]只有当这一差别待遇在宪法上具有正当性时，国家从事经济活动才符合宪法。在这里我们仍然需要利用比例原则来检验（参见上文分析）。

四、对我国宪法相关条款的解释

我国宪法中不少关于经济制度的规定均包含"社会主义"这一修饰词。《宪法》第1条规定社会主义制度是我国的根本制度。在对各项经济制度条款进行解释之前，我们有必要先针对宪法社会主义原则进行简要探讨。虽然宪法中的原则性规定一般只能在基本权利体系的框架内发挥效力，但与民主、法治等宪法原则不同，社会主义属于一种政治意识形态，将政治意识形态写入宪法是社会主义宪法的一大特色。因此，如何处理这类原则性规定与基本权利条款之间的关系就成为社会主义国家遇到的特色宪法问题。

我们很难对"社会主义"下一个准确的定义。但有一点毋庸置疑，在科学社会主义的创始人马克思看来，社会主义并不等于国家主义，也不意味着国家对社会和市场进行全面控制。[2]除了探寻理论源头，我们还可以通过宪法文本找到答案。首先，在社会主义原则保持不变的情况下，我国宪法从计划经济制度转变为市场经济制度，并不断提升非公有制经济的宪法地位，此后还明确保障了公民的私有财产权。对宪法相关经济制度和权利的修正当然不意味着逐渐背离社会主义原则，而恰表明该原则并未对非公有制经济占整个国民经济的比重作出限制。社会主义原则不仅

---

[1] Vgl. Peter Selmer, Wirtschaftliche Betätigung der öffentlichen Hand und Unternehmergrundrechte, in: Rolf Stober/Hanspeter Vogel（Hrsg.），Wirtschaftliche Betätigung der öffentlichen Hand, Staat und Kommunen als Konkurrent der Privatwirtschaft, Köln 2000, 75（89）.

[2] 参见郁建兴：《社会主义市民社会的当代可能性》，载《文史哲》2003年第1期。

未主张个体经济和私营经济须让位于国有经济，而且还鼓励非公有制经济的发展。此外，我国《宪法》文本规定了不少公民义务，比如第49条第3款规定了公民赡养和扶助父母的义务，这一义务具有保护老人这类弱势群体的特征，符合社会主义思想。如果每一公民都能够认真履行这一义务，那么国家在很多情况下则不必亲自为老年人提供给付，公民可以给国家减轻不少负担。从这个意义上讲，社会主义原则是一个非常开放的原则。作为宪法的指导性原则，社会主义原则蕴含了保护弱势群体等目标，但却未明确要求由谁来实现这些目标。社会主义性质的宪法并不一定主张"保姆式国家"，要求国家处处优先于市场、社会和个人。综上所述，宪法社会主义原则未要求国家处处优先于个人，尤其在经济领域，社会主义制度甚至鼓励私营经济发挥越来越重要的作用，社会主义原则与上文通过相关基本权利条款得出的结论相互兼容。

根据相关基本权利条款，我国宪法既未普遍允许也未普遍禁止国家从事经济活动，而是对其提出了如下前提条件：①国家必须追求某一宪法认可的公共目标，而不能单纯为了营利而从事经济活动；②国有独资和国有资本持股企业在市场中的行为必须直接有助于该目标的实现，国家不得以通过企业创收来实现该目标为由从事经济活动（适合性）；③市场机制自身以及那些对市场干预强度较弱的手段均无法同样实现这一目标（必要性）；④同样能够实现目标时，国家持股比例要尽可能减少（必要性）；⑤国家所追求的公共利益与所损害的私营企业家利益必须成比例，不能显失均衡（狭义比例原则）。在满足这些条件的情况下，国家不仅可以而且必须从事经济活动。

需要强调的一点是：在全人类的维度上，人的尊严都是神圣而不可侵犯的，人是目的而非手段，因此在审查公权力介入公民基本权利的宪法正当性时，比例原则是一项各国均予遵守的宪法原则。但同样适用比例原则进行检验并不意味着必然得出相同的结果，最终结果取决于具体情况，相同问题在不同的国家或同一国家的不同发展阶段都可能存在不同的解决手段。从这个角度来看，宪法中关于经济制度的规定应是对该国当前阶段经济领域中各种利益权衡结果的一种确认。

既然如此，我们必须根据基本权利的精神对经济制度规定进行解释。《宪法》第 6 条规定社会主义经济制度的基础是生产资料的社会主义公有制，国家现阶段坚持公有制为主体的基本经济制度；第 7 条又规定国有经济是国民经济中的主导力量。这里所说的"经济制度的基础""主体"和"国民经济中的主导力量"不能理解为国有经济（企业或生产总值）在数量上的优势，而应理解为在质量上的控制力。第 7 条中"国家保障国有经济的巩固和发展"也指国家要提高国有经济的质量，尤其要努力将国有独资企业和国有独资公司发展成为数量不多、但却能在国民经济中发挥独特功能、完成特殊使命的骨干企业。《宪法》第 15 条第 1 款确立了社会主义市场经济制度。社会主义市场经济制度要求市场在国家的宏观调控下对资源配置起基础性作用。基本权利条款并未否定国家宏观调控的重要意义，而只对国家在何时以何种强度和方式进行调控甚至亲自从事经济活动提出要求。一方面，我国正处于社会转型时期，国家须通过建立和发展国有经济对国民经济的关键性领域和环节施加决定性影响，为经济和社会的持续稳定发展创造基础性条件，这一目标在宪法上当然具有正当性。但另一方面，市场经济制度要求国家参与经济活动应受到市场规律的约束，不能随意活动。在市场经济中，私人原则上可以自由从事经济活动，其经营行为是正确的还是错误的，是理智的还是盲目的，市场会通过相应的信号做出提示，国家不得进行不正当干预。因此，《宪法》第 11 条规定的国家对非公有制经济依法实行监督和管理只能理解为宪法要求国家保障和完善一个健康的市场并保障市场中私营企业的有序竞争。根据我国当前的社会现实，比例原则不仅要求一个有限政府，还要求一个有效政府。社会主义市场经济的发展并不意味着国家权力的衰落，要成功安稳地培育市场经济的生长，有效能的国家权力是必不可少的条件。[1]公权力应当集中力量充分发挥其支持和增进市场有效运作的积极作用。[2]一部明确认可了职业自由权、私有财产权和平等权并规定了公民依法纳税义务的宪法必然要求国家只有在具备正当理由的情况下才得以亲自从事经济活动，否则只能通过征收企业所得税"分享"私人经济活动的成果。

第三节　小结

总的来说，改革开放 40 余年来，非公有制经济为我国社会主义经济建设作出了突出贡献，也受到越来越充分的宪法保护。营业自由是非公有制经济主体的一项重要基本权利。营业自由可从私有财产权和社会主义市场经济体制辐射下的劳动权中得出，兼具主观权利和客观价值秩序双重性质，国家不得非正当干预公民或私组织行使营业自由，并且有义务保护公平的市场竞争环境，避免垄断、不正当竞争等市场行为对营业自由造成侵害。

与之相对，宪法中关于国家目标、国家权限等方面的规定通常不可优先于基本权利适用，而只能在基本权利体系的框架内发挥效力。无论是国有独资企业和国有独资公司，还是国有资本控股和参股公司，在宪法上均具有公权力性质。由于这类企业在市场中的活动涉及私营企业的营业自由、私营企业家的职业自由和

---

〔1〕参见郁建兴：《社会主义市民社会的当代可能性》，载《文史哲》2003 年第 1 期。

〔2〕钱颖一：《市场与法治》，载《经济社会体制比较》2000 年第 3 期。

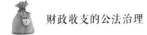

平等权，因此其创建及市场行为均须由立法机关授权并受公共利益和比例原则的约束。当适用比例原则审查国有企业收入活动的宪法正当性时，在不同国家和不同时期可能会得到不同结果。宪法中关于经济制度的规定应是对改革当前阶段各种相关利益平衡结果的确认。

第六章　国家举借债务的公法治理

国家举借债务已经成为政治学、经济学和法学在公共财政领域探讨的核心问题。对于国家举借债务，在政治学界和经济学界存在很多质疑。首先，国家举借债务被称为国家财政最危险的收入方式，其可以使当代的人民产生一种错觉——国家的财政资金取之不尽用之不竭，这会进一步导致国家债务的攀升。[1]其次，由于公债的信用往往高于民间借贷，因此公债的发行会将相当一部分公民个人的资本吸纳到政府手中。即使是商业银行或者其他金融机构购买国家发行的公债，其资金同样间接来源于公民个人。根据新古典经济理论，国家在市场中作为额外的债务人增加了贷款需求，这一方面可能导致该国在特定时期内市场贷款利率的提高，另一方面往往会排挤私人投资者和私人资本的其他用途，即产生所谓的挤出效应（crowding-out），[2]从而阻碍经济发展。最后，财政赤字的增加往往会导致货币超发，进而引发通货膨胀。

与之相对应，也有些学者认为，国家举借债务存在正当理由。例如，诸多经济学者认为，国家举借债务可以在未来增加公民收

---

〔1〕　Vgl. Josef Isensee, Damoklesschwert über der Finanzverfassung: der Staatsbankrott, in: Lerke Osterloh/Karsten Schmidt/Hermann Weber（Hrsg.）: Staat, Wirtschaft, Finanzverfassung, Festschrift für Peter Selmer zum 70. Geburtstag, Berlin 2004, 687（694）; 参见冉富强:《公债的宪法控制》，中国政法大学出版社2012年版，第6页。

〔2〕　参见冉富强:《国家举债权与宪法基本权利之关系——以经济自由权为中心》，载《河北法学》2010年第3期。

入并降低税负，同时可以提高国家的总体税收。[1]基于政策稳定性的考虑，至少在经济衰退时期应当允许国家举借债务，财政收支系统可以作为自动稳定器发挥作用。[2]当然，国家通过举借债务资助经济的措施在多大程度上可以调控经济周期和阻止经济衰退，在经济学界争议很大。不过，一般认为，当存在非同寻常的经济停滞或衰退现象时，国家举借债务至少可以缓解危机情形。如果完全禁止国家举借债务，则容易引发逆周期财政政策。[3]政治学界普遍认为，当国家面临战争、经济衰退或其他重大危机时，举借债务可以维护国家、社会和市场秩序的稳定。即使不存在上述情形，国家举借债务也可能具有合理性。例如，一旦财政预算对收入或支出作出严重的错误判断，绝对禁止国家举借债务往往会导致短期内大幅度削减财政支出，这极其不利于国家应对突发事件。[4]当然，经济学界普遍认为，财政赤字应当有度，如果国家债务过高，那么长期来看会影响经济增长和劳动就业。[5]至于挤出效应，一些经济学者认为其通常仅存在于资本主义初期的自由竞争环境之中，这时生产力不发达，社会闲散资金不足，而在经济充分发展和资本极大充裕的时期，则不存在挤出效应。[6]

可以想见，国家举借债务属于一种极其复杂的经济与财政调

[1] Horst Kratzmann, Verschuldungsverbot und Grundrechtsinterpretation, Berlin 2000, S. 18.

[2] Bernd Huber, Schriftliche Stellungnahme für die Anhörung der Föderalismuskommission II zu den Finanzthemen am 22. Juni 2007, KomDrs. 018, Berlin 2007, S. 2.

[3] Rolf Schmidt, Die neue Schuldenregel und die weiteren Finanzthemen der zweiten Föderalismusreform, DVBl 2009, 1274 (1274 f.).

[4] Hermann Pünder, Staatsverschuldung, in: Josef Isensee/Paul Kirchhof (Hrsg.), Handbuch des Staatsrechts der Bundesrepublik Deutschland, Band V, 3. Aufl., Heidelberg 2007, §123 Rn. 55.

[5] Rolf Schmidt, Die neue Schuldenregel und die weiteren Finanzthemen der zweiten Föderalismusreform, DVBl 2009, 1274 (1275).

[6] 参见冉富强：《国家举债权与宪法基本权利之关系——以经济自由权为中心》，载《河北法学》2010年第3期。

控手段，其对于国民经济的整体影响很难一概而论，诸多后果甚至具有不可预知性。然而如上所述，如果作为公权力行为的国家举借债务不能受到宪法的有效约束，那么宪法对征税和国家从事经济活动等其他财政收入来源的约束将在很大程度上失去意义。

第一节　国家组织法原则对国家举借债务的约束

宪法中的诸多规范体现出一种原则属性，而非规则属性，这一现象在我国《宪法》第一章的总纲部分体现得尤为明显。我国《宪法》总纲规定了诸多国家组织法原则，其中可能构成国家举借债务宪法界限的原则包括民主原则和效率原则。

一、民主原则

我国《宪法》第2条确立了民主原则。如上所述，民主原则要求一切国家权力的行使都来源于人民、可以追溯至人民，人民必须能够对这些权力的行使进行一定程度的控制，施加一定程度的影响。财政预算所发挥的民主合法化功能已得到普遍认可。如上所述，相较明确财政支出的实定法律，预算往往在较短的周期内有效，可以确保代议机关无需较为复杂的程序就能及时更新和纠正此前的财政活动安排和民主政治决定，从而可以使民主合法化更具有时效性的优点。因此，财政预算有效地补强了未经立法而直接设定的国家财政支出活动的民主属性。然而，国家举借债务的行为却在一定程度上构成对财政预算民主原则的挑战。以下将分别从未来代议机关的预算空间和收支平衡原则角度展开探讨。

（一）未来代议机关的预算空间

财政预算的民主合法化功能主要体现在财政支出方面，国家举借债务则涉及财政收入，财政的收入与支出密不可分。国家举借债务的行为必然导致当前代议机关预算空间的扩大和未来代议机关预算空间的缩小，这直接关系到代议机关对国家财政任务的安排和评估。对未来的财政预算而言，在排除被给付法所确定的支出之后，偿还以往的债务和利息将要耗费大量的财政资金，即使在预算周期内仍剩余了一定的预算空间，这一空间也极为有限。随着债务的逐年堆积，未来代议机关的财政活动空间将被大范围限缩甚至挤压为零，未来代议机关将沦为当前代议机关的遗产管理者，[1]进而处于有权征税而无权独立使用这些税收的尴尬境地，这必然会严重影响财政预算民主合法化功能的发挥。

或许有学者认为，宪法中的民主原则仅要求一切国家权力来源于"当前的人民"，未来的人民不属于当前行政活动的民主合法化来源。然而，宪法是具有长期效力的根本价值，是跨越代际的人民的共识，未来的人民应当被视为明天的主权所有者，[2]他们的利益同样受到宪法的保护，宪法绝不可能允许当前人民将自己的幸福建立在未来人民的痛苦之上。从这个角度来讲，宪法可以被视为一种"代际契约"。[3]可持续发展要求国家的任何行为均以经济、社会和生态发展为导向，应顾及当前和未来几代人的利益，应当在经济制度、社会结构和生态环境三方面建立一种"实践中的调和"状态，这一状态能够平等考虑这三方面的利益。[4]可见，可持续发展不只是对生态环境领域提出的要求，宪法尤其应当维护民主制度和财政国家的可持续发展。当前这一代人民的意愿应当同时顾及未来人民的利益，考虑到代际的可持续发展。与

---

〔1〕 Josef Isensee, Schuldenbarriere für Legislative und Exekutive-Zur Reichweite und Inhalt der Kreditkautelen des Grundgesetzes, in: Rudolf Wendt (Hrsg.), Staat, Wirtschaft, Steuern: Festschrift für Karl Heinrich Friauf zum 65. Geburtstag, Heidelberg 1996, S. 707.

〔2〕 Heinrich Amadeus Wolff, Die Änderungsbedürftigkeit des Art. 115 GG, in: Brink/Wolff (Hrsg.), Gemeinwohl und Verantwortung, Festschrift für Hans Herbert von Arnim zum 65. Geburtstag, Berlin 2005, S. 316.

〔3〕 Vgl. Peter Häberle, Das Grundgesetz und die Herausforderungen der Zukunft, in: ders., Verfassung als öffentlicher Prozess, 2. Aufl., Berlin 1996, S. 749 f.

〔4〕 Hilde Neidhardt, Staatsverschuldung und Verfassung, Tübingen 2010, S. 7.

此相应，财政预算必须确保国家在近期和远期均可以完成任务，从而使国家具有可持续的行为能力和促进社会发展的能力。

（二）收支平衡原则

为了充分实现财政预算的民主合法化功能，世界上很多国家均以立法的形式对预算设定了一系列原则，即所谓的"预算原则"（见下文）。预算原则是预算编制、审查、批准、执行和监督等各个预算环节均应当遵守的原则。虽然各国的预算原则多由法律予以规定，但由于相当一部分预算原则发挥着约束代议机关和控制行政权的重要作用，具有事务与内容上的民主合法化功能，因此可以间接从宪法的民主原则中导出，其不仅具有法律效力，而且具有宪法效力，同样构成国家举借债务行为的宪法界限。

财政预算的一个重要原则就是收支平衡原则，该原则又被称为不列赤字原则。在财政预算中，估算的收入和支出必须平衡，其目的正是防止预算入不敷出，从而防止代议机关将财政负担转嫁至未来。可见，在保障民主制度和财政国家的可持续发展方面，收支平衡原则发挥着重要作用。

然而，多数国家的财政预算均将举借债务的收入视为财政收入的一部分，因此收支平衡通常仅是一种形式上的平衡。我国《预算法》第 34 条对中央债务作出规定，中央一般公共预算中必需的部分资金，可以通过举借国内和国外债务等方式筹措，举借债务应控制适当的规模，保持合理的结构。然而，如果将举借债务获得的收入视为可以平衡支出的财政收入，那么必然导致国家可以较轻松地满足收支平衡原则的要求，国家既可以放弃采取增加税收、削减福利等"不得民心"的措施，又无需实施缩减行政支出等违背自身意愿的手段。虽然收支平衡属于预算制度中的原则，而非规则，但宪法仍要求其最大化实现，国家不得仅满足于形式上的收支平衡。收支平衡原则的根本意义是在特定财政周期内禁止国家实施那些无法通过财政收入覆盖的财政支出行为，若一切支出都可以被举借债务获得的收入所覆盖，则该原则将失去意义。收支平衡原则发挥着代议机关政治评估的功能，如果当前的一切财政任务均可通过将负担转嫁给未来的方式得以完成，那么代议机关根据重要性和紧迫性对各种财政任务进行评估和取舍的权力将不复存在。可见，依据收支平衡原则，国家举借债务应被视为例外，应当接受宪法的正当性审查。

（三）小结

虽然举借债务可以使债务人预先获得规划未来的能力，但宪法民主原则必然对国家举借债务的行为构成限制，这一对当前代议机关预算职权作出的限制实质上保护了未来代议机关的预算职权。当然，与此同时，既然宪法民主原则不可能禁止立法者的决策影响未来，那么同样不可能禁止国家举借债务，其只是对国家举债行为划定边界。一般而言，若国家实施顺周期的举借债务行为，原则上不具备宪法正当性，毕竟在经济繁荣时期通常应形成财政结余，在经济衰退时期才可能有必要举借债务。

二、效率原则

如上文所述，约束国家机关的效率原则来源于我国《宪法》第14条第2款及第27条第1款规定，不仅包含①最大化原则、②最小化原则，还③禁止不必要的财政任务，并在④某一目标或任务是宪法的要求且财政允许时要求国家必须尽可能最大化地实现这一目标或完成这一任务。

对于企业而言，举借债务或许符合效率原则，可以使企业在从事经营活动和资本竞争中较快实现规模扩张，相对迅速地提高市场占有率，使收益与成本的比例最大化，从而使其在市场竞争中占得先机。然而，在宪法上，国家与企业存在本质区别。

效率原则的前两个含义涉及成本与收益的比率。对当代纳税人而言，国家举借债务可以使成本与收益的比例最小化，但这会导致未来的纳税人为了同样的财政任务不得不承担更多的成本，比如债务利息和行政支出，或者支付同样的成本却只能完成较少的财政任务。效率原则的前述第③个含义是通过限制任务和目标来减少成本，这更构成对国家举借债务行为的限制。至于前述第④个含义，既然效率原则的内涵包括对任务本身的审查，那么效率原则要求对是否应当通过增加成本来增扩目标的考量肯定不意味着国家可以通过随意增税或举债来给自己增加财政任务。宪法规范本身蕴含着可能性保留原则，该原则主要体现为财政领域的可能性保留。[1]在我国，该原则的宪法依据除了私有财产权条款，还有我国《宪法》第14条第4款，该条款明确规定我国应建立健全同经济发展水平相适应的社会保障制度。基于可能性保留原则，在某一特定预算周期内，即使某些国家任务和给付义务由宪法和法律明确规定，在财政收入无法完全满足所需支出的情况下，国家不履行其中的某些义务也未必违反宪法和法律。[2]至于那些并非由宪法或法律明确规定，而是通过财政预算授权的国家任务，则更是如此。正如德国学者 Kirchhof 所指出的，既然法治国家中的警察法都认可警力的有限性，适用可能性保留原则，那么财政国家则更应如此。[3]可能性保留原则与法治原则并不矛盾，而是财政国家与法治国家调和的结果。可见，仅当财政允许时，国家才可以通过增加成本将目标最大化实现，而在国家实施举借债务行为的那一刻便已经达到了"可能性"的边界，否则将不存在"不可能"。虽然在现代国家，举借债务的目的不再局限于资助国家的财政任务，在社会国不断扩张的今天，举借债务可以增大国

---

[1] Horst Kratzmann, Verschuldungsverbot und Grundrechtsinterpretation, Berlin 2000, S. 135.

[2] Josef Isensee, VVDStRL 42 (1984), Aussprache S. 269.

[3] Paul Kirchhof, Grenzen der Staatsverschuldung in einem demokratischen Rechtsstaat, in: v. Arnim/Littmann (Hrsg.), Finanzpolitik im Umbruch-zur Konsolidierung öffentlicher Finanzen, Berlin 1984, S. 272.

家积极规划和建构未来的决策空间，进而有助于实现中长期目标，但不得忽视的是，任何获得财政收入的手段均可以发挥这一作用，税收亦不例外。在征税与举债之间，国家倾向于选择后者主要是考虑到这一手段的政治阻力明显要小。

与民主原则类似，效率原则同样不可能完全禁止国家举借债务。效率原则需要考量在实现目标过程和结果上的一切财政成本和收益，因此国家举借债务对公共财政的积极影响和消极影响均应纳入考量范围。其中，积极影响可能包括，在经济危机时期举借债务可以资助国家完成额外的财政任务，可以降低税收、刺激消费、促进就业、增加未来的税收或减少未来的财政支出等；消极影响则可能包括，产生挤出效应，导致私人投资和出口乏力，顺周期的积极财政政策会增大经济周期的波动等。此外，权衡成本和收益的同时还应当考虑成本产生和收益实现的可能性等因素。

第二节　公民的基本权利和义务条款对国家举借债务的约束

在德国学者 Alexy 看来，宪法中的基本权利同样属于原则，[1] 不同的基本权利之间往往存在冲突。具体在我国的语境下，我国宪法规定了若干公民的基本义务，从基本义务条款中同样可能导出某些原则。事实上，国家举借债务的宪法界限均体现在这些具有原则属性的规范中。以下将分别对平等权和纳税义务展开讨论。

一、平等权

从法学角度对国家举借债务行为抨击最多的理由当属违背代际的公平原则。一般认为，代际关系可分为两种类型：一种是生

---

〔1〕　Robert Alexy, Theorie der Grundrechte, 7. Aufl., Frankfurt am Main 2015, S. 79 f.

活在同一时代的相邻几代人之间的关系，被称为"共时性的代际关系"，往往体现为代际的直接交往；另一种是当前的人与未来的人或者是当前的人与曾经的人之间的关系，被称为"历时性的代际关系"，其特征在于代际的间接交往。[1]从宪法学角度来讲，代际公平中的"代际"特指代议机关的届期，并不局限于生理意义上的代际。[2]德国学者 Hesse 认为，代际公平可以被称为时间轨道上的"实践中的调和"。[3]

国家举借债务行为往往是为了满足当前一代纳税人的利益和福祉，而下一代或几代纳税人需要为此偿还债务和利息，换言之，国家举借债务的行为彻底颠覆了"谁使用谁付费"原则。[4]在举借债务行为发生时，未来的纳税人或许尚不具备行使政治权利的可能，无法通过参与民主政治活动对举借债务行为施加任何影响，其处于一种完全被动的状态，甚至可能一出生就需要承受上一代纳税人留下的巨额债务负担。即便在货币贬值的情况下，对于同一个体或群体而言，贷款行为在经济上可能会对其更为有利，但在不同的个体或群体之间，一方贷款让另一方连本带利偿还仍然不具备合理性。因此，一般认为国家举借债务行为不符合代际公平原则。那么，在宪法上，代际公平是否存在依据呢？

通常认为，代际公平的宪法依据是平等权条款。然而，如前所述，国家举借债务涉及的群体可能是尚未出生的未来纳税人，这一群体是否属于宪法平等权的主体呢？事实上，某些特定基本权利的主体资格并不局限于出生之后至死亡之前的阶段，例如，

---

〔1〕　参见吴忠民：《论代际公正》，载《江苏社会科学》2001 年第 3 期。

〔2〕　Wolfgang Kahl, Einleitung: Nachhaltigkeit als Verbundbegriff, in: ders. (Hrsg.), Nachhaltigkeit als Verbundbegriff, Tübingen 2008, S. 7.

〔3〕　Vgl. Hilde Neidhardt, Staatsverschuldung und Verfassung, Tübingen 2010, S. 7.

〔4〕　Hermann Pünder, Staatsverschuldung, in: Josef Isensee/Paul Kirchhof (Hrsg.), Handbuch des Staatsrechts der Bundesrepublik Deutschland, Band V, 3. Aufl., Heidelberg 2007, § 123 Rn. 7.

胎儿作为生命权的主体已经获得广泛认可，而人在死亡后同样可以享有名誉权、隐私权等基本权利。在国家举借债务的问题上，尚未出生的未来纳税人并不能成为私有财产权主体，那么宪法私有财产权条款不构成对国家举借债务行为的约束，但如果由此不认同这一群体的平等权主体资格，那么其在当前根本无法防御国家举借债务行为带来的侵害，这将导致财政宪法放弃了对未来一代甚至几代人的保护。如前所述，宪法是超越代际的根本价值决定，制宪者不可能仅考虑当前这一代人民的利益，而对未来的人民放任不管。与此相应，基本权利早已从主观权利发展为同时具有客观价值秩序属性的规范，基本权利对国家行为的约束力并不完全取决于基本权利主体是否已经出生甚至是否可以亲自主张这一权利，其作为客观价值决定不仅影响着整个法律体系，而且应该被视为立法、行政和司法的方针与推动力。这一点尤其适用于可以作为平等原则发挥作用的平等权条款。据此，宪法平等权条款必然要求国家考虑和尊重未来纳税人的利益，进而要求对国家举借债务行为进行正当性审查。仅当存在被宪法认可的正当理由且符合比例原则时，这一行为才可能具备宪法正当性。

有学者认为，国家举借债务的支出可能用于一些重大投资项目，而这些项目的受益者并不局限于当代纳税人，未来纳税人同样可以从中受益。如果禁止国家举借债务，那么这些投资性项目则只能由当前一代纳税人买单，未来纳税人则不需要付出任何成本即可直接享受这些项目带来的利益，这同样违反"谁使用谁付款"原则，进而不符合代际公平原则。当前一代纳税人在享受上一代投资收益的同时也要为下一代投资，代与代之间借此缔结了一种代际合同，这正是代际公平的体现。[1]与此相应，德国学者 Lorenz von Stein 指出，代际的负担分配利大于弊，一个没有债务

---

〔1〕 Vgl. Henning Tappe, Das Haushaltsgesetz als Zeitgesetz-Zur Bedeutung der zeitlichen Bindungen für das Haushalts-und Staatsschuldenrecht, Berlin 2008, S. 234.

的国家，要么对未来付出过少，要么对当前索取过多。[1]那么这是否意味着国家举借债务不仅不应当受到平等权的限制，而且还应当被视为平等权的要求呢？

事实上，这一观点至少忽视了三个问题：其一，对投资行为的界定是一个非常复杂的问题，各个学科之间存在认知上的差异。其二，国家当前的投资行为可能会增加未来纳税人的财富和自由，但这只是一种"可能"。投资之所以被视为投资，往往是因为投资人本身将其视为可以获得收益的行为，且收益原则上应大于成本。然而，这一所谓的"收益"未必被未来的纳税人认可，他们可能会将其视为无用之物，在这基础上或许还需要投入成本去维护甚至清除。[2]即使未来纳税人同样将其视为收益，当前的"投资者"也不能确保投资行为必然获得成功，毕竟任何投资行为都伴随着风险。可见，当前的投资未必转化为未来纳税人的收益，而当前的债务却必然转化为未来纳税人的负担。未来的纳税人可以修改法律，但无法摆脱偿还债务及其利息的义务。其三，如果投资行为可以使举债行为正当化，那么可能会产生一种不合理的现象，即立法授权与预算执行不对等的情形。预算在财政支出方面仅具有授权性质，因此行政机关在执行预算时可以充分利用立法者对举债行为的授权，而不利用预算对投资行为的授权。这将导致未来纳税人彻底不可能享有任何来自上一代的投资收益，却必须承担来自上一代的全部债务负担。基于上述原因，虽然当前一代的财政支出可能构成对未来的投资，但这无法完全使国家举借债务行为正当化。

---

　　[1]　Lorenz von Stein, Lehrbuch der Finanzwissenschaft, Band 2, 4. Aufl., Leipzig 1878, S. 347.

　　[2]　Hermann Pünder, Staatsverschuldung, in: Josef Isensee/Paul Kirchhof (Hrsg.), Handbuch des Staatsrechts der Bundesrepublik Deutschland, Band V, 3. Aufl., Heidelberg 2007, § 123 Rn. 7.

此外，即使不跨越代际展开探讨，而是将目光局限于同一代纳税人，国家举借债务的行为也可能涉及平等权。一般来讲，能够购买国家债券的公民或者能够贷款给国家的机构往往属于经济实力较强的自然人或者法人。在国家偿还债务和利息之后，他们通过利息收入使自己的财富进一步增加，而支付这些利息的却是全体纳税人，包括那些经济实力较弱而无法购买债券或者给国家提供贷款的自然人和法人，这实质上意味着经济实力较弱的群体将自己的一部分收入转移至经济实力较强的群体。虽然有观点认为，这类经济实力较强的自然人和法人即使不购买国债或者给国家提供贷款，也会将闲置的资金用于其他投资。[1]但其他投资往往不涉及公权力的介入，进而不涉及宪法平等权。更何况如果经济实力较强的群体购买了国债或为国家提供了贷款，则意味着他们在事实上认为这是当前最好的投资方式，即在综合考虑投资成本、投资收益、投资风险等因素后的最佳选择。可见，在经济实力较强的群体与较弱的群体之间，国家举借债务的行为显然更有利于前者。[2]如果国家举借债务的行为转化为暗中资助私人的行为，则更不符合宪法平等原则。

综上所述，既然国家举借债务构成对特定纳税人群体平等权的损害，那么必须接受宪法的正当性审查。在此，无论是税法本身还是国家与债权人签订的合同均无法使这一不平等对待行为正当化，[3]正当化理由只能存在于宪法自身之中。这一方面意味着宪法平等权条款构成国家举借债务行为的界限，另一方面表明其同样未绝对禁止国家举债。国家举债并非在任何情况下都无助于

---

〔1〕 Otto Gandenberger, Öffentliche Verschuldung Ⅱ, in: Handwörterbuch der Wirtschaftswissenschaft 5, Stuttgart 1980, S. 493 f.

〔2〕 Hans Herbert von Arnim/Dagmar Weinberg, Staatsverschuldung in der Bundesrepublik Deutschland, Wiesbaden 1986, S. 62 f.

〔3〕 Paul Kirchhof, Die Staatsverschuldung im demokratischen Rechtsstaat, in: Papier (Hrsg.), Grenzen der öffentlichen Verschuldung, Detmold 1983, S. 39.

在代与代之间相对均衡地分配财政负担，特别是当突发严重的自然灾害或者重大的公共卫生事件时，若仅让当代纳税人承受由此产生的财政负担，则反而不符合宪法平等权的要求。概言之，平等权条款仅禁止国家无限度地举借债务进而透支未来。

二、纳税义务

我国《宪法》第56条规定："中华人民共和国公民有依照法律纳税的义务。"一般而言，宪法规定公民的义务则意味着赋予了国家相应的权力，如规定公民纳税义务则等于赋予了国家征税权。然而，从宪法的基本义务条款中可能导出某些原则性规范，这些规范又可以构成国家行使某些权力的边界。例如，宪法规定纳税义务即意味着确立了租税国家这一原则。租税国家的正当性体现为那些在市场中获得收益和成果的纳税人将部分收益上交给国家，以换取国家为他们创建市场经济制度的框架条件并维护市场秩序，从而使纳税人可以长期分享市场的成果，同时保障国家长期拥有充足的税源。国家在今后不需要将税收逐一返还给每一位纳税人，只要从整体上符合取之于民并用之于民的原则即可。但国家举借债务的行为导致部分税收由国家转移至债权人手中，这打破了取之于民并用之于民的原则。

此外，租税国家的财政需求原则上应通过税收来满足，征税是获取财政收入的常态手段，其他手段只能是例外，发挥辅助作用，否则公民依法纳税义务的正当性将在很大程度上减弱。或许有学者认为，国家需要在未来将举借的债务连本带利返还给债权人，而返还的资金仍然来源于（未来的）纳税人，换言之，举债并非完全独立于征税之外的手段，其本质上只是推迟了征税时间，不可能打破租税国家原则。然而，如果将目光局限于某一特定预算周期内，那么举债与征税毫无疑问应当被视为国家获取财政收入的两种并列手段，它们之间存在本质区别。在执行预算时，国家应当及时依法征税，因在预算执行过程中征税不及时而引发的债务额度上升肯定不具备宪法正当性。可见，征税行为较之于举债行为具有优先性。若在编制预算时对税收预测偏低，在实际执行中税收高于预估数额，国家仍然应当继续依法征税，实际税收超过预估的财政收入完全正常。国家不得因为年度收入已经可以满足当年的支出需求而停止征税，毕竟税收已经被法律所确定，停止征税不符合法治原则。然而，这并不适用于国家举借债务的行为。无论是立法还是预算中关于举借债务的规定，均仅具有授权性质，如果当年的财政收入已经完全可以满足财政所需，那么国家不得为了获得更多的收入而将举借债务的授权用尽，而应当及时终止举借债务的行为。[1]这再次印证了举债手段较之于征税手段的辅助地位。可见，从公民的纳税义务中推导出的租税国家原则构成国家举借债务的又一宪法界限。

第三节　对国家举借债务的合宪性审查与程序预防

一、合宪性审查强度

如前所述，在对国家举借债务行为进行合宪性审查时，审查主体在财政经济学知识方面的局限性并不是降低审查强度的理由，正确的做法是在必要时聘请相关领域的专家提供咨询和鉴定，合宪性审查在此基础上仅审查涉及宪法的问题。然而，基于其他理由，对国家举借债务行为进行审查的强度应当偏低。由于财政和经济问题复杂多变，国家的财政和经济政策往往需要随着社会和经济的变化及时调整，因此宪法应当在这一领域给立法者和预算

---

〔1〕　Werner Patzig, Haushaltsrecht des Bundes und der Länder, Kommentar zu den Rechts-und Verwaltungsvorschriften, Baden-Baden 1991, Teil C § 25 S. 11.

者留出更多评估和决策空间。宪法不同规范之间的效力相同并不意味着适用这些规范进行合宪性审查的强度相同。当审查涉及财政和经济学理论时，合宪性审查主体不宜对此展开专业和学术讨论，更不宜将其作为论据。特别是在适用效率原则进行审查时，合宪性审查主体不得将诸多财政和经济学理论转化为自身的主观预测和价值判断并将其带入审查过程。在财政宪法领域，宪法的框架秩序特征尤其不得被颠覆。

预算程序与一般的立法程序不同。在预算编制环节，行政机关的主导地位体现得尤为明显，代议机关虽然享有预算审批权，但总体而言，其对于预算产生的影响较为有限，特别是基于专业知识等因素的局限性，代议机关对财政预算的审批和监督效果必然受到很大限制。那么考虑到我国的合宪性审查主体隶属于全国人大，是否在财政预算问题上不应降低合宪性审查的强度，反而应当通过增加审查强度来平衡代议机关与行政机关的权限分配呢？换言之，审批和监督财政预算作为代议机关极为重要的职权，增加对其进行合宪性审查的强度是否可以提高民主合法化水平呢？事实上，虽然我国的合宪性审查主体隶属于代议机关，但合宪性审查的目的是维护宪法权威，合宪性审查的过程和结果本身均不代表和体现民意，并不发挥民主合法化功能，这与全国人大及其常委会制定法律和审批预算所体现的民主合法性具有本质区别。提高对财政预算问题的合宪性审查强度不但不会提高民主合法性，而且可能使合宪性审查与民主原则之间产生张力，无助于改变代议机关与行政机关之间的权限分配。

二、被认定为违宪的后果

对国家举借债务行为进行合宪性审查最为棘手的问题当属被认定违宪之后的后果。从提请审查到开始审查的阶段，审查主体往往需要较长的准备时间，包括咨询建议、结论鉴定等环节。在正式进入审查程序之后，过程同样较为漫长。与立法不同，财政预算通常具有年度性特征，即应当满足年度性原则，该原则也被称为会计年度独立原则，[1]在认定为违宪的审查结果产生时，年度预算很可能已经失效。[2]

即使合宪性审查结果能够及时产生，在举借债务行为被认定为违宪的情况下，是仅超出宪法边界的举债额度违宪还是整个预算均被认定为违宪呢？又应当如何对待违宪的举债收入呢？对于法律规范，若某一规范被认定为违宪，通常并不影响该法律的其他规范。然而，如果该规范违宪且去除这一规范会使整部法律失去意义或者不具备正当性，那就意味着该规范与这部法律的其他规范密不可分，此时应认定整部法律违宪。在国家举借债务问题上，有学者认为法律的举债授权条款超出边界并不会导致整个预算违宪。[3]虽然这一观点更有利于维护国家财政预算的稳定性，但并不具备合理性。如果仅认定超出宪法界限的举债额度违宪，那么国家应当按照相应的额度返还，否则会导致宪法对国家举借债务的行为失去约束力，国家可以利用合宪性审查的周期实施既成事实的行为而不用承担任何后果。然而，在返还这部分额度之后，整个预算将无法实现收支平衡，不符合收支平衡原则的预算不能被称为合法且合宪的预算，进而不具备正当性。[4]如果为了维持收支平衡临时决定减少部分支出，那么哪些支出以及所对应的财政任务应当被削减呢？另外，财政预算体现为收入和支出在整体上的平衡，因此根本无法辨别某笔超出限度的举债收入应当用于满

〔1〕 参见蔡茂寅：《预算法之原理》，元照出版有限公司 2008 年版，第 35~36 页。

〔2〕 Vgl. BVerfGE 20, 56（91）.

〔3〕 Axel Burghart, Das verfassungswidrige aber nicht nichtige Gesetz-ungültig oder wirksam?, NVwZ 1998, 1262（1263）.

〔4〕 Kyrill Schaefer, Das Haushaltsgesetz jenseits der Kreditfinanzierungsgrenzen: Die Rechtslage bei Überschreiten der Kreditfinanzierungsgrenzen im Bundeshaushaltsgesetz, Heidelberg 1996, S. 36 f.

足哪一部分财政支出。据此，仅认定超出限度的那部分举债收入违宪并不具备说服力。然而，若认定整个年度预算违宪，后果和影响将变得更为复杂，这必然会影响国家在这一年度内的全部财政任务，包括那些被宪法和法律明确要求的财政任务，这不符合法治原则。

此外，无论是认定超出限度的举债额度违宪还是整个年度预算违宪，均会损害债权人的利益。财政预算主要涉及代议机关与行政机关之间的关系，国家与第三人的债务合同属于一种外部关系，其在法律上与年度预算是分割的。债权人在与国家签订合同时并不知晓年度预算会违反宪法，国家机关之间的内部关系不应直接影响国家与债权人之间的外部关系，这与民法的相关规定不具备可比性。[1]

对于超出宪法限度的举债额度，如果强制国家在未来的预算年度返还，不仅同样违背作为国家举债边界的几项原则，而且可能导致未来的财政预算承受过度负担，甚至可能带来财政危机。[2]不能否认，强制国家返还具有警示、预防和制裁的作用，但其损害的往往是一些无辜纳税人和给付相对人的利益。虽然认定与公共财政相关的法律违宪均可能产生类似的后果，例如，认定税法和给付法违宪不仅会影响当年预算执行中的收入和支出，而且会影响纳税人和给付相对人的利益，但其影响范围通常仅局限于一部法律，仅涉及年度收入和支出中极小的一部分，与认定国家举借债务违宪的后果不可相提并论。

三、程序预防

合宪性审查往往只能发挥事后纠正的作用，而根据上述分析，对于国家举借债务的问题，合宪性审查可能连事后纠正的作用都

---

〔1〕 Kyrill Schaefer, Das Haushaltsgesetz jenseits der Kreditfinanzierungsgrenzen: Die Rechtslage bei Überschreiten der Kreditfinanzierungsgrenzen im Bundeshaushaltsgesetz, Heidelberg 1996, S. 8.

〔2〕 Siehe Sondervotum von Di Fabio und Mellinghoff, BVerfGE 119, 96 (169).

很难发挥。除了审查强度不宜过大外，在认定举债行为违宪的法律后果方面又可能面临非常棘手的问题，而这些问题直接影响着宪法对国家举债行为的约束效力。因此有学者建议，与其将重点放在事后的合宪性审查上，不如提前通过立法设计程序，以使其对国家举债行为发挥预防性效果，从而弥补实体上审查的不足。[1]

首先，对于授权国家举借债务，应当课以立法者阐释和论证的义务。立法者应具体阐释作出相应授权的原因、举借债务的目的和可以预见的积极作用、不实施举债行为会带来的不利后果、是否存在其他替代手段等，并详细论证为何以此方式进行授权，叙明授权涵盖的范围有哪些。[2]既然设定程序的目的是阻止不符合宪法的举借债务行为发生，那么本书中论述的作为国家举债边界的几项原则所涉及的内容在很大程度上均可以前置，进而被纳入立法者的阐释和论证义务，如效率原则要求考量和权衡的成本与收益之比例等因素。

其次，在财政预算领域，除了预算执行机关，审计机关应当是最具有相关专业知识和经验的机构。审计机关完全可以在预算编制和审批环节扮演咨询顾问的角色，通过提前介入的方式弥补事后审计的不足，从而使预算在编制和审批环节就可以更好地体现出科学性与合理性。这对于预防国家实施不必要的举债行为大有裨益。传统的审计环节虽然属于事后审查，但对于下一个预算年度而言，其同样属于事前行为。审计机关可以在年度审计结果上附加一些具有专业性的完善建议，为今后的预算编制和审批提供科学经验。

最后，整个预算过程的公开和透明也属于程序设计的重要内容，同样有助于弥补实体上对国家举借债务行为约束效果的不足。

---

[1] 德国联邦宪法法院曾提出类似建议，vgl. BVerfGE 79, 311（345）.

[2] Vgl. Henning Tappe, Das Haushaltsgesetz als Zeitgesetz-Zur Bedeutung der zeitlichen Bindungen für das Haushalts-und Staatsschuldenrecht, Berlin 2008, S. 304.

第四节　小结

国家举借债务的行为受到宪法民主原则、效率原则、平等权和纳税义务条款的约束，对其进行限制应当优先采取由立法进行程序预防的手段，而非通过合宪性审查的方式。此外，对于安排国家的财政任务，应当遵循预算手段优先于立法手段的原则，以便使对财政支出的审查更具有经常性和时效性，从而避免大量不必要的举债行为发生，并维护代议机关在每一年度对财政任务的评估空间和对民主政治的决策空间。虽然与立法确定国家任务不同，预算在财政支出方面通常仅具有授权性质，其约束力仅局限于支出上限，行政机关在执行预算的过程中可以不（充分）利用预算授权实施支出行为，但考虑到公众的需求以及这些需求带给行政机关的舆论压力，不（充分）利用授权实施财政支出行为的可能性往往只存在于理论中。

财政支出的公法治理

第七章 财政支出的组织和程序治理

第一节 经济公法下的预算原则

一、我国《预算法》中的预算原则

为了充分实现财政预算的作用，特别是民主合法化功能，世界上很多国家均对预算设定了一系列规则。这些规则被称为"预算原则"，是预算编制、批准、执行和审查过程中所必须遵守的原则。虽然各国的预算原则多由普通法律规定，但由于这些原则发挥着代议机关约束和控制行政权的重要作用，可以间接从宪法的民主原则中导出，因此其不仅具有法律效力，还具有宪法效力。我国现行《预算法》也明确或暗含了以下预算原则。[1]

（一）公开性原则

公开性原则也被称为透明性原则，是财政预算的支柱性原则。它要求预算的任何一个阶段即从编制、批准、执行到审查均在透明的程序中进行。由于国家仅是纳税人的受托人，财政收支当然有别于国家官员对私有财产的支配，行政机关的一切预算收支活动均须置于公众监督之下，原则上不得以国家机密、内部资料或其他理由侵害民众的知情权。既然公民获取全面、真实的信息是民主制度的基本前提和要求，那么公开性原则当然具有民主合法化功能。

---

〔1〕 本书仅探讨《预算法》中对于民主合法化功能具有重要意义的预算原则。

根据我国《预算法》第 1 条的规定，我国应当建立健全全面规范、公开透明的预算制度。预算公开原则作为一项基本原则，使公开透明成为预算编制、预算批准、预算执行及预算监督这一系列环节的基本要求，尤其是预算所依据的材料和相关解释以及人大批准的预算内容必须通过网络等手段公开。《预算法》第 14 条、第 16 条、第 89 条及第 92 条进一步明确了预算公开制度的程序、内容与违反后果。照此，信息公开是常态，信息保密是例外。在必要的情形下，财政部门有必要广泛听取公众和社会团体对预算安排的意见和建议。当然，如果其他预算原则未能得到有效遵守，公开性原则所发挥的作用会大打折扣，因为如果公开的并非是完整、详细、明确的账目，政府只能是一个"看得见而看不懂的政府"。

（二）精细性原则

精细性原则是被很多国家认可的一项预算原则。为了确保预算调控的有效性，财政收入和财政支出必须精细化。依照精细性原则，在预算制定的过程中，应根据来源估算财政收入并根据目的估算财政支出。在预算执行过程中，行政机关只能按照预算确定的目的支出，且不得超越每一支出用途的额度上限。[1]只有在精细化的前提下，代议机关才能获取准确的信息，从而保证预算的执行不会偏离预算批准的轨道。与此相应，我国《预算法》第 72 条规定："各部门、各单位的预算支出应当按照预算科目执行。严格控制不同预算科目、预算级次或者项目间的预算资金的调剂，确需调剂使用的，按照国务院财政部门的规定办理。"

各部门、各单位的预算支出目的不仅要包括任务的范围，还应包括支出方式。举例而言，体育方面的支出属于任务范围，而体育领域的人事支出则属于支出方式。规定任务范围可以根据不

----

[1] 该精细性原则属于事务方面的精细性原则。除此之外，还有时间方面的精细性原则，是指财政预算确定的支出仅适用于本预算年度内。由于时间上的精细性原则与下文提及的年度性原则类似，因此不单独进行讨论。

同任务的紧迫性来确定拨款额度，体现了代议机关的调控能力。而确定支出方式同样具有民主合法化作用：其一，规定支出方式可以确保全部支出被准确估算出来，提高调控的效果；其二，目的和用途确定得越精细，行政机关的活动空间就越小，调控的效果也就越好；其三，支出方式的精细性有助于代议机关和公众全面掌握信息，使财政审查的强度增加而难度减小。

我国 1994 年首次颁行的《预算法》（后文简称"旧《预算法》"）在第 19 条将预算支出分为 6 类，但这些分类仅是依照任务范围作出的划分，并未进一步依照支出方式精细化。实际上，大多数地方财政部门预算草案科目只列到"类"一级，没有"款""项""目"的具体内容。[1]粗预算会导致预算批准前的咨询变得更为复杂或者更为敷衍，且事后对执行的审查和监督难度加大，其后果是增加了预算执行中的随意性，给行政机关留下更多的活动空间。

为了提高政府预算的透明度，强化预算监督，现行《预算法》第 46 条明确规定："报送各级人民代表大会审查和批准的预算草案应当细化。本级一般公共预算支出，按其功能分类应当编列到项；按其经济性质分类，基本支出应当编列到款。本级政府性基金预算、国有资本经营预算、社会保险基金预算支出，按其功能分类应当编列到项。"毫无疑问，这一条款对提高人大对政府部门调控的准确性和精细性具有重要意义。

（三）真实准确性原则

真实准确性原则要求收入和支出的数字必须真实准确且符合事实。只要在整体上或某一细目中错误估算了预算情形，无论故意还是过失，均违反真实准确性原则。我国《预算法》第 32 条第

---

〔1〕　华国庆：《关于制定我国预算监督法的几点思考》，载《安徽大学法律评论》2002 年第 1 期。

1 款规定，中央预算和地方各级政府预算应当参考上一年预算执行情况和本年度收支预测进行编制；第 36 条第 2 款规定，各级政府、各部门、各单位应当依照本法规定，将所有政府收入全部列入预算，不得隐瞒、少列。这些条款体现了真实准确性原则，不仅减轻了代议机关商讨和批准预算的负担，而且给代议机关、审计机关、公民以及媒体的监督提供了便利，有助于提高行政活动的民主合法性。

（四）收支平衡原则

收支平衡原则亦被称为不列赤字原则，在我国《预算法》第 12 条和第 34 条中得以明确。在财政预算中，估算的收入和支出必须平衡。但由于多数国家的预算均将贷款视为财政收入，因此这一平衡通常仅是一种形式上的平衡。例如，我国《预算法》第 34 条规定，在控制适当规模、保持合理结构的条件下，中央一般公共预算中必需的部分资金，可以通过举借国内和国外债务等方式筹措。预算收支平衡本身并不是目的，其目的是防止年度预算入不敷出从而限缩代议机关在未来预算年度的调控空间。收支平衡原则保障的是财政预算制度的可持续性。

（五）年度性原则

依据我国《预算法》第 18 条，制定和审批预算必须分年度进行。年度性原则要求政府在每一预算年度开始之前都必须向代议机关提交预算草案，每一年度预算都要保证收支平衡，代议机关仅批准未来一年的预算，预算年度截止后须重做决算。根据年度性原则，预算年度以外的财政收入不得列入本年度预算当中，在预算年度截止时未使用的资金，不得自动转入下一年继续使用。

年度性原则不仅每年均为代议机关提供了及时调整财政任务的机会，还有助于代议机关、审计机关和公众及时审查行政机关的财政活动，从而使对行政权的调控更具有现实性。如果制定和批准一次预算的固期过长，则可能无法准确地估算收支，这自然会影响预算的民主合法化功能。但我国《预算法》第 42 条同时规定了转让性原则。照此，各级政府预算的上年结余，可以在下年用于上年结转项目的支出；连续两年未用完的结转资金，作为结余资金管理。毫无疑问，转让性原则虽然增强了预算执行的灵活性，但却松动了年度性原则。

（六）完整性原则

完整性原则要求年度财政收入和支出全部纳入预算，不得存在未考虑到的收入或支出，不允许账外有账。只有年度全部收入和支出均体现在预算当中，公众才可能全面了解行政机关的财政活动。我国旧《预算法》仅要求财政收入符合完整性原则，而未要求财政支出符合完整性原则的要求。既然完整性原则的目的是使代议机关可以调控行政机关的全部财政活动，那么不仅不得有预算以外的财政收入，也不得存在预算以外的财政支出。只有相关年度的全部收入和支出均体现在预算当中，代议机关才可能全面地调控行政活动。与此相应，现行《预算法》第 4 条第 2 款规定："政府的全部收入和支出都应当纳入预算。"

（七）毛收入原则

依照这一原则，在预算中财政收入和财政支出必须分开列出，且在每一使用目的中体现出的数额必须为预计收入和预计支出的全部数额，不得仅标明二者折抵后的差额。虽然收入和支出的差额是预算的关键问题，但如果仅标出净收入或净支出，则可能会导致某些收入未被纳入预算并用于完成某些未经代议机关批准的任务，这将降低预算的民主合法化水平。毛收入原则并非我国《预算法》明文规定的原则，但第 4 条第 1 款暗含了这一要求。

二、预算原则的德国经验参考

（一）德国预算原则、作用及理念

为实现财政预算对行政活动的约束和调控，世界上很多国家均对预算制度设定了基本原则，即预算编制、批准、执行或审查时所必须遵守的原则。在域外各国中，德国的预算原则尤为清晰明确，甚至专门制定了一部《预算原则法》，将重要的预算原则规定到法律当中。德国《基本法》与美国等国家相比，其《基本法》确立的国家制度更强调代议机关对行政权的控制和约束，政府首脑均由议会产生，这与我国宪法确立的人民代表大会制度更接近。因此，德国《预算原则法》中列出的具有民主合法化功能的预算原则对我国具有很大的参考意义。

（二）德国预算制度的主要原则

1. 完整性原则

完整性原则要求年度的财政收入和支出要全部纳入预算，不允许账外有账，未考虑到的收入或支出也有专门处理方案。

2. 捆绑禁止原则

捆绑禁止原则分为事务捆绑禁止原则和时间捆绑禁止原则。前者要求排除与财政收入和支出无关的事项，后者要求排除预算年度以外的事项。这项原则不仅减轻了讨论预算草案的负担，使议员不必同时考虑可以由其他法律规定的内容，在对预算进行表决时，议员也不会受到对其他事项态度的影响。

3. 统一性原则

根据统一性原则，全部财政收入和支出必须在统一的预算报告中出现。如果存在大量附加的预算，在审批时很难全部掌握年度预算的整体情况。

4. 毛收入原则

依照这一原则，在预算中财政收入和财政支出必须分开列出，且体现在预算中的必须为收入和支出的全部数额，即不得仅标明对相同使用目的中预计的收入和支出折抵后的差额。诚如前述，虽然收入和支出的差额对预算而言极为关键，但单单标出净收入或净支出的做法不利于公众掌握政府收支全貌。

5. 精细性原则

只有在精细化的前提下，公众才能够获取准确的信息，从而保证预算的执行不会偏离预算批准的轨道。为了确保预算调控的有效性，要求收入和支出数据统计和编制精细化，该原则分为事务精细性原则和时间精细性原则。依照事务精细性原则，在预算制定的过程中，原则上须根据来源估算财政收入并根据目的估算财政支出。与此相应，在预算执行的过程中，行政机关只得按照预算确定的目的支出，且不得超越每一支出用途的额度上限。在此，目的不仅包括任务的范围，还包括支出方式。规定任务的范围可以使议员根据任务的紧迫性确定拨款额度，而确定支出方式可以确保全部支出被准确估算出来，有助于公众全面掌握信息。在此，目的和用途确定得越精细，调控的效果就越好。

时间精细性原则是指财政预算确定的支出仅适用于本预算年度内，保障议员、审计机关和公众对行政机关的财政活动及时进行审查，而审查的结果可以及时体现在作为选民的社会成员的选举当中。

6. 明确性和真实性原则

明确性原则要求预算编制条目的分类要透明、易懂，且必须依照统一的统计标准。真实性原则要求收入和支出的数字必须真实准确且符合事实。无论是在整体上讲还是在某一细目中，只要错误提供预算数据，无论故意还是过失，均违反真实性原则。

在编制预算草案时，这两项原则不仅为议员咨询和表决提供了便利条件，由此批准的预算也可使得代议机关的政治决定清晰准确，而且给议员、审计机关、公民以及媒体等社会成员的监督提供了便利。

7. 收支平衡原则

预算收支平衡本身并不是目的，其目的是防止限缩未来的财政预算空间，保障国家的调控空间，保障财政预算制度的可持续性。

8. 事前审批原则

财政预算原则上必须在每一预算周期开始之前经过议员的批准和确认，延期批准应当是例外情况。如果某个预算年度已经开始，而预算尚未获得议员的批准，在此期间的行政财政收支需要经过特别的法律程序才可获得合法性。即使是这些延期批准的预算，其效力也要追溯到预算周期开始的那一刻。这一原则保障了议员预先规划的能力和效果。

9. 年度性原则

年度性原则要求政府在每一预算年度开始之前都必须向议员提交预算草案，议员仅批准未来一年的预算。

10. 到期原则

到期原则要求财政预算仅估算在本预算年度内预计到期的财政收入和支出，即那些确实可以指望在本预算年度获得的收入和在本预算年度完成金额支付往来的支出。这一原则使议员可以在正确全面的信息基础上作出政治决定。

11. 公开性原则

公开性原则也被称为透明性原则，是公共预算的支柱性原则。预算的任何一个阶段，从编制、批准、执行到审查均须在透明的程序中进行。由于现代国家的法律地位仅是社会成员指定的受托人，因此财政收支的信息不得成为国家官员的私有财产和私有秘密，行政机关的一切预算收支活动均须置于社会成员的监督之下，原则上不得以国家机密、内部资料或其他理由妨害社会成员的知情权。

(三) 德国预算原则的主要作用

在德国，预算原则的作用主要体现在以下几个方面：其一，确保预算花在全体社会成员身上，而不是少数群体身上。政府自己不能随意地、任意地选定保障对象，比如仅仅照顾体制内人员和垄断行业群体，或者仅仅照顾名额有限的经济困难群体；而须以公平正义为导向针对各个年龄段成员提供保障，同时对困难群体给予更多关心和照顾。总之，各个年龄段各种状况的全体人民均在国家保障视线之内，且逐步实现全民社保、象征收费。其二，确保把钱花在公共管理方面，确保公民、企业私权利的行使不侵犯其他公民的合法权利。其三，确保把钱花在发展社会保障和公共事业方面。德国财政支出的60%，一方面花在社会保障、补助家庭，另一方面花在发展教育医疗卫生交通事业等方面。其四，确保把钱花在监督公权力依法运行方面，确保公权力没有超越私权利的特殊地位。德国建立了现代政务官和事务官相分离的人事制度，工作人员职务职级分离，职级依法逐年晋升，确保底层工作人员不会为了晋升而追随上级从事违法行为。其五，确保把钱花在制度设计、标准制定与监管方面。以产品包装为例，要求外包装对产品如何分类回收有明确标识，产品在生产设计环节即做好了回收处理设计，使得垃圾分类回收制度能够顺利实施；为防止儿童误食药品，制定了药物包装强制标准，对企业有强制约束力。其六，通过预算原则起到界定市场经济边界的作用。市场经济自古即有，但总有这样那样的问题。二战后，德国建立了现代市场经济制度，以公民人权和财产权得到国家承认和保护且有终身社会保障为前提。同时建立现代企业制度，凡企业内部或外部责任，均有国家相关服务或监管与之衔接。

预算原则体现追求人人享有社会保障这一治国理念的理想并非今天才有。在欧洲，1601年英国伊丽莎白女王颁布"济贫法"，探索慈善济贫的实践。1881年，德国皇帝威廉一世颁布"黄金诏书"，明确"最大限度地保障需要帮助的人"，德国也是欧洲最早建立社会保障制度的国家；此后，德国一直以立法推动社会保障制度的完善；二战后，进一步健全了包括疾病、工伤、养老、失业等方面的社会保障法律制度，通过立法形式，将社会保障转化为国家持续的、法定的责任，进而转化到预算编制和执行之中。

对于社会保障，最大的质疑来自社会保障带来财政负担和公民税负的加重。但德国国家的实践表明，社会保障并不必然导致社会负担。二战以后，德国不断完善国家治理体系和法治体系建设，进一步提高国家治理能力现代化水平，可持续地对各个年龄段、就业与未就业的社会成员提供充分的社会保障，确保宪法和法律赋予人民的人权有固定收入与经济基础作保障，确保社会成员有不落后于所在时代的生存保障和生活质量。人们不是为了生存去工作，各种职业不再只是谋生工具。社会保障促进了人的解放和全面发展，激发了社会创造活力，也带动了德国经济社会朝着服务人而不是奴役人的方向大步前进。

三、完善我国预算原则的建议

我国宪法对公权力具有直接约束力，预算的编制、执行、监督等环节均可直接受到宪法的约束，具体到《预算法》中，关于预算原则的规定应当尽可能详尽，从而将有关预算的宪法精神具体化。现行《预算法》中关于预算原则的规定还具有进一步完善的空间。完善我国相关预算原则具有极为重要的意义，其中一个重要原因是我国预算在传统上的主要目的是确保实现国民经济和社会发展计划的实现。但在民主与人权成为宪法重要价值的今天，个人权益保障也应成为国家一切活动的目的。在我国，基于种种考虑，国家的财政任务并未全面以立法形式予以确定，预算在很大程度上发挥着确定国家任务并实现公共目标的作用。

参考德国的相关有益经验，可以在我国《预算法》中增加捆绑禁止原则、统一性原则、事前审批原则和到期原则。

第一，捆绑禁止原则，分为事务捆绑禁止原则和时间捆绑禁止原则。前者要求预算不得规定与财政收入和支出无关的事项，后者要求不得规定预算年度以外的事项。该原则对于提高预算草案的审查质量和预算执行的监督效果具有重要意义。

第二，统一性原则。根据统一性原则，全部财政收入和支出必须在统一的预算中出现。[1]如果存在大量附加的预算，代议机关在审批时很难掌握全部的相关信息并概览年度预算的整体情况，这自然会影响代议机关对行政权调控的效果。与捆绑禁止原则类似，统一性原则对于减轻我国各级人大在预算审批和监督过程中的负担具有重要的意义。

第三，事前审批原则。财政预算原则上必须在每一预算周期开始之前经过议会的批准和确认，延期批准应当是例外情况。如果某个预算年度已经开始，而预算尚未获得代议机关的批准，在此期间的行政财政收支则须经过特别法律程序才可获得合法性。即使是这些延期批准的预算，其效力也要追溯到预算周期开始的那一刻。这一原则保障了代议机关预先发挥调控的能力，已被世界各国普遍认可。

我国《预算法》规定预算年度始于公历1月1日，终于公历12月31日。实际上，由于全国人大通常在3月召开代表大会，中央各部门预算一般在4月底才得到人大的批准。旧《预算法》第44条规定："预算年度开始后，各级政府预算草案在本级人民代表大会批准前，本级政府可以先按照上一年同期的预算支出数额安排支出；预算经本级人民代表大会批准后，按照批准的预算执行。"鉴于这一条款存在违背事前审批原则的疑问，现行《预算法》第54条已经为事前执行的预算范围作出大幅限定，主要局限于上一年度结转的支出、基本支出、义务支出以及紧急支出。但是这些支出仍然仰赖本年度财政收支分配确定，仍然以事前审批为宜，因此，我国不少学者建议将5月1日作为财政预算年度的开始日期，将次年的4月30日作为截止日期。

第四，到期原则。到期原则要求财政预算仅估算在本预算年

---

[1]　Dieter Birk, Das Haushaltsrecht in der bundesstaatlichen Finanzverfassung（Art. 109-115 GG）, JA 1983, 563（564 f.）.

度内预计到期的财政收入和支出，即那些确实可以指望在本预算年度获得的收入和在本预算年度完成金额支付往来的支出〔1〕。在我国的实践中，这一原则应当将其明确写入法律，以防止个别单位将只是有希望获得而实际最终并未获得的收入纳入预算并借此扩大支出。

综上所述，在完善预算原则方面，《预算法》还有一定的提升空间。应当充分考虑民主合法化要求，进一步修订《预算法》以更加满足宪法要求。当然，在完善预算原则的同时，我国预算制度还应进行一系列配套改革。这些改革包括：预算应以法律形式获得批准；人大及其常委会根据《宪法》第62条第11项、第67条第5项和第99条第2款的规定应享有修改预算草案的权力；审计机关应享有更多独立性并协助人大行使《预算法》第84条赋予的对预算和决算的重大事项和特定问题进行调查的权力。这一系列改革与预算原则的完善均有助于预算发挥民主合法化功能。

第二节　财政支出的监督体系

任何国家机关的运行均离不开财政支持，财政支持的数量、范围、方式等直接影响权力运行方式，因此几乎可以认为，监督财政预算是监督权力的最佳途径。根据我国《宪法》和《预算法》等法律的规定，全国人大、地方各级人大及其常委会和各级审计机关承担着预算监督的职责。〔2〕人大监督和审计监督是两种最主要的预算监督方式，也是党和国家监督体系的重要组成部分。党中央多次强调人大的预算决算监督职能与审计机关在党和国家监督体系中的重要作用，使得加强人大预算监督和完善审计管理

---

〔1〕　Ernst Gottfried Mahrenholz, in：AK-GG, 3. Aufl., München 2002, Art. 110 Rn. 65.

〔2〕　参见《宪法》第62条、第67条、第91条、第109条；《预算法》第83条、第89条。

体制成为新时代背景下健全党和国家监督体系的两大重点内容。这两个目标的实现不能仅依靠人大和审计机关各自的内部完善，而应当在人大监督与审计监督二者之间建立起有效的工作衔接机制，加强人大与审计的工作联动，自上而下地形成全面有效的预算监督网，使由财政支持的公权力运行受到充分的制约和监督。

一、人大与审计机关的工作联系

（一）双重领导制下的审计工作报告模式

《宪法》第 91 条规定："国务院设立审计机关……进行审计监督。审计机关在国务院总理领导下，依照法律规定独立行使审计监督权……"第 109 条规定："县级以上的地方各级人民政府设立审计机关。地方各级审计机关依照法律规定独立行使审计监督权，对本级人民政府和上一级审计机关负责。"依照《宪法》规定，我国采取行政型审计模式，审计机关属于行政序列。在中央一级，审计署设于国务院内部，是国务院组成部门之一，主管全国的审计工作，受国务院总理领导。地方各级审计机关设于县级以上地方人民政府内部，负责本行政区域内的审计工作，受地方行政首长和上一级审计机关双重领导。

依照《宪法》规定，国务院和地方各级政府需要对本级人大负责并报告工作，在人大闭会期间，对本级人大常委会负责并报告工作。这是人大监督政府的重要方式，也是人民行使国家权力的重要方式。《审计法》第 4 条规定："国务院和县级以上地方人民政府应当每年向本级人民代表大会常务委员会提出审计工作报告。审计工作报告应当报告审计机关对预算执行、决算草案以及其他财政收支的审计情况，重点报告对预算执行及其绩效的审计情况，按照有关法律、行政法规的规定报告对国有资源、国有资产的审计情况。必要时，人民代表大会常务委员会可以对审计工作报告作出决议。国务院和县级以上地方人民政府应当将审计工作报告中指出的问题的整改情况和处理结果向本级人民代表大会常务委员会报告。"审计工作报告制度在人大与政府之间建立起了监督关系。由此，在行政系统内部，审计管理体制具备双重领导关系；在行政系统与权力机关之间，存在着以审计工作报告为中心的监督关系。

（二）关于人大与审计机关工作联系的讨论

在审计机关的两条领导线上，最终都要由各级政府向本级人大常委会作出审计工作报告。目前，人大对审计事项仅有事后监督，并无事前和事中参与，审计过程中的领导、指导和监督等工作主要由本级政府和上级审计机关负责。在目前的审计工作模式下，人大与审计机关的工作联系在三个层面上值得深入讨论。

第一个层面，目前，审计工作报告是人大与审计机关之间的唯一连接。审计工作报告是人大监督审计工作的前提条件，审计工作报告的质量直接影响人大监督的效果。因此，审计工作报告由谁来评估，如何评估尤显重要。每年6月，在全国人大常委会会议上，国务院（往往委托审计署审计长）向全国人大常委会全体会议作审计工作报告，常委会对审计工作报告进行分组审议。听取报告和审议报告的议程往往安排较为紧密，全国人大常委会可能缺乏足够时间去评估审计工作报告内容本身的全面性、公允性与真实性。此外，在当前的审计管理体制下，审计署须先向国务院提交审计结果报告，再由国务院向全国人大常委会提交审计工作报告，在地方层面，审计工作报告的提交也是如此。这样，审计结果可能被本级政府二次处理，[1]若如此人大的审计监督效果将受到减损。

第二个层面，由于专业性和时间等条件的限制，人大常委会

[1] 刘亚强、黄林芳：《改革审计管理体制 推动审计监督全覆盖》，载《财会学习》2019年第23期。

对审计工作报告的调查和评估水平较为有限。审计工作的专业性非常强，这对人大组织中的审计专业人力资源提出了较高要求。然而当前人大专门委员会和人大常委会工作机构均没有专门的审计（工作）委员会，全国人大财政经济委员会和全国人大常委会预算工作委员会中也没有审计工作小组，可能缺乏具有审计专业背景的委员，在技术和人力资源上应为审计监督加强准备。因此，在面对大量而复杂的审计事项时，许多工作需要进一步深入、细致。[1]

第三个层面，目前人大对审计工作的参与仅限于事后听取和审议审计工作报告，须加强对审计过程的参与。审计工作报告中的个别问题整改效果有待加强。[2]之所以会出现这种情况，是因为审计机关权力和人力资源有限，而人大对后续整改的监督参与又可能不足。审计机关隶属于政府体系，无法主导政府的财政问题整改工作，人大和审计机关在后续整改工作上需要加强合作。

人大与审计机关的工作联系问题是当下审计体制改革的重中之重。人大监督与国家审计在国家治理机制中具有较强的耦合效应，[3]仅靠人大和审计机关各自的内部改进不足以充分实现改革目标，应建立起有助于长效合作的协同改革方案，积极有效地解决上述三个层面上人大与审计机关工作联系上的突出问题。

二、人大监督与审计监督的衔接原则

审计的产生和发展与受托责任（accountability）内涵的演变是一脉相承的，"当文明的发展产生了需要某人受托管理他人财产的

---

〔1〕　杨肃昌：《改革审计管理体制 健全党和国家监督体系——基于十九大报告的思考》，载《财会月刊》2018 年第 1 期。

〔2〕　《对中央决算报告和审计工作报告的意见和建议》，载中国人大网，http://www.npc.gov.cn/npc/c22242/201907/ee6917ce71d445039ee20d7938f672c3.shtml，最后访问日期：2019 年 7 月 29 日。

〔3〕　李绪孚、刘成立：《国家审计与人大监督的耦合效应研究》，载《当代经济》2013 年第 21 期。

时候，显然就要求对前者的诚实性进行某种检查。"[1]根据广泛应用于预算关系的委托代理理论（Principal-agent Theory）[2]，在预算关系中，人民是委托人，国家是受托人，国家财政活动必须按照人民委托的内容和方式进行。我国《宪法》第2条及第3条规定："中华人民共和国的一切权力属于人民"，"人民行使国家权力的机关是全国人民代表大会和地方各级人民代表大会"，"全国人民代表大会和地方各级人民代表大会都由民主选举产生，对人民负责，受人民监督"，"国家行政机关、监察机关、审判机关、检察机关都由人民代表大会产生，对它负责，受它监督"，构成了受托责任的宪法基础，形成了公权力机关向人民负责的合法化链条：人民是国家权力的根本来源，但在现代社会中，无法由全体人民直接行使国家权力去管理国家，代议制成为现代国家中人民行使国家权力的主要方式。人民通过选举产生人民代表大会，进而由人民代表大会产生行政机关等公权力机关具体负责行政等领域的国家事务。从公权力机关到人民代表大会，再由人民代表大会到全体人民，通过逐层的向上负责和向下监督，形成了人民和公权力机关之间的委托代理关系。在这种委托代理关系下，公权力机关需要向人民履行受托责任，人民需要监督公权力机关的受托责任履行情况，及时纠正问题并提出改进建议。

公权力运行离不开财政支持，而国家财政收入主要来源于税收，纳税人负担着国家的财政供应，有权关心国家对税款的使用范围和使用方式，以确保国家按照人民的意愿开展财政活动。由于信息不对称等原因，由全体人民或全体人大代表直接监督预算

---

〔1〕 Richard Brown, *A History of Accounting and Accountants*, Beard Books, 1905, p. 74.

〔2〕 委托代理理论是现代契约理论的主要组成部分，其主要内容是在委托人和受托人存在利益冲突和信息不对称的前提下，委托人如何设计最优契约，授权受托人为其服务。参见魏陆：《完善我国人大预算监督制度研究——把政府关进公共预算"笼子"里》，经济科学出版社2014年版，第27页。

执行的成本过高、效率过低。此外，财政活动专业性较强，人民和人大代表难以具备这方面的专业知识和直接监督的能力。因此，人民需要委托第三方代为监督政府的预算执行情况，[1]这个第三方就是审计机关。

全国人大和地方人大是人民参与国家财政活动的渠道，由人民选举的代表组成。审计机关应向人大提供真实全面的预算执行和其他财政收支信息，消除人大和政府之间的信息不对称，以便人大充分履行对政府的监督职责，评估政府履行受托责任的情况。国家财政活动的监督主体是人民，审计机关发挥着帮助人民监督国家财政活动的工具作用。[2]审计机关和人民之间的这种服务关系构成了审计监督和人大监督工作衔接的基础。正因如此，审计管理体制改革不应仅局限于审计机关内部改革，也应着力于完善审计机关对人民的服务关系。

审计的独立性原则也源于受托责任。独立性原则是最重要的审计原则，世界审计组织（INTOSAI, International Organization of Supreme Audit Institutions）1977 年《利马宣言——审计规则指南》再版后的第二章第五节第 1 条强调："最高审计机关必须独立于被审计单位之外，并且免受来自外部的影响，方能客观有效地完成它的审计任务。"[3]独立性是审计机关评价国家履行受托责任情况的前提，如果审计机关与被审计对象有领导关系、利益关系，那么必然会影响审计调查和审计结论的得出，进而无法向委托人提供真实全面的信息，影响委托人对受托人的监督。增强审计机关的独立性与强化人大的预算监督职权是一致的。审计独立是为

---

〔1〕　陈献东：《对审计本质的再认识：监督工具论》，载《财会月刊》2019 年第 9 期。

〔2〕　对审计"监督工具"本质的论述，参见陈献东：《对审计本质的再认识：监督工具论》，载《财会月刊》2019 年第 9 期。

〔3〕　International Organization of Supreme Audit Institutions. ISSAI 1-The Lima Declaration.

了使审计机关能更好地发挥预算监督的工具作用，不受干扰地从审计专业角度评价国家履行受托责任的情况，为人大提供完整、真实、公允的审计工作报告。高质量的审计工作报告是人大审批决算报告的重要参考，也是监督预算执行情况的必要前提。

虽然我国《宪法》第 91 条也规定了审计机关依照法律规定独立行使审计监督权，但法律同时规定审计机关受本级政府行政首长的领导。[1]有学者将我国现行的行政型审计体制比喻为我国审计发展的"初始模式"或"启动状态"，此种体制是考虑了审计创建和早期发展的基本需要，保证了审计工作"按时进入预定轨道"[2]。时至今日，审计发展已步入正轨，审计体制应该且已有条件从"启动状态"转换为"运行状态"，以满足当下的监督需求，促进审计事业的长远发展。

在上述原则的指导下完善人大监督与审计监督的衔接机制一方面需要人大在组织制度和工作制度上做好对接审计机关的准备，另一方面需要审计体制改革朝着有利于强化人大监督的方向发展，逐渐形成"以人大为中心的审计"。[3]

三、人大对接审计机关的组织工作制度优化

（一）衔接的基础：人大审计专业能力的提升

加强人大与审计机关在预算执行监督领域的工作联动，必须具备一个重要的基础条件：人大具备审计专业能力。首先，人大借助审计机关的工作结果来监督政府履行受托责任的情况，那么审计机关向人大提供的审计工作报告等材料必须经人大严格的专

---

〔1〕 杨肃昌：《中国国家审计：问题与改革》，中国财政经济出版社 2004 年版，第 79~80 页。

〔2〕 尹平：《现行国家审计体制的利弊权衡与改革决择》，载《审计研究》2001 年第 4 期。

〔3〕 孙哲：《受托责任观下的财政审计改革研究》，中央财经大学 2018 年博士学位论文。

业审核，确保审计工作报告的真实性、公允性和完整性，评估审计机关的尽责程度。这是在人大开始实质性审议审计工作报告前的必要程序。人大听取和审议审计工作报告，需要针对重点审计问题开展专项调研、专题询问、质询等工作，根据审计查出的重点问题提出整改意见，并跟踪监督政府落实整改的情况。如果人大可以配备充足的审计专业人员，那么这些工作将不会流于形式，据此得出的整改意见才会触及根源性问题。

《中共中央关于深化党和国家机构改革的决定》提出要深化人大机构改革，健全人大组织制度和工作制度，加强人大对预算决算、国有资产管理等的监督职能。2018 年党和国家机构改革方案也涉及了社会建设委员会等全国人大专门委员会的组建和原法律委员会的名称和职能调整。扩大人大的审计专业队伍是加强人大预算监督之必须，进一步深化人大组织制度改革应当考虑在人大专门委员会和人大常委会工作机构中增加审计专业人员。可考虑在人大下新设审计委员会或在人大常委会下成立审计工作委员会；也可调整现有组织结构，在人大财政经济委员会或人大常委会预算工作委员会中增加审计专业人员，并调整工作内容。

综合考虑可行性与工作需要，本书建议在人大常委会预算工作委员会中增加审计工作小组，聘任专职的高水平审计人才。之所以建议在人大常委会工作机构而非人大专门委员会进行改革，是出于以下原因的考量：其一，人大专门委员会委员必须是本级人大代表，而高水平审计人才未必具有人大代表资格，会影响高水平审计人才的选任。其二，人大专门委员会委员有工作任期，与本级人大每届任期相同；人大常委会工作机构组成人员没有任期限制，也不需要换届。审计工作需要保持较长期间内的稳定性，积累丰富的工作经验，不适合人员短期任用。其三，人大专门委员会委员是从人大代表中选任的，而我国人大代表是兼职的，除人大开会期间，都有自己的主要职业。而人大常委会工作机构组成人员属于常委会机关工作人员，一般要占用人大机关的行政编制，是专职工作人员。审计工作专业性强、复杂程度高、工作量大，需要充足的时间保障，兼职成员难以胜任。此外，兼职成员的主要职业可能会影响审计工作的独立性，如果审计对象与成员工作单位重合或者有领导关系、利益关系，那么审计结果很可能会受到影响。[1]

（二）工作过程的联动：人大工作制度的优化

1. 年度审计任务的确定

由于审计结果要服务于人大监督工作，因此，审计任务的确定也应当充分尊重人大的要求。每年全国人民代表大会和地方各级人民代表大会召开时，都要审查上一年度中央和地方预算执行情况报告和本年度中央和地方预算草案的报告。年度财政审计任务与本年度预算草案和上一年度预算执行情况密切相关，由人大确定年度审计任务具有充分的合理性，符合人大评价政府受托责任的监督需求，也有利于我国人大制度的完善，维护国家权力机关的地位。

2. 审计工作报告的听取和审议

每年 6 月，全国人大常委会同日听取中央决算报告和审计工作报告。在开会前，全国人大财政经济委员对中央决算草案进行初步审查，提出初步审查意见，审计工作报告是初步审查决算草案的重要参考。然而，审计工作报告作为参考材料，本身并未经过提前审查。如果审计工作报告存在瑕疵，那么以此为参考得出的决算草案审查意见则未必适当。全国人大常委会可以在听取审计工作报告之前，由预算工作委员会对审计工作报告进行初步审查，确保审计工作报告内容的真实性和完整性。审计机关应当根据人大常委会预算工作委员会的初步审查意见对审计工作报告进

---

〔1〕 关于人大专门委员会与人大常委会工作机构的区别，参见《"专门委员会"与"工作委员会"》，载《人民之声》2018 年第 2 期。

行修改，并将修改后的审计工作报告提交给全国人大常委会。

对于审计查出的突出问题，政府需要进行定期整改，人大监督整改情况。自 2015 年《关于改进审计查出突出问题整改情况向全国人大常委会报告机制的意见》实施以来，人大对该工作的监督水平已经有了较为显著的提高，询问、跟踪调研等事后监督制度更加完善。全国人大常委会审议审计工作报告时，对审计工作报告揭露的问题，不得简单就事论事地概括交由审计机关牵头整改，而应由预算工作委员会审计工作小组探索从根源上杜绝问题的方法，"对审计结果发现的普遍性、典型性问题以及审计机关在审计结果中提出的建议，要有针对性地进行研究和改进，发挥审计结果应有的指导作用"[1]。较之于中央和地方各级审计机关，人大常委会预算工作委员会对财政问题全局有更深刻的认识，也能更有效地监督政府部门进行整改。例如，如果重点审计问题的根源在于体制机制不完善，那么仅依靠审计机关牵头引导相关部门进行改革，其难度非常大；而人大亲自参与整改工作，可以有效地自上而下促进体制机制完善。加强人大对审计查出问题整改工作的监督，不能仅局限于事后监督，而应当致力于探索人大全过程参与整改的长效监督机制。

3. 对审计机关的定期考评

人民代表大会制度要求对国家的根本监督是人大监督，审计监督是辅助监督，审计的本质是"独立的辅助监督受托责任履行情况的工具"。因此，审计机关应当接受人大的定期考评，以保证审计机关具备能胜任各项审计工作的能力，及时调整内部组成和工作方式。人大常委会预算工作委员会的审计工作小组既了解人大监督需求，又具备专业审计能力，应当具体负责对审计机关的考评，包括但不限于对审计业务文件检查、对质量控制体系进行

---

〔1〕　孙哲：《受托责任观下的财政审计改革研究》，中央财经大学 2018 年博士学位论文。

功能测试、与相关人员面谈等方式。人大可以基于对审计机关的业务检查结果，综合评价审计工作方式的适当性和有效性，并提出能够普遍适用的审计业务优化方案。需要注意的是，审计工作小组考评审计机关只是业务能力和质量控制方面的考评，目的是确保审计机关作为监督"工具"，不存在"机械故障"，对审计机关的考评工作不可影响审计机关独立开展审计业务。即便审计机关是为人大服务的，人大也不得干扰审计工作的独立开展。

四、审计机关对接人大的体制改革建议

在我国当前的审计体制下，审计机关的业务负责关系与行政隶属关系均属于行政序列，审计过程人大参与可能不足。在宪法确定的审计模式下，本书提出审计机关负责制与隶属关系相分离的审计体制改革建议，即与审计业务相关的工作，审计机关直接对人大负责；而在行政关系上，审计机关依然隶属于本级政府。

（一）负责制与隶属关系相分离的改革环境

理论界和实务界一致认为，独立性不强是我国审计最主要的问题。其他的审计问题主要源于独立性问题，独立性问题得到解决后，透明度低、权威性差等其他审计问题也就容易解决了。独立性问题的根源在于审计机关属于行政序列，需要接受行政首长的领导[1]。

为了解决这一审计管理体制的固有问题，审计学者提出了多种制度改革建议，这些改革建议可以归纳为以下三种改革思路：一是立法型审计模式改革，将审计机关划归人大。[2] 二是保持行政型审计模式，改革行政管理模式，将双重领导制改为上下级审计机关间的单向领导制，或是将现行省级以下地方各级审计机关

---

〔1〕 杨肃昌：《中国国家审计：问题与改革》，中国财政经济出版社 2004 年版，第 106~108 页。

〔2〕 秦荣生：《公共受托经济责任理论与我国政府审计改革》，载《审计研究》2004 年第 6 期。

直接划归省级审计机关领导和管理等方式。三是行政型审计向立法型审计转变的中间模式，即所谓国家审计"双轨制"——在人大和政府分别建立审计组织，人大所属的审计组织主要从事预算审计工作，政府所属的审计组织主要进行政府经济监管所需要的各项审计监督工作。

第一种改革模式，立法型审计模式改革固然是最彻底的改革方式，但从我国目前的纯行政型审计直接转为立法型审计较为困难。审计机关设立于国务院是《宪法》的规定，将审计机关直接划归人大可能导致违宪。此外，在我国现有的人大与政府的工作联系机制下，将审计机关划归人大可能会导致审计工作开展困难。第二种改革模式聚焦于行政体系内部的工作方式转变，虽然可行性较高，但行政系统内部仍存在对审计业务的领导关系，依然难以从根本上解决审计独立性差的问题。第三种改革模式与第一种改革模式类似，该模式建议在人大组建审计组织，负责预算（政府的全部收入和支出）的审计工作，但依据《宪法》第91条，"对国务院各部门和地方各级政府的财政收支，对国家的财政金融机构和企业事业组织的财务收支"进行审计监督的主体是设立于国务院的审计机关。因此，在该模式下，由设立于人大的审计组织负责预算审计的建议仍有不合理之处。但审计"双轨制"改革在很大程度上兼顾了我国国情和审计发展需要，有一定的参考价值。

对于审计管理体制改革，不妨借鉴2018年党和国家机构改革的经验，如将国家民族事务委员会归口中央统战部领导，但仍作为国务院组成部门；又如组建中央广播电视总台，作为国务院直属事业单位，同时归口中央宣传部领导。审计管理体制改单可以参考国家民族事务委员会和中央广播电视总台的改革方式，建立负责制与隶属关系相分离的审计体制。审计署仍然作为国务院组成部门，但直接向全国人大负责；地方各级审计机关也仍设于地方政府内部，仍属于行政部门，但直接向地方各级人大负责。

该审计体制改革方案具有较强的可操作性。首先，这种改革方式符合《宪法》第 91 条第 1 款"国务院设立审计机关"的规定。《宪法》第 91 条第 2 款虽然规定"审计机关在国务院总理领导下，依照法律规定独立行使审计监督权"，但并未规定国务院总理的领导是行政管理领导还是审计业务领导。在"国务院总理领导下"和"独立行使审计监督权"之间存在紧张关系——国务院对审计工作的领导应当仅局限于行政方面，审计业务则独立，这样方能解决该条款内部的紧张关系。《审计法》第 9 条规定："地方各级审计机关对本级人民政府和上一级审计机关负责并报告工作，审计业务以上级审计机关领导为主。"该法条也说明了宪法规定的"领导"不一定是审计业务领导。负责制与隶属关系相分离的审计体制改革后，审计机关仍隶属于政府，接受政府的行政管理，但与审计业务相关的工作直接向人大负责。审计机关向人大负责并不会影响审计工作的独立性，类似于法院对人大负责并不影响独立行使审判权。其次，2018 年党和国家机构改革为审计机构改革积累了丰富的经验，负责制与隶属关系相分离的工作方式对行政机关而言并不陌生，具体审计制度改革细节可以参考国家民族事务委员会等政府部门管理体制改革办法。再次，这样的改革方案可以使审计机关人员和内部组织的变动最小化，保持了审计机关的相对稳定，对正在进行的审计工作和政府内部财政财务控制工作的影响较小。2018 年审计署重新制定了《审计署关于内部审计工作的规定》，健全了被审计单位的内部审计工作制度，内部审计机构负责财政财务收支、经济活动、内部控制等单位内部审计工作，审计机关对单位内部审计工作提供业务指导和监督。审计机关与内部审计机构的分工更加明确，为审计机关负责制变化的改革做好了铺垫。改革后，内部审计机构依然受政府领导，改革并不会影响政府财政财务内控工作。最后，由于该改革方案仅涉及负责制的变化，因此可以在短期内完成。增强审计机关独立性、提高人大预算监督水平等改革目标也可在较短时间内实现。

（二）负责制与隶属关系相分离的制度优势

在负责制与隶属关系相分离的审计管理体制下，审计机关仍设于政府内部，在保留行政型审计优势的同时，也更能适应现阶段我国的监督需求。审计机关在被审计对象（政府）内部办公，有利于审计工作贴近政府出台的各项改革措施和重要工作部署，更加准确地制定审计工作计划，安排重点审计内容；也可以更及时有效地开展相关人员问询、业务文件查询等多种方式的审计工作，及时发现、处理和纠正重点问题。不仅如此，审计机关设于政府内部还有助于审计机关指导内部审计机构改进政府财务管理方式、提高政府工作绩效。可以说，这种审计管理体制改革将目前行政型审计的诸多优点都保留了下来。

改革后，审计机关虽然设于政府内部，但审计业务却不受政府领导，而是直接向人大负责，受人大监督。这可以从根本上解决困扰我国多年的审计独立性问题。现行体制下，审计结果报告须由审计机关先提交给本级政府，再由政府提交给本级人大常委会。政府是被审计对象，却在监督者（人大常委会）之前得到审计结果报告，这可能难以保障审计结果的公允性。审计机关直接向人大负责后，可以直接将审计结果报告提交给人大，直接对接优化后的人大常委会预算工作委员会，既独立、又高效。

有学者认为，审计体制凸出问题的根源都在于审计机关受政府管理而缺乏独立性，诸如：审计机关对同级政府经济活动难以发挥监督和制约作用；审计目标和任务在很大程度上受政府行政首长意志的左右；审计发挥作用的程度取决于领导者素质和重视程度；难以突破地方政府保护的屏障等。[1]审计机关直接向人大

---

〔1〕 参见尹平：《现行国家审计体制的利弊权衡与改革决择》，载《审计研究》2001年第4期。

负责后，这些问题都将迎刃而解。

（三）审计机关的人事安排和经费预算

审计机关虽然在行政上仍隶属于政府，但考虑到审计工作的特殊性，按照《宪法》第91条对审计工作独立性的要求，地方各级审计机关负责人应当由本级人大直接产生，而非由本级政府行政首长任命。审计机关负责人在审计工作中扮演重要角色，如果审计机关负责人由政府任命，那么负责人极有可能作出不利于审计工作的决定。然而在中央层面，仍应严格按照《宪法》规定来运行，即审计署审计长的人选由国务院总理提名，全国人大决定；全国人大闭会期间，由全国人大常委会决定。审计管理体制改革应当在宪法秩序内探寻最佳方案。

经费是审计工作质量的重要保障，审计经费保障是审计体制优化面临的另一个现实问题。目前审计经费列入本级政府财政预算，由本级政府予以保证。各级政府财政部门负责预算编制，对预算分配有较大影响，而财政部门是审计机关的主要审计对象，如果财政部门利用预算经费干预审计工作，那么将导致恶劣的后果。因此，建议改革后的审计机关经费预算不列入本级政府预算，单列预算，人大单独审批，避免上述问题的出现。

综上所述，将审计机关设于政府内部的行政型审计模式是我国宪法确定的审计制度，优化审计管理体制只能在宪法框架下探索改革方案，不得从根本上颠覆行政型审计模式。因此，目前比较理想的改革方案是在审计机关和人大之间建立起有效的衔接机制：一方面提升人大的审计专业水平，完善人大常委会组织制度和工作制度；另一方面在审计机关内部进行负责制与隶属关系相分离的审计管理体制改革。上述改革建议应该能够在很大程度上解决当前我国审计最主要的问题，但审计机关负责制与隶属关系相分离的改革方案只是一种过渡期的改革方案，条件成熟时，可以考虑将行政型审计模式变更为能够更好适应我国发展的其他审计模式，提高对财政预算的监督水平，构筑党和国家监督体系中牢固的财政监督网。

第三节 小结

总的来说，我国财政支出活动应当受到组织与程序上的宪法控制。这体现在完善预算原则以及建立健全预算监督体系之上。具言之，大部分预算原则对于增强代议机关对行政权的控制具有极其重要的意义，能够提高行政活动的民主合法化水平。对此，本书建议我国现行《预算法》有必要根据宪法民主合法性的要求，增加捆绑禁止原则、统一性原则、事前审批原则、到期原则。

此外，人大监督和审计监督均为党和国家监督体系的重要组成部分，二者在国家治理机制中具有较强的耦合效应。完善人大监督与审计监督的衔接机制应当以"受托责任"为出发点，可以考虑在人大常委会预算工作委员会内部组建审计工作小组，聘任专职的高水平审计人才，并优化人大常委会对接审计机关的工作机制。审计体制改革不得突破宪法设定的行政型审计框架，可以考虑建立负责制与隶属关系相分离的审计体制：审计机关依然隶属于政府，接受政府的行政管理，但与审计业务相关的工作直接向人大负责。

第八章　财政支出的实体治理

第一节　征收补偿与财产权社会义务
调和的公法指引

一、财产权的补偿制度

如上所述，对财产征收确立的补偿制度是财产权条款的独特之处之一。如果对私有财产权的限制属于基于社会义务而对内涵的形成或对边界的界定，那么立法者的立法空间相对较为广泛，宪法对其提出的正当化要求偏低。由于应被归入立法形成权和界定权的限制属于财产权应承担的社会义务，因此针对此类限制原则上无需补偿。然而如果对私有财产权的限制构成现代意义上的征收，则应给予补偿。

对于其他基本权利的限制只要具有宪法正当性，国家均无需对基本权利主体给予补偿。然而在征收问题上，为何在具有宪法正当性的情况下仍然应当给予补偿？事实上，制宪者如此规定恰是因为考虑到私有财产权具有存续保障和价值保障这一双重保障特征，这是私有财产权与其他自由权的一个重要差别。征收不仅影响了私有财产权主体对财产本身的占有、使用、收益、处分自由，而且还使其承受了财产价值的损失。对于前者，即对私有财产权主体自由的限制，具有宪法正当性的征收不应引发补偿，这与对其他自由权的正当限制无异。但考虑到征收还给私有财产权主体带来财产价值上的损失，则应当对其给予补偿，否则将会导致私有财产权主体遭受自由和资产数额的双重损失，这是限制其他自由权通常不会导致的现象。虽然履行社会义务同样可能给私有财产权主体带来双重损失，但社会义务属于财产权主体应当容忍的范围，因此对履行社会义务原则上不提供补偿，更何况国家财政也不可能允许给每一位履行社会义务的财产权主体均提供物质补偿。

二、征收引发的补偿

（一）补偿制度的目的和作用

对私有财产的征收给予补偿的制度一方面体现了私有财产权的价值保障功能，使特别牺牲者在自由受到限制的同时不会导致财产价值蒙受损失，另一方面还发挥着财政警示作用，宪法确立补偿制度使得公权力在决定实施征收时必须考虑到伴随而来的财政压力，这一财政压力将使国家实施征收行为更为慎重。

有学者认为补偿制度可以提高财产权主体对征收行为的接受度。照此，补偿制度可以使公权力相对轻松地实施那些本来会面临巨大阻力的征收行为，增大行政主体的裁量空间，甚至可以发挥引导公民行为的作用。[1]然而本书认为，补偿制度的这一功能不应被宪法允许。不能否认，现代的法治国家不再单纯通过民主立法和受法律约束的行政行为单方面对公民采取强制措施，而是逐渐转向合作型法治国家（kooperativer Rechtsstaat）和协商式行政（konsensuales Verwaltungshandeln）。[2]在这一现代治理模式中，公权力与公民之间的地位愈发平等。然而这并不意味着可以将提

---

〔1〕 Otto Depenheuer, Verborgener Sinn und latentes Potential-Die Enteignungsentschädigung zwischen normativem Gebot, pragmatischer Problemlösung und verführerischem Paradigma, in: Otto Depenheuer/Foroud Shirvani（Hrsg.）, Die Enteignung-Historische, vergleichende, dogmatische und politische Perspektiven auf ein Rechtsinstitut, Berlin 2018, S. 296.

〔2〕 Vgl. Ferdinand O. Kopp/Ulrich Ramsauer, Verwaltungsverfahrensgesetz: Kommentar, 19. Aufl., München 2018, Einführung I Rn. 74.

高公众接受度视为补偿制度作用的理由。正如上文所述，宪法首先保障的是财产的存续，征收行为必须符合宪法，在此基础上再对财产权主体给予补偿。如果片面以提高公众接受度为目的，那么会导致权利和金钱之间产生交易。补偿制度的初衷绝对不是使违宪的征收合宪化，[1]在审查征收对私有财产权限制的正当性时，不得将补偿因素加入法益权衡。财产权负有社会义务的前提是财产权主体可以保障财产的存续，任何自由都应当由权利主体带着责任感去行使。面对违宪的征收行为，财产权主体应当积极防御，宪法不允许其以换取金钱为目的接受违宪的征收。[2]如果允许在权利与金钱之间进行交易，那么实施征收行为的主体在进行金钱给付之后完全可以逃避宪法的正当性审查，这还会导致公共利益的实现受到威胁。综上所述，提高对征收行为的接受度不得成为补偿制度的目的，补偿制度不得转化为公权力和财产权主体之间的交易机制。若征收行为违宪，则存续保障并不转化为次级的价值保障。[3]补偿制度并不适合于发挥引导公民行为的作用，发挥这一作用的应当是税收等制度，因为国家的征税行为会接受纳税人的问责，而补偿制度并不会。

（二）补偿额度的确定

对于补偿制度的法律规定，虽然我国宪法并未明确要求应符合议会保留原则，但补偿的方式、标准、范围等应当由立法加以确定，[4]毕竟补偿制度不仅涉及对财产权的（次级）保障，而且

---

〔1〕　Vgl. BVerfGE 58, 300 (319 ff.).

〔2〕　Thorsten Kingreen/Ralf Poscher, Staatsrecht Ⅱ - Grundrechte, 32. Aufl., Heidelberg 2016, Rn. 1019.

〔3〕　BVerfGE 58, 300 (319 ff.).

〔4〕　第十届全国人民代表大会主席团指出："'依照法律规定'既规范征收、征用行为，包括征收、征用的主体和程序；也规范补偿行为，包括补偿的项目和标准。"参见《第十届全国人民代表大会第二次会议主席团关于〈中华人民共和国宪法修正案（草案）〉审议情况的报告》，2004 年 3 月 12 日。

影响着国家的财政预算。但宪法要求立法明确规定补偿的方式、标准和范围并不等于在每一个案中均需要通过法律规定确定具体的补偿额度，立法规定仅涉及普遍适用的原则性的补偿标准，如规定按照市场交易价格补偿、评估和测算补偿额度的时间点、补偿的程序性要求等。

具体到个案中的补偿额度，法律可以给行政主体留出裁量空间。但通常而言，既然征收会导致私有财产权的主体成为特别牺牲者，那么价值保障应当发挥着弥补财产价值损失和维护负担均等的作用，因此补偿额度原则上应当以市场交易价格为准。德国司法界普遍认为，既然是对具有宪法正当性的征收给予的补偿，那么补偿额度完全可以低于市场交易价格，具体补偿额度应当取决于行政主体在个案中对相互冲突的法益进行权衡的结果。[1]但正如上文所述，对私有财产权主体相应自由的限制，宪法并未确立补偿制度，补偿仅可以弥补其财产价值方面的损失，因此基于公正性考虑，理应按照市场交易价格对私有财产权主体给予补偿。虽然这不仅会使行政主体的裁量空间被限缩，而且会导致立法者的活动空间在很大程度上不复存在，但如果认可补偿额度应在权衡各方利益的基础上加以确定，那么会导致不止一次的认可立法者的活动空间。在实施征收行为时，立法者和行政主体已经对彼此对立的法益进行了权衡，在确定补偿额度时，不应赋予其对各种利益再次进行权衡的空间，否则在首要保障和次级保障问题上都予尊重立法者的活动空间，这会使私有财产权的价值保障功能被弱化。更何况减轻国家的财政负担同样属于公共利益，如果这一公共利益也被纳入权衡，那么公权力将总能以减轻财政负担为由降低补偿标准，私有财产权的价值保障功能将无法发挥应有的作用。

---

〔1〕　BVerfGE 24, 367（421）；BGHZ 57, 359（368）.

照此，只有在市场不存在或市场失灵的情况下，即无法评估和测算市场交易价格的情形中，才可以例外地通过法益权衡的方式确定补偿额度。[1]在此，为了维护私有财产权的价值保障功能，国家的财政负担不得被纳入考量和权衡因素。一般认为，被征收的财产或其价值越多体现为个人劳动和个人付出所得，对提高补偿额度理由的权重就应越多；若被征收的财产或其价值更多依赖于国家的措施，尤其是依赖于国家的给付，在确定补偿额度时则应对公共利益予以更多的权重。[2]

三、社会义务引发的调和

（一）调和制度的作用和宪法依据

在具有宪法正当性的情况下，国家可以对公民的私有财产进行征收，而征收则必然引发补偿。与此不同，学术界此前始终认为基于社会义务对私有财产权内涵的形成和边界的界定并不会引发金钱给付。私有财产履行社会义务的典型事例是基于环境保护、文物保护等目的对土地使用权的限制。在此，对私有财产权内涵的形成和边界的界定仅涉及对土地现有状态的确定，限制土地的使用往往是环境和文物保护的必然要求，若对一切限制土地使用的行为均提供金钱给付，则会导致国家的财政负担过重。

然而随着社会的发展，个案中越来越多地产生立法者无法预料的偶然后果。有时立法者对私有财产权内涵和边界的界定本身符合比例原则，而且不存在特别牺牲的情形，进而与征收的界线

---

〔1〕 Judith Froese, Entschädigung und Ausgleich, in: Otto Depenheuer/Foroud Shirvani（Hrsg.）, Die Enteignung-Historische, vergleichende, dogmatische und politische Perspektiven auf ein Rechtsinstitut, Berlin 2018, S. 260.

〔2〕 Hans-Juergen Papier, in: Theodor Maunz/Günter Dürig（Hrsg.）, Grundgesetz-Kommentar, Art. 14, München 2009, Rn. 607 ff.

较为分明，但在具体的个案中会引发非典型性后果，这一后果例外地导致私有财产权主体成为特别牺牲者，进而使其不具备期待可能性。换言之，公权力行为本身不仅不违反宪法，而且不构成征收，但其在个案中的实施会使个别私有财产权主体陷入危困状态，该后果的产生并非出于公权力的本意，然而却逾越了私有财产权主体所能忍受的程度。对于这一偏离事件正常发展轨迹的偶然后果，应当对私有财产权主体提供某种补救措施。这类补救措施发挥着一种纠偏的作用，被称为"具有调和义务的内涵和边界之界定（ausgleichspflichtige Inhalts-und Schrankenbestimmung）"[1]。

与私有财产的征收类似，社会义务同样不得侵害私有财产的存续。若立法者对私有财产权内涵的形成和对边界的界定超出了社会义务的必要限度，则应直接认定立法违反了比例原则，进而不符合宪法。即使立法者作出了调和规定，也无法使这一社会义务合宪化。仅当社会义务具有宪法正当性时，才可能在上述例外情形中引发调和。

在德国 1981 年 7 月 14 日的决议[2]中以及在关于赠阅本义务的判决[3]中，德国联邦宪法法院均认可了对履行社会义务的私有财产权主体提供调和的手段。照此，私有财产权主体履行社会义务同样可能获得物质上的弥补，这与上文认同特别牺牲理论具有一致性。无论是对私有财产进行征收还是课以其某种社会义务，只要对私有财产权的限制行为导致特别牺牲的情形，均应引发补偿或者调和措施。

与对私有财产征收的补偿制度不同，宪法并未明确确立对履行社会义务的调和制度。那么该制度的宪法依据在哪里？一

---

〔1〕 Thorsten Kingreen/Ralf Poscher, Staatsrecht II-Grundrechte, 32. Aufl., Heidelberg 2016, Rn. 1018.

〔2〕 BVerfG, Beschluss vom 14. 7. 1981.

〔3〕 BVerfGE 58, 137（137 ff.）.

般认为，调和制度的宪法依据直接来源于宪法中的比例原则和平等原则。[1]当公权力限制私有财产权的行为在个案中超出立法者所形成的私有财产权内涵，即超越了私有财产权主体应当履行的社会义务时，必然导致私有财产权主体成为不成比例的特别牺牲者，该行为与平等原则所蕴含的负担均等原则不符。

（二）调和制度独立存在的必要性

有学者对认可社会义务调和制度提出质疑，认为这与针对征收而适用的特别牺牲理论并无区别，完全可以直接将这类因偏离正常流程而引发的非典型损害视为存在特别牺牲情形，进而将其纳入征收和补偿的范畴。[2]但与征收不同，基于履行社会义务而引发的调和是立法者无法预见的例外情形，立法者无法预先知晓个案的进展，进而无法预测何时会引发调和。诚然，法治原则和宪法赋予代议机关的预算职权均要求调和制度必须由法律规定，而不得由行政机关或司法机关自行采取调和手段，否则会威胁代议机关的财政主权。换言之，与征收和补偿制度的唇齿条款类似，立法者必须明确规定存在调和的可能性，未规定国家可能负有调和义务的条款同样违反宪法。然而在调和的问题上，宪法并不要求立法满足议会保留原则，这是由调和制度本身的特征决定的。为了满足法治原则和代议机关预算职权的要求，立法者应当通过行政程序的规定弥补实体法的不足，从而将个案中确定调和标准的任务交给行政机关和司法机关。与此相应，立法者对调和制度的规定不具备预算警示作用。此外，调和手段并不局限于金钱给

〔1〕 Judith Froese, Entschädigung und Ausgleich, in: Otto Depenheuer/Foroud Shirvani (Hrsg.), Die Enteignung-Historische, vergleichende, dogmatische und politische Perspektiven auf ein Rechtsinstitut, Berlin 2018, S. 269; Thorsten Kingreen/Ralf Poscher, Staatsrecht II-Grundrechte, 32. Aufl., Heidelberg 2016, Rn. 1048.

〔2〕 Jan Wilhelm, Zum Enteignungsbegriff des Bundesverfassungsgerichts, JZ 2000, 905 (909 ff.).

付，立法者作出例外规定、免除规定、过渡规定等均属于调和的手段。[1]即使对于提供金钱给付的调和而言，调和与补偿在确定额度的标准方面也存在差异。可见，将社会义务之调和与财产征收之补偿两种制度合二为一并不具备合理性。

（三）调和手段的选择和调和额度的确定

依据德国的司法实践，私有财产权主体对财产投入的劳动或资金越多，财产就越多体现为个人付出的对价，引发调和的可能性就越大，毕竟这类财产的存续包含了既有投入。[2]如果对私有财产权的限制仅涉及财产的潜在使用可能，而非财产权的现有存续，那么财产权主体通常应当容忍。[3]

德国联邦宪法法院认为，既然调和手段并不局限于金钱给付，例外规定、免除规定、过渡规定等同样属于调和形式，那么考虑到这类手段旨在保障私有财产权的存续，应当优先选择这类避免危困情形产生的手段，仅当这类调和方式不具备可能性时，才应当为私有财产权主体提供金钱给付，从而实现次级的价值保障功能。[4]然而本书认为，虽然社会义务同样首先应当尊重私有财产的存续，但基于履行社会义务而提供的物质调和手段并不属于私有财产权的价值保障功能，而是对基于极端例外情形所引发的危困状态所采取的一种补救措施，补救程度达到平等原则和比例原则要求的最低标准即可，目的是使私有财产权主体恢复期待可能性。照此，调和只是适度弥补在个案中因极端情形而偶然引发的损失，并非要求完全弥补限制行为给财产价值带

---

〔1〕　Vgl. Joachim Lege, Die ausgleichspflichtige Inhalts-und Schrankenbestimmung: Enteignung zweiter Klasse? in: Otto Depenheuer/Foroud Shirvani（Hrsg.）, Die Enteignung-Historische, vergleichende, dogmatische und politische Perspektiven auf ein Rechtsinstitut, Berlin 2018, S. 228.

〔2〕　BVerfGE 14, 188（294）.

〔3〕　BVerwGE 94, 1（13）.

〔4〕　BVerfGE 100, 226（245）.

来的损失，应将调和额度限定在可恢复私有财产权主体期待可能性的范围内。[1] 可见，与针对财产征收而确立的补偿制度不同，基于履行社会义务而引发的各种调和手段并非体现为一种对等的关系，损失和调和并不相当于给付和对价给付，不涉及私有财产权的价值保障功能。照此，立法者没有义务首先选择物质调和以外的手段，其享有较为广泛的决策空间，甚至私有财产权主体均应享有一定程度的选择权。

在选择物质调和手段的情况下，由于调和额度应被限定在私有财产权主体期待可能性的范围内，因此调和额度往往不以交易价格为参考，[2] 这是调和制度与补偿制度的又一区别。即使基于平等原则，物质调和也不应全额弥补私有财产权主体的损失，否则对于同样履行这一社会义务而并未在个案中陷入危困状态的其他私有财产权主体而言将构成不平等对待，毕竟他们也需要容忍这一社会义务而无法获得任何物质上的弥补。考虑到限制财产使用等各种社会义务形式通常属于上文提及的无法按照市场价格进行评估的情形，因此只得在个案中通过权衡各方利益确定调和额度。

照此，社会义务及其调和制度可能一共包含了四次法益权衡过程：第一次，立法者在形成私有财产权的内涵和界定其边界时不得考虑个案，而应在规范层面公正权衡相关的公益与私益。若立法权衡结果不符合比例原则，则直接认定为违宪。第二次，经过对相关的法益权衡，认定法律限制的效果在个案中偶然引发了不符合比例原则和平等原则的危困状态，导致私有财产权主体成为特别牺牲者，应为其提供调和手段。第三次，在个案中确定引发调和手段之后，应进一步确定具体的调和手段，立法者在此同

---

〔1〕 Otto Depenheuer, in: Hermann von Mangoldt/Friedrich Klein/Christian Starck, Kommentar zum Grundgesetz, Band I, 6 Aufl., München 2010, Art. 14 Rn. 87.

〔2〕 不同观点，vgl. BVerfGE 100, 226（245）.

样负有权衡义务并受到比例原则的约束，尤其不得使利益相关人承受不具备期待可能性的负担。第四次，如果选择物质调和手段，那么就会涉及如何确定具体调和额度的问题，此时应当再次对相关利益进行权衡。

总的来说，基于宪法规定的社会主义制度，虽然国家可以为了公共利益的需要对公民的私有财产实行征收，且私有财产应当负有某些社会义务，但宪法同时还规定了社会主义的公共财产神圣不可侵犯，较之于公民的私有财产，社会主义公共财产应当更多发挥实现公共利益和履行社会义务的作用。因此，作为一项基本权利，私有财产权的私益性仍然应当发挥主导作用。当国家对公民的私有财产实行征收时，除了宪法对私有财产权的存续保障，补偿制度同样发挥着满足和弥补私益的价值保障功能。当私有财产权主体履行社会义务时，调和制度是存续保障之外的又一种维护财产权私益的制度。由此可见，无论是财产征收之补偿还是社会义务之调和，均体现了对财产权私益的维护，进而体现了对基本权利的尊重。在宪法学界和实务部门关注私有财产的征收和补偿制度的基础上，今后应当同时对财产权的社会义务及其调和手段给予必要的重视。

第二节　社会权支出的公法治理

一、社会权支出的界限

我国宪法学界关于基本权利理论的研究日渐完善，判断公权力是否侵害基本权利的审查框架已经深入人心。然而，既有研究更多关注的是自由权，作为一部社会主义宪法，我国宪法还规定了若干社会权，对于如何判断公权力是否违反了社会权规定，既有研究明显不足，这涉及宪法社会权条款的适用问题。传统意义上的自由权主要是要求国家不作为，并不耗费太多的公共财政，而社会权则要求国家积极作为，而且首先是立法者的作为，社会权的实现需要大量公共财政的支持。因此，有必要在自由权的审查模式外，独立探究判断公权力是否违反社会权的规定与标准。

（一）社会权概述

社会权是一个宽泛的概念。一般认为，社会权指那些处于相对弱势地位的社会群体在物质和精神困窘的情况下接受帮助的权利。[1]德国学者 Alexy 认为，当存在资金匮乏或市场无法满足需求等危机情形，而消除这一情形需要国家积极作为时，则涉及社会权。[2]我国学者凌维慈认为，社会权是基于社会国家的思想为特别保护社会上的经济弱者的平等而确立的人权。[3]刘馨宇则认为，社会权所追求的社会正义的本质是对个人难以改变的既存差异进行国家干预和调节，尽量追求全体公民在实现自由的机会面前平等，体现的是国家主导的再分配的正义。[4]若社会权被写入宪法，则被称为宪法社会权。

社会权正式获得宪法地位是在第一次世界大战后，1919 年的《魏玛宪法》集中规定了社会权。[5]自此社会权是否以及如何通过宪法保障受到各国法学界的热烈讨论，当然这一争论往往更多

---

〔1〕 郑贤君：《非国家行为体与社会权——兼议社会基本权的国家保护义务》，载《浙江学刊》2009 年第 1 期。夏正林认为：社会权通常指个人要求国家提供直接的、实体性、必要的积极作为的权利，也称为积极权利。参见夏正林：《社会权规范研究》，山东人民出版社 2007 年版，第 63 页。

〔2〕 Robert Alexy, Theorie der Grundrechte, 7. Aufl., Frankfurt am Main 2015, S. 454.

〔3〕 参见凌维慈：《比较法视野中的八二宪法社会权条款》，载《华东政法大学学报》2012 年第 6 期。

〔4〕 刘馨宇：《宪法社会权性质的教义学探析》，载《中外法学》2022 年第 3 期。

〔5〕 参见郑贤君：《论宪法社会基本权的分类与构成》，载《法律科学（西北政法大学学报）》2004 年第 2 期。《魏玛宪法》中的社会权被称为社会基本权利，被施米特称为社会主义权利，参见 [德] 卡尔·施米特：《宪法学说》，刘锋译，上海人民出版社 2016 年版，第 229 页。

受到意识形态的影响。在理想状态下的市场经济中，所有人都被假设成为能够享有充分自由的主体，国家只要不对公民的自由进行干预即可。但在现代工业社会，公民自由的实现越来越不能掌握在自己手中，而是更多依赖于国家的协助，仅保障公民的自由不受国家侵害已远无法满足现实需求，例如，在公民实际上无法获得就业机会的情况下，法律只保障其职业自由不被侵害并不具备太多意义。基于此，一些欧洲国家的宪法已开始规定若干在功能上类似于社会权的条款，这些条款虽然不具备权利特征，但同样发挥着保护弱势群体和维护社会公正的作用。可见，一些域外国家的宪法逐渐不再片面强调对国家权力的限制，而是同时要求国家积极面对当前的各种社会问题并采取应对措施，除了满足基本公共需求，国家还要积极参与到对未来社会的建构当中。但尽管如此，其仍然对宪法规定社会权保持慎重态度。

与之不同，社会权已经被我国宪法明示。有必要首先探讨其价值目标，目的并非证成社会权，而是有助于更好地理解社会权。社会权条款在我国《宪法》中并非孤立存在，与序言、总纲和诸多基本权利规定具有关联性，[1]探讨社会权的适用不得将目光局限于社会权条款本身，研究社会权的价值目标有助于将其适用放置于整个宪法秩序当中。

我国是社会主义国家，社会主义并不将公民自由权的实现视为必然的前提，而是认叵公民之间存在身体、能力、出身、财产等方面的差异，公民可以面对各种挑战去实现自由的假设并非永远成立。基于此，我国宪法明确规定了社会权，并未将社会权实现与否和实现程度的问题完全交给立法者来决定。由于社会权保障的对象往往是在社会中处于相对弱势地位的群体，而这类群体通常又属于社会中的少数，因此宪法明确规定社会权在很大程度

---

〔1〕　参见刘晗：《中国宪法社会权的体系解释》，载《中国社会科学》2023 年第 3 期。

上便意味着制宪者并未将对少数群体的保障交由多数人来决定。作为社会权条款，我国《宪法》第42条至第46条分别规定了劳动权、休息权、退休权、特定主体的物质帮助权和受教育权，这些社会权条款分别从不同领域和视角对弱势群体提供保障。事实上，在我国宪法中存在诸多旨在保护弱势群体进而维护社会公正的规定，这些均属于较为典型的具有社会主义性质的内容，而社会权条款只是其中的一部分，很多国策规定同样具有社会福利性质。

（二）社会权追求的宪法价值

通过审视我国《宪法》第42条至第46条的社会权规定可以探明，社会权旨在实现的价值可能是使公民真正能够实现自由权，即实质自由，还可能是通过差别对待行为使在特定情形中相对处于弱势地位的群体在实质上与强势群体实现平等，即实质平等。实质自由与实质平等具有明显区别，前者与法律自由相对，而后者则与形式平等相对。当社会权旨在实现实质平等时，应当与《宪法》第33条第2款的平等权条款共同发挥作用。

1. 实质自由

如果说法律自由是法律上允许做的，那么实质自由则是事实上能够做的。[1]没有实质自由，法律自由将在很大程度上失去价值。虽然在某种意义上社会权与自由权处于对立状态，例如，国家创造劳动就业机会可能会与私营企业家的营业自由权存在冲突，但当作为同一项基本权利，其自由权和社会权面向又是相辅相成的。

劳动权和受教育权属于非常典型的同时具有自由权和社会权面向的基本权利。在自由权面向上，国家不得侵害公民从事劳动和接受教育的自由，同时还需要保护公民的这些自由不受第三人

---

〔1〕　Peter Häberle, Das Bundesverfassungsgericht im Leistungsstaat. Die Numerus-clau-sus-Entscheidung vom 18. 7. 1972, DÖV 1972, 729（731）; Robert Alexy, Theorie der Grundrechte, 7. Aufl., Frankfurt, 2015, S.461; 亦参见赵宏:《社会国与公民的社会基本权: 基本权利在社会国下的拓展与限定》, 载《比较法研究》2010年第5期。

的威胁和侵害。在社会权面向上，当公民不具备劳动或受教育的机会时，国家应当促进实质自由的实现。

《宪法》第 43 条规定了劳动者的休息权。毫无疑问，休息权具有自由权面向，国家不得侵害劳动者的休息权，同时必须保护劳动者的休息权不受来自第三人特别是私营企业的威胁和侵害。但这并不意味着该条款不具有社会权属性。正如《宪法》第 43 条第 2 款中"国家发展劳动者休息和休养的设施"的规定，显然体现出促进实质自由的意涵。或许有学者认为，国家发展劳动者休息和休养的设施并非实现休息权的必要条件，任何一位劳动者休息权的实现都不依赖于国家的这些作为，国家的积极作为只是让劳动者更好地享有休息权，休息权仍然体现为自由权。但休息权的保护范围并不局限于非工作时间的静止状态，而是同时包括疗养、休闲、娱乐等活动内容。诚然，这些活动所需的设施完全可能由市场中的私营企业提供，国家也许只是发挥辅助作用，但这并不影响认可休息权的社会权面向，毕竟劳动机会也主要由市场中的私营企业提供，而劳动权同样具有社会权面向。

《宪法》第 44 条涉及退休权。表面看来，退休权属于自由权，至多具有制度性保障功能。但自由权面向上的退休不仅属于一种行为，而且属于一种状态，退休权的保护范围并不局限于退休那一刻的自由，而是包括在较长时期内维持这一状态的自由。在劳动状态下，公民可以通过劳动换取报酬，从而维持必要的生活基础，但在退休后，如果不具备相应的物质基础，根本无法维持退休状态。可见，仅有法律自由未必能够真正实现退休权，往往还需要国家保障实质自由，如国家提供养老金、医保等制度。因此，退休权兼具自由权和社会权面向。

2. 实质平等

不同于实质自由，实质平等是对本质上不同的个体或群体相应作出差别对待，实质上的平等往往意味着形式上的不平等。以受教育权为例：若公立高校以家庭出身为标准录取学生，必然不符合平等原则，毕竟这一标准与接受高等教育之间不存在实质关联，属于将本质上相同的群体差别对待；若以学习和考试成绩为标准，则划分标准和接受高等教育之间具有实质关联，属于将本质上不同的群体相应作出差别对待，即使最终导致一部分群体无法接受高等教育，也是实质平等的体现。然而这一实质平等状态却未满足实质自由的要求，后者要求尽可能给所有希望接受高等教育的公民提供机会，而在机会有限的情况下，实质平等恰意味着成绩低于一定标准的学生不应接受高等教育。

通过对实质自由与实质平等的阐述不难发现，实质平等的实现并不促进实质自由的实现。同时，实质自由的实现并不必然影响实质平等的实现，即使在理想状态下每个希望接受高等教育的公民均获得了这一机会，实质平等也要求按照学习和考试成绩等标准来决定每一位公民应接受何种质量的高等教育，实质自由并不意味着给每个公民提供质量完全相同的高等教育机会。

如果说作为社会权的劳动权、休息权、退休权和受教育权涉及实质自由，那么第45条对于特定主体的物质帮助权则涉及实质平等。物质帮助权的主体局限于年老、疾病、丧失劳动能力等特殊群体，这类群体通常无法通过正常从事劳动获得相应的报酬，与其他具备完全劳动能力的群体具有本质上的不同，制宪者旨在通过物质帮助的方式来使这类群体获得一定的财产，以弥补其因无法正常付出劳动而引发的财产损失。这其实是将本质上不同的群体相应作出差别对待，涉及实质平等而非实质自由。虽然物质帮助权可以使上述群体获得行使某些自由权的物质基础，进而促进这些自由权的实现，但其本身并不对应一项自由权，与劳动权、休息权、退休权和受教育权同时具有自由权面向完全不同，所获得的物质帮助最终被用来实现哪些自由权，完全由权利主体自己决定。换言之，在物质帮助权得以实现后，其便开始发挥财产权的作用，成为其他不特定自由权的物质基础。

需要强调的是，上文提及的涉及实质自由的社会权未必与实质平等毫无关联。宪法社会权具有社会福利性质并不必然意味着应为弱势群体无偿提供给付，例如，在接受高等教育问题上，国家为公民提供更多更好的高等教育机会是落实宪法受教育权的体现，但这并不必然推导出公民可以免费享受高等教育。然而若公民需要按照市场对价购买国家的给付，同时国家对于不（完全）具备支付能力的公民不提供任何物质帮助，则往往违背了实质平等原则，导致在经济条件方面处于弱势地位的群体遭受同等对待，这同样不符合社会权的理念。因此，公民平等地享有实质自由才是真正的实质自由。

（三）社会权的效力方式与实现程度

作为基本权利的社会权，其实现与否和实现程度均应以不断变化的社会现实需求和持续发展的社会福利关系为导向，公民有权提出请求并不意味着该请求必然应当得到满足，更何况社会权通常并不存在彻底实现的一刻。下文将就社会权的效力方式与实现程度问题展开探讨。

1. 可能性保留原则

与宪法中的自由权规定一样，社会权规定同样是具有原则属性的规范。原则不同于规则。规则之间的冲突只能通过在一项规则中加入例外规定加以解决，否则只得宣布其中一项规则无效。[1]而原则之间的冲突是常态，若在具体情形中对一项原则应当优先予以考量，则另一项原则让位，但这并不意味着让位的原则无效，或者必须加入例外规定，此情形中优先的原则在其他情形中可能让位。规则是要么实现要么未实现的规范，而原则属于一种优化要求，要求在考量各种可能性的情况下尽可能最大化实现，宪法并

---

〔1〕　Robert Alexy, Theorie der Grundrechte, 7. Aufl., Frankfurt am Main 2015, S. 77.

未要求原则在任何情况下均应完全实现。[1]

较之于自由权，社会权的实现明显具有更多不确定性，更需要考量财政等各种"可能性"因素，进而更依赖于立法形成。社会权的实现无法持久脱离国家整体的有效运作，牺牲其他一切宪法价值而无条件实现社会权绝非制宪者的本意。正如德国学者Hesse指出，对宪法规范的形成和具体化仅在顾及相关现实情形的情况下才能成为可能，需要与国家形式、经济制度等其他宪法规范协调一致。[2]虽然我国是社会主义国家，社会权条款是社会主义宪法的重要特征，但社会权的实现不得颠覆宪法确立的社会主义市场经济制度，不得侵害私有财产权等基本权利。

既然社会权具有原则属性，那么宪法社会权的实现同样存在于可能性保留中。在传统意义上，可能性保留原则体现为财政领域的可能性保留。[3]该原则起源于德国联邦宪法法院的"大学招生名额案"。在该案中德国联邦宪法法院指出：虽然《基本法》第12条第1款第1句保障了公民选择教育机构的自由，但公民应理智地请求国家提供教育机会，这一主观请求权仅存在于可能性保留中。[4]由于公共财政原则上来源于税收，国家的财政支出通常会涉及纳税人的私有财产权，因此可能性保留原则的宪法依据是私有财产权条款。此外，我国《宪法》第14条第4款要求社会保障制度的建立和健全应"同经济发展水平相适应"，这同样蕴含了可能性保留的思想。不难发现，可能性保留原则是法治国家

---

〔1〕 Vgl. Robert Alexy, Theorie der Grundrechte, 7. Aufl., Frankfurt am Main 2015, S. 71 ff., 509 ff.

〔2〕 Konrad Hesse, Grundzüge des Verfassungsrechts der Bundesrepublik Deutschland, 20. Aufl., Heidelberg 1999, S. 18.

〔3〕 Horst Kratzmann, Verschuldungsverbot und Grundrechtsinterpretation, Berlin 2000, S. 135; Josef Isensee, VVDStRL 42（1984）, Aussprache S. 269.

〔4〕 BVerfGE 33, 303（333）；参见李忠夏：《大学招生名额案》，载张翔主编《德国宪法案例选释（第1辑）：基本权利总论》，法律出版社2012年版，第104页。

与财政国家调和的结果，而宪法社会权恰介于法治国家与财政国家的中间地带。一方面，宪法明确规定了社会权条款，实现社会权是宪法的要求；另一方面，社会权的实现不仅依赖于立法形成，而且在很大程度上取决于公共财政留出的可能性。因此，立法实现社会权必定无法与可能性保留原则脱钩。

在今天，可能性保留原则的适用范围至少在三个方面得到扩展：其一，适用该原则不再局限于基本权利领域，而是扩展至要求国家积极作为的全部宪法和法律规范，甚至在典型属于法治国家的警察法领域，都可以基于警力的有限性而适用该原则。其二，该原则不仅可以适用于原则性规范，而且可以适用于法律规则，在某一特定预算周期内，即使国家的某些义务和任务由法律规则明确规定，在财政收入无法满足所需支出的情况下，国家未履行这些义务或者未完成这些任务也未必违反法律。其三，该原则不再局限于财政领域的可能性，而是包括了基于科学认知和技术的局限、对相互冲突原则的考量等原因而引发的各种"不可能"。

有学者将可能性保留中的"不可能"分为"法律不可能"和"事实不可能"。[1]前者涉及将相关规范置于整个宪法秩序和规范整体中予以考量，即某一项原则的实现程度取决于与其冲突原则的应实现程度，而后者则涉及将相关规范置于社会现实中予以考量。通常认为财政不可能属于事实不可能。而在本书看来，虽然对实定法规范的适用不得脱离社会现实，而应当对文本与现实予以整合性考量，但为了避免社会实然情况排挤宪法规范效力，应优先从实定法当中探寻依据。通常被归入"事实不可能"的"财政不可能"至少涉及民主原则特别是代议机关的预算职权，同时间接涉及公民的私有财产权等相关基本权利，完全可以（优先）被视为"法律不可能"。可见，起源于财政国家的可能性保留原

---

〔1〕　这两种情形的分类，vgl. Robert Alexy, Theorie der Grundrechte, 7. Aufl. , Frankfurt am Main 2015, S. 100.

则完全可以被纳入法治国家当中，对于财政考量会使宪法规范相对化以及财政国家会威胁法治国家的担忧实无必要。

在作为基本权利发挥效力的过程中，社会权的实现并不要求立法者达到绝对不可能的边界。任何人在任何情况下都无法履行的义务，或者至少对于规范相对人而言在现实中无法履行的义务，即为绝对不可能。而相对不可能是指在综合权衡各相关因素后，可以认定履行某项义务对相对人而言要求和期待过高进而不具备合理性。在当前，绝对不可能主要存在于立法技术、科技认知水平等方面的客观局限性当中，绝大多数"不可能"均为相对不可能。例如，在社会权同与之对立的原则存在紧张关系的情况下，社会权往往并非绝对无法更多实现，只是其更多实现需要以更多牺牲其他原则为代价；即便在财政可能性领域，虽然落实社会权条款往往需要耗费公共财政，包括规制对象的复杂性导致较高的立法成本以及立法在组织、程序等方面的要求所引发的高昂执行成本，但不惜一切代价通过增加财政支出实现社会权也并非绝对不可能。因此在社会权实现的问题上，应将相对不可能纳入可能性保留当中，否则将对宪法的框架秩序构成颠覆性威胁。

我国宪法中有两项社会权条款对应着义务性规定，即劳动义务和受教育义务。这两项义务性规定的目的一方面是使公民能够在国家面前实现在物质和精神层面的独立人格，这对于公民行使其他基本权利具有重要意义，另一方面是在客观上提升国民素质和促进社会经济的不断发展。或许有学者认为，规定这些义务必然意味着宪法要求国家首先创设相应的条件，仅当公民享有劳动和受教育的机会时，才可能履行对应的义务；若国家是否创设和如何创设这些条件均存在于可能性保留之中，那么将导致宪法课以公民的这两项义务落空。然而与基本权利一样，基本义务同样属于原则性规定，基本义务条款并不直接对公民个人产生约束力，而是要求立法者对这些义务进行具体化，即要求国家积极作为。换言之，除了宪法社会权条款，与其对应的基本义务规定的落实同样应存在于可能性保留之中。以劳动义务为例，仅当存在相应劳动机会的情况下，法律才可能给公民施加劳动义务。可见，对应义务性规定并不能否定社会权的实现存在于可能性保留之中。

2. 社会权发挥效力不会影响宪法权威或干预人大职权

依据可能性保留原则，在个案中分析社会权的实现与否和实现程度需要将待实现的其他宪法规范和待规制的相关社会现实纳入考量。既然如此，那么从理论上讲，宪法社会权的实现程度与其仅具有客观法属性还是同时具有主观权利属性并无关联。若认为社会权作为基本权利发挥效力会威胁宪法权威，那么即便将其性质界定局限于客观规范，从理论上讲这一威胁也不会减弱。宪法并未要求社会权绝对优先于其他原则得以实现，附加主观权利属性并不会增加社会权的权重，认为社会权具有基本权利性质将会导致公民个人通过主张基本权利左右全国人大立法进程并威胁全国人大预算职权的观点，本质上同样是忽视了社会权的原则属性和效力特征。

事实上，基本权利中的自由权同样经常无法完全实现，国家对自由权的限制未必构成侵害进而违反宪法。在极端情形中，宪法甚至可能允许自由权零实现，例如，当立法者旨在实现的目标极其重要且该目标与立法所限制的基本权利之间不存在调和的可能时，自由权的零实现并不必然违反比例原则。既然宪法并未在个案中绝对要求自由权完全实现，那么当然没有理由要求更依赖于立法形成的社会权在任何情况下均应绝对实现。

3. 社会权存在必须实现的"核"？

有学者认为，既然社会权被明确写在宪法中，宪法至少应当课以国家某种最低程度的实现义务，或者说社会权应具有某一必须由国家实现的核心领域，若国家完全不作为，应直接认定违反宪法。[1]然而宪法社会权条款属于具有原则属性的规范，各种原则性规范之间经常存在冲突，当实现某一项原则时，立法者必须同时考虑与其冲突的各项原则，并对各种冲突的法益和价值进行权衡。依据德国学者 Alexy 提出的"权衡法则"，当两项宪法原则产生冲突时，对一项原则的非满足或者损害程度越大，则满足另一项原则的重要性就应越大。[2]理论上讲，若一项原则的重要性极大，另一项原则完全不实现也未必违反宪法。若宪法要求国家在任何情况下均必须在一定程度上实现社会权，则往往意味着宪法要求国家必须在一定程度上对与社会权对立的自由权进行限制而无需正当性论证，这显然违背了基本权利原理。更何况在自由权的防御权功能中，宪法都未绝对禁止基本权利的零实现，社会权则更应如此。因此，立法者不仅可以在很大程度上决定如何实现社会权，而且还可以决定何时实现社会权。当然在法律和事实均具有可能性的情况下，国家不得不作为或者仅最低限度作为。

4. 社会权和与其对立原则的权衡

立法实现社会权有时会构成对自由权的限制，进而激活了自由权的防御权功能，此时不得直接适用权衡法则对冲突的原则进行权衡，而仍然应当适用比例原则等"限制的限制"理论对立法限制自由权的行为进行正当性分析。换言之，虽然社会权被宪法明确规定，但其实现与否和实现程度仍然取决于对自由权限制的正当性审查结果。当然在适用比例原则时，较之于立法实现其他

---

[1] 谢立斌在探讨国家为了弥补女性因为生育而承受的负担而应对母亲提供的保护时，主张立法者应在最低限度上作为。参见谢立斌：《宪法社会权的体系性保障——以中德比较为视角》，载《浙江社会科学》2014 年第 5 期。类似观点还可参见王新生：《略论社会权的国家义务及其发展趋势》，载《法学评论》2012 年第 6 期；高秦伟：《论作为社会权的健康照护权》，载《江汉论坛》2015 年第 8 期；崔寒玉：《论我国宪法中的国家义务理论渊源及其本位》，载《甘肃政法学院学报》2016 年第 6 期。

[2] Robert Alexy, Theorie der Grundrechte, 7. Aufl., Frankfurt am Main 2015, S. 146.

未被宪法明确规定的目标，实现社会权应当增加权重。

由于社会权的实现往往需要耗费公共财政，因此较之于与自由权的冲突，财政负担成为制约社会权实现更为普遍的因素。财政支出与代议机关的预算空间和纳税人的私有财产权密切相关，当然属于一项具有宪法位阶的原则。财政因素在某些情况下可能是休息权、退休权、物质帮助权和受教育权实现的唯一制约因素。虽然劳动者的休息权可能与私营企业家的自由权存在冲突，但此处的休息权体现为自由权，涉及国家保护义务，而非社会权。与上述社会权不同，劳动权还经常同时与其他原则存在冲突。当然，与社会权相冲突原则的数量并不会影响本质，哪怕财政是唯一的制约因素，社会权的实现程度也取决于权衡的结果。下文首先针对社会权实现与公共财政负担之间的平衡提供两条思路。此后有必要分别对劳动权和受教育权与其他原则的权衡加以讨论。诚然，社会权通常要求国家积极作为，不作为的方式只有一种，而作为方式却多种多样，通常来讲，合宪性审查主体可以禁止公权力采取某一特定的措施，但未必总能要求其实施某一特定的措施，因此在解决社会权与其他原则的冲突时，应优先由立法者来权衡和具体化，这一任务不得首先由合宪性审查主体来完成，[1]但宪法仍然可以在规范层面提供若干权衡依据和标准。

（1）社会权与公共财政

首先，社会权与公共财政的平衡中需要考量辅助性原则。虽然社会权的实现往往耗费公共财政，但社会权的实现并不必然依赖于国家。社会权不仅没有规定如何实现目标，而且没有规定由谁来实现。当公民个人、私营企业和其他社会组织有意愿且有能

---

〔1〕 有些国家的法院在适用社会权时，可根据实际情况分别选择"强救济"和"弱救济"模式。参见聂鑫：《宪法社会权及其司法救济——比较法的视角》，载《法律科学（西北政法大学学报）》2009 年第 4 期。但这一做法至少在我国不存在规范依据，而且不利于法的安定性。

力创设实现社会权的条件时，国家则不必动用公共财政成为第一责任人，完全可以仅履行必要的协助和监督职责。国家亲自接管公共任务需要动用公共财政，对纳税人的财产权构成限制，若不需要动用公共财政可以同样甚至更好地实现宪法社会权，损害纳税人的财产权则不具备正当性。此外，《宪法》第 27 条的效率原则要求成本与收益的比例最小化，在收益相同的情况下，公共财政支出得越少则越符合效率原则，该原则同样是辅助性原则的宪法依据。在世界范围内，我国宪法的社会主义原则是一项更为开放的原则，社会权作为社会主义原则的重要内涵，同样具有一定的开放性。如上所述，虽然社会主义原则和社会权条款蕴含了保护弱势群体和维护社会公正的目标，但却未要求只能由国家来实现这些目标。在教育问题上，《宪法》第 19 条在规定"国家发展社会主义的教育事业"、"国家举办各种学校"和"国家发展各种教育设施"的同时，甚至明确规定了"国家鼓励集体经济组织、国家企业事业组织和其他社会力量依照法律规定举办各种教育事业"。此外，《宪法》第 45 条第 1 款、第 2 款和第 3 款均明确规定公民可以从"国家"和"社会"两方面获取物质帮助。

由非国家行为体来实现社会权并不会给国家增加过多财政负担，社会权与私有财产权或代议机关的预算职权之间不存在太多紧张关系，各项原则均可以得到优化实现。正如学者郑贤君所述，除国家依照程序履行责任，各种非国家行为体也可以根据宪法和法律弥补政府职能的不足，故而在全球范围内的社会权保障问题上，出现了国家中心责任向非国家行为体转移的过程，有效节省了国家的财政支出。[1]综上所述，虽然社会权在很多情况下要求国家积极作为，但在某些情形中却可能要求国家不作为，在此辅助性原则构成对立法形成自由的一个限制。

---

〔1〕 郑贤君：《非国家行为体与社会权——兼议社会基本权的国家保护义务》，载《浙江学刊》2009 年第 1 期。

其次，实现社会权还涉及预算职权与立法职权的平衡。全国人大的预算职权与立法职权并列，预算与给付性法律均涉及财政支出。既然社会权首先由立法来实现，那么在每个预算年度内，执行这些法律必然导致大量的财政支出，而这些已由法律确定下来的支出之外的财政空间才是真正留给年度预算的空间。全国人大通过审批预算可以确定财政任务的优先性和年度任务的重点，这与立法一样发挥着民主合法化功能。实现社会权的法律需要耗费的财政支出越多，立法职权挤压预算职权的现象就愈发明显。因此在通过立法实现社会权时，应当将人大各项职权之间存在的张力加以协调。

（2）劳动权和与其对立原则的权衡

依据《宪法》第42条，劳动权条款至少要求国家通过各种途径为公民创造劳动就业条件，同时应努力改善劳动条件并提高劳动报酬和福利待遇，这些目标往往只得由国家通过干预市场得以实现。在市场经济制度中，就业机会通常掌握在私人手中，国家促进劳动权的实现可能会与私营企业家的营业自由产生冲突。虽然在我国社会主义市场经济中，国企发挥着特殊的作用，属于国家掌控的部分，但《宪法》第16条同样保障了国企的自主经营权，企业内部的人事聘用和薪酬福利属于自主经营权的重要内容，劳动权的实现与此同样存在冲突。若国家通过给企业提供资助和补贴等方式促使其扩大员工数量并提高员工的待遇和福利，则又必然会导致公共财政支出激增，不仅限制了代议机关的预算职权，而且增加了纳税人的负担，甚至可能侵害纳税人的平等权。

此外，宪法劳动权的主体应当包括国家机关工作人员。我国《宪法》第27条规定了效率原则，要求一切国家机关实行精简原则，这一原则同样与劳动权存在紧张关系。若国家为了实行精简原则并提高工作效率而裁撤某一机构，则会与劳动权的实现背道而驰。这些冲突都需要由立法者通过权衡来解决。

无论是劳动权还是受教育权，均同时具有自由权和社会权面向，社会权的实现可能会与该条款的自由权面向产生冲突。劳动权在自由权面向上主要体现为职业自由权，保障公民自由选择职业和具体职位的自由，职业自由权的实现原则上不需要国家实施太多积极措施，国家仅需要通过立法等手段保障市场经济制度的正常运行并作为最后责任人发挥作用。而社会权实现程度的提高包括数量和质量两个方面，如果是为了提高劳动权实现的质量，国家应当努力为每一位求职者提供符合自身专业、能力和兴趣的职业，并提供符合其在待遇和福利方面期待的职位，这一实现程度的提高将在某种程度上直接导致职业自由权失去存在的必要性，毕竟职业自由首先体现为根据自身的专业、能力和兴趣以及在待遇和福利方面的期待对职业和职位进行选择的自由。

我国宪法中的劳动权对应义务性规定。虽然对应义务性规定并不能否定宪法社会权的实现存在于可能性保留之中，毕竟宪法规定的基本义务同样属于原则性规定，但在与其他宪法原则进行权衡时，对应的义务性规定可以为社会权增加权重。除了在规范层面增加权重，劳动义务的履行还有助于实现诸多个人利益和公共利益，例如，使公民能够在物质和精神领域具有独立人格，促进社会经济发展、增加国家的财政收入等，在权衡时对这些因素均应加以考量。

若社会权条款同时关联其他基本权利或者国策规定，同样应当增加权重。例如，劳动权的实现往往是获得财产的前提，而私有财产又可能是生命权、健康权等基本权利实现的基础，在权衡时不得忽视这些因素。

（3）受教育权和与其对立原则的权衡

在宪法的这几项社会权条款中，受教育权与劳动权的可比性最强。然而与就业机会通常掌握在私营企业手中不同，我国的教育资源基本由国家掌控。即使是私立教育机构，其成立也须经过国家的审批，活动也须接受国家的监督，接受监督的范围和强度远大于私营企业。较之于劳动权的实现，国家对受教育权实现的前提拥有更为广泛的掌控力。与此相应，除了代议机关的财政空间，实现受教育权往往不存在其他与其冲突的原则，不必像实现劳动权那样干预市场或限制他人权利。

与劳动权类似，宪法在规定受教育权的同时规定了受教育义务。虽然受教育义务局限于义务教育阶段，但至少意味着在义务教育阶段，国家提供受教育机会具有格外重要的宪法价值，理应增加权重。此外，接受教育可以提升国民素质，绝大部分教育形式的实施还有助于公民个人在未来获得劳动机会，甚至可以促进某些国策或其他基本权利的实现，在与节约公共财政支出这一原则进行权衡时应对此予以考量。

此外，在实现受教育权的不同手段之间可能存在冲突，例如，提供更多受教育机会和提高受教育质量均可以提升受教育权的实现程度，但在财政有限的情况下，国家应当如何平衡二者之间的冲突？是否可以通过牺牲教学质量来换取更多人的受教育机会？对于这两种手段的权衡，同样应落入立法决策空间。虽然这一手段之间的冲突情形也可能存在于劳动权、休息权等社会权当中，但显然不如受教育权体现得明显。

二、具体社会权支出的公法指引：以科研经费给付制度为例

科研经费制度改革是深化科技体制改革的重要命题。2016 年，习近平总书记在全国科技创新大会、两院院士大会、中国科协第九次全国代表大会（以下简称"科技三会"）上的讲话中强调，"要着力改革和创新科研经费使用和管理方式，让经费为人的创造性活动服务，而不能让人的创造性活动为经费服务。"[1]科技创

---

〔1〕《习近平：为建设世界科技强国而奋斗》，载新华网，http://www.xinhuanet.com/politics/2016-05/31/c_1118965169.htm，最后访问日期：2020 年 4 月 29 日。

新是我国经济、社会、生态等全局发展的牵引力，国家创新能力的关键是人的创造性。科研自由是受到宪法明确保护的基本权利，而科研经费是科研自由的重要保障，科研经费管理制度在很大程度上决定了科研自由的实现程度。

（一）科研自由给付义务的宪法依据

我国《宪法》第47条第1句规定："中华人民共和国公民有进行科学研究、文学艺术创作和其他文化活动的自由。"科学研究的自由是我国宪法以明示方式规定的一项基本权利。如上文所述，基本权利不局限于发挥消极地防御国家侵害的功能，其还构成了一种客观价值秩序，要求国家采取积极行动以保障基本权利的实现。当基本权利的实现无法离开国家提供的物质条件支持时，国家应当履行对基本权利的给付义务，这即是基本权利在客观价值秩序面向上的国家给付义务功能。[1]

具体而言，给付义务是指国家为了使公民实际上真正能够实现其基本权利而积极创造客观条件（主要是物质方面条件）的义务。虽然根据基本权利功能理论，国家对其他基本权利也可能负有给付义务，但由于国家给付需要以财政为基础，如果所有基本权利主体均向国家提出给付要求，则必然会加重纳税人的负担，无条件的全面给付可能会演变为变相平均主义，因此国家给付需要依据基本权利的性质和实现条件而有所区分。

其中，科研自由很难脱离国家给付而由公民独立实现。进入近现代以来，无论自然科学还是社会科学，研究内容均越来越精密化和系统化，科研活动往往无法脱离组织而由个人独立完成。在自然科学领域，科研团队等人力保障、仪器设备等实验保障是否完备往往成为能否产出科研成果的关键因素；社会科学领域也

---

〔1〕 关于基本权利的主观权利与客观价值秩序的双重性质，参见张翔：《基本权利的双重性质》，载《法学研究》2005年第3期。

经常需要结合调研和行为实验，离不开科研机构的支持。可以说，切断科研经费就等于切断了绝大多数科研活动的命脉。无论从基本权利的性质还是其实现条件来看，科研自由均需要国家给付配合才能实现。也正因如此，宪法条款对科研自由的规定也与其他基本权利不同：《宪法》第 47 条第 2 句进一步规定"国家对于从事教育、科学、技术、文学、艺术和其他文化事业的公民的有益于人民的创造性工作，给以鼓励和帮助"，此处的"鼓励和帮助"应包含经费支持及其他形式的国家给付。宪法明文规定国家对科研自由的给付义务反过来也确认了经费资助对于科研活动的重要性和国家给付的必要性。

如果将基本权利的给付义务功能主观化，可以区分为分享权和给付请求权。前者指对于国家已经提供的现有资源和设施，基本权利主体可以平等使用；后者指对于目前尚不存在的资源和设施，公民请求国家积极创设。[1] 在分享权面向上，由于国家已经创设了给付制度，因而有经费需求的科研主体主张平等分享使用国家提供的资源与平等权的要求相一致，分享请求不存在任何争议。与此不同，给付制度离不开国家财政支持，与全体纳税人的权利息息相关，涉及多主体之间的利益权衡，因此，是否创设一项新的给付制度原则上应交由立法者来决定，公民个人通常不享有给付请求权。

需要强调的是，并非所有科研领域都需要国家经费支持，在某些对经费等外界条件需求较低的研究领域，即使没有国家给付，公民也可以自行从事科研活动，该领域的科研自由主体不得要求平等分享科研经费。平等权并非追求数量上的平均，实质平等意味着对本质上相同的个体同等对待，对本质上不同的主体相应作出差别对待。对于不需要经费支持即可进行的科研活动与只有获得经费支持才能进行的科研活动，其主体在经费需求方面具有本

---

〔1〕 参见李建良：《基本权利理论体系之构成及其思考层次》，载《人文及社会科学集刊》1997 年第 1 期。

质上的差别，因此对二者相应作出差别对待恰是平等权的要求。科研经费给付制度只要能保障所有科研领域都具备开展科研活动的基础条件即可。

（二）科研经费给付的现状

1. 立法现状

目前，我国与科研自由和科研经费相关的法律主要有《科学技术进步法》《高等教育法》《教师法》，尚无规范科研经费管理的专门法律。《科学技术进步法》规范的对象仅限于自然科学领域，社会科学领域尚无类似法律，该法的立法目的是"全面促进科学技术进步，发挥科学技术第一生产力、创新第一动力、人才第一资源的作用，促进科技成果向现实生产力转化，推动科技创新支撑和引领经济社会发展，全面建设社会主义现代化国家"，内容也因此略显结果导向。关于国家对科研经费给付的规定主要包括《科学技术进步法》第20条并存在于第九章"保障措施"中，其内容多为导向性的指引和授权性的规定。《高等教育法》规范的对象主要侧重于高等学校的教学任务而非科研任务，仅在第四章"高等学校的组织和活动"的少数条款中较为抽象地从组织保障角度规定了高校对科研自由保障的积极义务。《教师法》中仅有3个条款涉及科研自由：第7条规定教师的权利包括从事科研活动，第9条规定政府部门和学校应当为教师在科学研究中的创造性工作提供鼓励和帮助，第33条规定学校对教师的优秀科研成果给予奖励。《教师法》规范的对象是在各级各类学校和其他教育机构中专门从事教育教学工作的教师，其关于科研自由的规定是从教师作为权利主体的角度做出的，但相关条款过于简单抽象，几乎等同于法律对教师享有宪法规定的科研自由的再次确认，而非将宪法基本权利通过立法具体化。总而言之，目前的3部与科研经费管理相关的法律，对于科研自由主体权利保障、科研经费给付等方面的规定仍然相当抽象，难以为科研经费给付提供充分的法律指引和规范约束。

《宪法》第 3 条第 2、3 款规定："全国人民代表大会和地方各级人民代表大会都由民主选举产生，对人民负责，受人民监督。国家行政机关、监察机关、审判机关、检察机关都由人民代表大会产生，对它负责，受它监督。"第 58 条规定："全国人民代表大会和全国人民代表大会常务委员会行使国家立法权。"据此，行政机关的民主合法性来源于人民代表大会，而人民代表大会的民主合法性则来源于人民。从原则上说，由全体人民赋予民主合法性的全国人大须亲自履行宪法赋予的立法职权，不得随意授权行政机关代为立法。然而，在中华人民共和国成立初期，我国的人民代表大会制度尚在探索阶段，立法资源有限，因此，部分本该由立法规定的事项暂时被授权给行政机关和其他部门。立法机关将高校科研的管理权与科学技术进步工作的领导权授权给国务院，[1]国务院及其下设的教育部、财政部、国家发展和改革委员会等相关部委出台了诸多涉及科研经费管理的行政法规和部门规章，实际上扮演着科研经费管理规则制定者的角色。

2. 现实问题

目前，我国已经提供了覆盖面较为广泛的科研经费给付，财政对科研的经费支持增长速度甚至远远超过我国高速发展的 GDP 的增速。国家自然科学基金从 1986 年成立至 2024 年，财政拨款从 8000 万元增长到 363.14 亿元。[2]国家社会科学基金

---

〔1〕《高等教育法》第 13 条第 1 款："国务院统一领导和管理全国高等教育事业。"《科学技术进步法》第 15 条第 1 款："国务院领导全国科学技术进步工作，制定中长期科学和技术发展规划、科技创新规划，确定国家科学技术重大项目、与科学技术密切相关的重大项目。中长期科学和技术发展规划、科技创新规划应当明确指导方针，发挥战略导向作用，引导和统筹科技发展布局、资源配置和政策制定。"

〔2〕邹雅婷：《中国科研投入大更要用好钱》，载《人民日报海外版》2016 年 6 月 21 日，第 9 版；《国家自然科学基金委员会 2024 年度部门预算》，载国家自然科学基金委员会官网，https://www.nsfc.gov.cn/Portals/0/fj/fj20240326_01.pdf，最后访问日期：2024 年 10 月 5 日。

的财政拨款也从 1991 年的 1300 万元增长到 2024 年的 32.85 亿元。[1]虽然国家财政已经为科研活动提供了大量科研经费，但是在从国库到科研自由主体的给付过程中，财政经费和科研人员的精力损耗均较为严重。一方面，为了降低经费损耗、减少经费使用不规范现象，各级政府及高校加大了管控力度，细化给付流程，加强财务监督。然而，加大管控力度往往伴随着财政投入的增加和效率的降低，也就意味着带来新的损耗。另一方面，加大对科研活动管控力度以及细化科研经费的行政管理规则，使得科研活动主体受到更多限制，程序性事务消耗更多精力，科研创新能力也因此受到影响。这些问题的根源在于，当前的法律规范体系中，与科研经费给付目的相适应的给付制度供给不足。

科研经费给付的根本目的是保障公民的科研自由，为科研活动创造积极的环境。2016 年，中共中央办公厅和国务院办公厅联合印发的《关于进一步完善中央财政科研项目资金管理等政策的若干意见》明确指出，改革和创新科研经费使用和管理方式要"坚持以人为本"，"以调动科研人员积极性和创造性为出发点和落脚点"，"为科研人员潜心研究营造良好环境"。科研经费给付制度应当与上述给付目的相适应，给付原则和给付程序等制度设计应当以权利促进为导向。

国家给付的科研经费来源于财政，而国家的财政收入主要来源于公民纳税，对科研经费的使用进行适当管理和监督是必要的。然而，目前经费管理者同时也是给付规则的制定者，经费管理者负有财政管理监督义务，由其制定的经费管理办法多以管理主体

---

[1] 秦前红、陶军：《学术视域中的国家科研资助——以人文社会科学资助为主的考察》，载《现代法学》2017 年第 5 期；《全国哲学社会科学工作办公室 2024 年度部门预算》，载全国哲学社会科学工作办公室官网，http://download. people. com. cn/dangwang/one17114385991. pdf，最后访问日期：2024 年 10 月 5 日。

的视角规范科研人员的经费使用，而少从作为权利主体的科研人员角度考虑，经费管理规范具有明显的行政导向。[1]在公共财政监督方面，法律对科研经费与行政管理经费并无明显区别对待，科研经费科目的设置、科研经费的年度报销制度以及科研经费报销票据要求等，与行政经费的管理均高度吻合。[2]片面强调财政经费的统一规范管理、没有按照符合科研规律的方式管理科研经费的现象仍需改善。在行政导向下，科研经费管理以量化标准衡量经费投入和成果产出，科研成果成为行政考评依据，将导致"重物轻人"的问题突出，对科研成果的追求往往高于对科研权利的保护。[3]

近年来，党中央、国务院印发了一系列政策性文件，[4]多次强调要给科研经费的使用松绑，激发科研人员的积极性。但政策性文件主要发挥的是引导作用，不具有法律上的强制力，科研经费管理制度改革依然无法解决行政管理导向下的根本问题。因此，应当尽快建立与科研经费给付目的相适应的给付法律制度，将相关政策上升为法律，使科研经费的规范使用、成果促进与科研自由的权利保障达到符合宪法要求的平衡状态。

---

〔1〕　参见蒋悟真、郭创拓：《迈向科研自由的科研经费治理入法问题探讨》，载《政法论丛》2018 年第 4 期。

〔2〕　蒋悟真：《纵向科研项目经费管理的法律治理》，载《法商研究》2018 年第 5 期。

〔3〕　参见蒋悟真、郭创拓：《迈向科研自由的科研经费治理入法问题探讨》，载《政法论丛》2018 年第 4 期。

〔4〕　如《国务院关于改进加强中央财政科研项目和资金管理的若干意见》（国发〔2014〕11 号）、《中共中央、国务院关于深化体制机制改革加快实施创新驱动发展战略的若干意见》（中发〔2015〕8 号）、《深化科技体制改革实施方案》（2015 年 9 月 24 日）、《国务院办公厅关于优化学术环境的指导意见》（国办发〔2015〕94 号）、《关于进一步完善中央财政科研项目资金管理等政策的若干意见》（2016 年 7 月）、《中央级科研事业单位绩效评价暂行办法》（国科发创〔2017〕330 号）、《关于进一步加强科研诚信建设的若干意见》（2018 年 5 月 30 日）等。

（三）基础性给付与鼓励性给付的立法区分

1. 立法形成空间的区别

《宪法》第 47 条第 1 句确定了科研自由是公民享有的一项基本权利，那么根据基本权利的国家给付义务功能，立法机关应当创设科研自由给付制度，至少要为公民实现科研自由提供最基础的资源和条件，离开这些条件支持，公民个人将无法开展科研活动。在此基础性给付之外，我国宪法对科研经费给付提出了一个更高的目标，依据《宪法》第 47 条第 2 句的规定，对那些被认为是有益于人民的创造性科研工作，国家给予鼓励和帮助。换言之，我国目前的科研经费给付既包括国家对公民从事科研活动的基础性给付，也包括对有益于人民的创造性科研活动的鼓励性给付。然而，宪法对这两种经费给付的要求却不尽相同。

科研经费的基础性给付是宪法对立法机关提出的要求，立法机关必须积极制定有助于科研自由实现的基础性给付制度。这是因为科研活动对物质条件具有特殊需求，科研自由脱离了必要的经费支持则无法实现。我国财政提供了大量用于支持科研活动的经费，如果立法机关未能制定合适的经费给付法律制度，以致某些科研领域无法获得基础物质支持，从而无法正常开展科研活动，那么立法机关将违反基本权利的给付义务。

鼓励性给付并非全面给付，而仅针对某些被认为是有益于人民的、具有创造性的科研活动。鼓励性给付的目的也并非为科研活动提供基础保障，而是通过"鼓励和帮助"去引导与激励公民从事某些特定的科研活动。鼓励性给付不能替代基础性给付，而是在基础性给付的科研活动中筛选出一些符合特定条件的领域，为其在基础给付之外再提供鼓励和帮助。《宪法》第 47 条第 2 句关于鼓励性给付的规定，使国家对某些符合特定条件的科研活动负有鼓励和帮助的义务，有一定的针对性和结果导向，具有国家任务的性质。该条款为现在以及未来的国家行为设定了方向，所有国家机关均有义务促成该国家任务的实现。但这种义务性并不对应程度相当的强制性，较之于基础性给付，宪法在鼓励性给付方面更加尊重立法机关的形成空间。国家为科研活动提供基础性给付是为了保障基本权利，而提供鼓励性给付是一种国家任务，国家满足基本权利实现的最低需求应优先于实现其他国家任务，因此宪法对前者提出了更高的立法要求。

鼓励性给付意味着国家要承受更大的财政负担，而财政收入主要来源于公民纳税，国家财政支出必须按照人民的意愿确定范围和方式。立法机关由民主选举产生，是人民行使国家权力的渠道，如果一项国家任务必须由财政支持才能实现，那么必须由立法机关综合权衡各项权利和利益，诸如：实现国家任务可以促进的权利和公共利益，同等财政投入可以实现的其他公共利益，以及公民的财产权利和其他权利。立法机关享有较为广泛的形成空间，可以根据社会条件和实际发展需要自行决定国家任务的实现程度和实现方式。虽然立法机关在将宪法确定的国家任务进行具体化时享有形成空间，但其仍然至少需要满足最低实现程度的要求，而如果国家任务涉及财政支出，则需要适用可能性保留原则，在财政等客观条件不满足的情况下，立法机关暂时不作为也不违背宪法。

完成国家任务的过程很可能会给基本权利带来积极或消极的影响，尤其是当某项国家任务与基本权利部分重合时。作为一项国家任务，对某些科研活动的鼓励性给付由制宪者亲自规定，说明了制宪者对科研活动的重视程度，这对国家为科研活动普遍提供基础性给付具有积极意义。需要注意的是，法律创设鼓励性给付制度时，不能挤压基础性给付的空间，不能混淆基础性给付与鼓励性给付的条件，以防止增加科研主体获得基础性给付的难度。除了宪法规定的国家任务外，立法机关可以根据现实需要自行规定更多国家任务，不属于被宪法禁止的事项，可以允许立法机关享有充分的自主形成空间。如果未来立法机关规定了更多科研领域的国家任务，涉及更多的鼓励性给付，那么应当注意两点：其一，国家应当优先完成宪法确定的国家任务，而后才可以考虑去完成立法机关自己决定的国家任务；其二，立法机关规定更多鼓励性给付应当量力而行，充分考虑国家财政负担能力，不影响对科研活动的基础性给付。

2. 立法具体化的标准和方式

无论是科研自由的基础性给付义务功能，还是对某些科研活动提供的鼓励性给付，均对立法者提出了积极作为的要求，立法者应当积极将抽象的宪法规定转化为具体的法律制度。虽然在理论上，立法者可以根据客观条件的限制决定暂不完成国家任务，但在我国的现实中，财政已然提供了大量鼓励性科研经费，当前的经费给付制度也已经将这些科研经费下达给部分科研人员。换言之，提供鼓励性给付这一国家任务不存在客观条件限制的问题，立法者不作为的条件几乎并不存在。目前科研经费最主要的问题是分配和管理的问题，而非财政等客观条件制约立法作为的问题。

（1）立法授权的限制

诚然，立法机关是立法工作的主体，应当承担主要的法律制定工作，但国家功能日趋复杂，人民对法律的需求也随之激增，立法机关的负担越来越重，由立法机关制定所有规范不切实际。立法授权并不被绝对禁止，如果能证明由行政机关代为立法在专业性、技术性和灵活性等方面更为合理，且授权事项不属于必须由立法机关亲自规定的根本性事项，则可以考虑立法授权。对于那些根本性事项，诸如限制基本权利等，立法机关必须亲自对其中的重要问题作出决定。立法授权只能是对某些特定事项的部分授权，而不得将某一领域的立法任务全面授权给行政机关。不仅如此，立法授权时必须明确授权的内容、目的和范围，防止对行政机关的空白授权，行政机关只能在法律确定的范围和框架内就具体问题确立规则。[1]这既是立法机关对行政机关的约束，也是宪法对立法机关的授权行为提出的要求。

在将宪法规定具体化时，即使允许立法机关将部分事项授权给行政机关，也应当注意，立法机关制定法律是对宪法的第一次具体化，要尽量避免给行政机关留出解释和裁量的空间。第一次具体化应当尽量详尽，按照符合宪法内在要求的方式对抽象的宪法规定作出充分且具体的解释。宪法科研自由条款的第 1 句与第 2 句的内涵和侧重有所不同，立法机关应当按照不同的标准分别制定具体化的法律规定。

（2）基础性给付的立法具体化

《宪法》第 47 条第 1 句的表述高度抽象，仅确定了科研自由是一项基本权利。立法将其具体化时应当充分考虑基本权利功能，积极构建实现该基本权利功能的条件。虽然科研自由作为一项基本权利同样具有防御权、保护义务等其他功能，但由于本书讨论的是科研经费给付问题，因此仅考虑科研自由的给付义务功能之立法形成。

立法创设的给付制度应当有利于给付目的的实现，基础性科研经费给付的目的是促进科研自由的真正实现，从根本上是对科研主体权利的保障，因此，立法应当从科研主体的权利出发，对科研经费给付的重要问题作出细化规定，这些重要问题包括但不限于科研经费给付目的和原则、给付标准、组织和程序、法律责任等。尤其需要注意的是，国家给付必须经由一定的组织和程序

---

〔1〕　在德国、美国、日本等国家，立法授权行政机关代为制定法律时，也规定了需要满足类似的要求。如德国的明确性要求、美国的可理解原则，以及日本对委任行政庭立法的明确要求。参见邓毅：《德国法律保留原则论析》，载《行政法学研究》2006 年第 1 期；翁岳生：《行政法》，中国法制出版社 2002 年版，第 560 页；杨建顺：《日本行政法通论》，中国法制出版社 1998 年版，第 347 页。

才能完成，立法提供给付制度的同时必须提供给付的组织和程序，这属于基本权利客观价值决定的辐射作用。

立法机关在给付组织和程序上的形成空间并非一成不变，与宪法密切相关的组织和程序的核心规定应当由立法机关亲自制定，而在细节方面的规定则要考虑到组织和程序与学术活动本身的关系密切程度。与学术本身的关系越密切，立法机关的形成空间就越小，反之，则立法机关享有较大的形成空间。[1]此外还需注意，虽然基础性给付是为了保障科研活动能够普遍获得基本物质支持，但给付制度的立法形成仍需要受到科研自由的内在限制。[2]例如，对那些明显危害社会的科研活动，立法创设给付制度时应将其从给付对象中排除。

（3）鼓励性给付的立法具体化

《宪法》第47条第2句规定了为某些科研活动提供鼓励性给付的国家任务。如果说第47条第1句的目的是对基本权利主体的保障，那么第2句的目的则更多倾向于实现国家利益。立法机关在将第47条第2句进行具体化时，应当注意与该条文第1句的区别，即国家任务与基本权利的立法形成区别。该条文第1句仅确定了科研自由是一项基本权利，并未规定任何其他限制条件，而第2句为鼓励性给付设定了"有益于人民"和"创造性"这两个条件。

"有益于人民"和"创造性"属于抽象概念，宪法并未采用更具体的表达方式。这是因为，对科研活动的鼓励性给付往往与国家和社会发展需要密切相关，对鼓励性给付条件的理解会随社会的客观情况变化而发生变化，而宪法不应频繁修改，由法律制

---

〔1〕 参见张翔：《学术自由的组织保障——德国的实践与理论》，载《环球法律评论》2012年第4期。

〔2〕 参见王锴：《论立法在基本权利形成中的作用与限制——兼谈"公有制"的立法形成》，载《法治研究》2017年第1期。

定具体标准更具有灵活性优势，应当由立法机关将宪法的抽象规定具体化，在法律上形成鼓励性给付的具体条件。

从原则上说，对宪法抽象概念的具体化应当由立法机关亲自作出，但我国的立法机关由全国人民选举出来的各行各业人民代表组成，科研人员所占比例不高，而"创造性"的评价维度是科研活动在科学领域内的贡献，制定评价标准时应当充分采纳相关科研人员的意见。对科研活动创造性的评价往往不能脱离其所在的领域，而立法确定的评价标准是适用于所有科研领域的。因此，立法制定的"创造性"评价标准必然无法具体应用到某一科研领域，立法提出的标准只能是一种广泛适用的标准，应当允许各科研领域自行制定本领域的科研"创造性"评价标准。习近平总书记在全国高校思想政治工作会议上强调"建立科学权威、公开透明的哲学社会科学成果评价体系，努力构建全方位、全领域、全要素的哲学社会科学体系"[1]。立法机关可以授权行政机关建立相关领域的具体科研"创造性"评价体系，各领域的具体评价标准必须在法律确定的评价标准框架之内，按照法律授权的要求制定，不得与法律规定相违背。行政机关在制定评价标准时应当有该领域的权威专家学者参与，并充分采纳其意见。

"有益于人民"的评价维度是科研活动在社会公共利益方面的促进作用，应当由代表全体人民的立法机关制定标准。"有益于人民"的评价标准应当尽量宽泛，尤其要注意避免只重视应用对策研究而轻视基础理论研究的现象。当前许多科研成果暂时停留在理论层面，为了让其真正服务于人民，需要经历复杂的科研成果转化过程，不能因为目前人类知识的有限性就将尚未转化的科研成果武断否定。即使最终没能形成一个可以服务于人民的成果，

---

[1] 习近平：《把思想政治工作贯穿教育教学全过程》，载新华网，http://www.xinhuanet.com//politics/2016-12/08/c_1120082577.htm，最后访问日期：2020 年 4 月 29 日。

我们也不应否定为之努力的科研过程。在人文社会科学领域，这一转化则更为抽象和漫长。人文社科领域的成果往往并不能直接转化为个人或国家的硬实力，却构成了人类历史进步必不可少的精神内核。艺术、哲学、宗教等人文社科领域究竟如何综合推动了人类精神文明的发展，很难定量说明，如果仅基于当前的认知而武断否定人文社科领域某些新发现的社会意义，无异于熄灭人类文明进步的火种。科研成果的意义往往不止于当前，人类社会的进步恰是基于各领域超前探索的推动。因此，在解释"有益于人民"时应考虑到上述种种知识判断的局限性，如果只将其定义为有益于当下发展的需求，则是缺乏可持续发展的眼光，不利于科技和文明的持续进步。

习近平总书记在"科技三会"上的讲话中指出："同建设世界科技强国的目标相比，我国发展还面临重大科技瓶颈，关键领域核心技术受制于人的格局没有从根本上改变，科技基础仍然薄弱，科技创新能力特别是原创能力还有很大差距。"[1]党的十九大报告也强调"要瞄准世界科技前沿，强化基础研究，实现前瞻性基础研究、引领性原创成果重大突破"。近年来我国对基础研究突破的渴求程度越来越高，但基础研究成果的社会意义并不直观，评价基础研究是否有益于人民时，不宜将标准界定得过于狭窄。在当前的课题申报制度下，无论应用研究还是基础研究，在填写课题申报书时都必须说明其实践意义，这显然不符合纯理论性基础研究的科研规律，即使有些研究仅仅拓宽了理论世界的疆域，也不应当否定其研究的重要价值。

（四）科研经费给付的组织和程序保障

基本权利的功能对组织和程序具有辐射作用，科研自由的给

---

〔1〕 习近平：《为建设世界科技强国而奋斗》，载新华网，http://www.xinhuanet.com/politics/2016-05/31/c_1118965169.htm，最后访问日期：2020年4月29日。

付义务功能同时要求科研经费给付必须由一定的组织和程序加以保障。这些组织和程序对国家给付而言是不可或缺的，不仅使给付工作在现实上具备可行性，而且可以通过先在的确定规则为权利提供外在保障。法律规定不可能覆盖所有实体问题，完善的组织和程序可以在很大程度上弥补实体法律的缺陷。行政机关和高校（以及科研院所）是科研经费的主要管理者，应当在组织和程序上为科研经费给付和科研权利主体提供保障。由于国家提供的科研经费来自财政，因此科研经费给付的组织和程序应当同时满足两方面的要求：一是确保财政经费使用具有正当性且符合效率原则，二是促进科研自由主体的权利实现。

1. 给付组织和程序应符合效率原则

习近平总书记在"科技三会"上强调，"要完善符合科技创新规律的资源配置方式，解决简单套用行政预算和财务管理方法管理科技资源等问题，优化基础研究、战略高技术研究、社会公益类研究的支持方式，力求科技创新活动效率最大化"。[1]我国《宪法》第 27 条第 1 款规定："一切国家机关实行精简的原则，实行工作责任制，实行工作人员的培训和考核制度，不断提高工作质量和工作效率，反对官僚主义。"这一宪法条款明确了适用于一切国家机关的效率原则。公立高校和科研院所的经费主要来源于国家财政拨款，并且与国家行政机关共同管理科研经费，在科研经费的管理上，高校和科研院所相当于国家机关的延伸，同样应当符合效率原则。

效率原则要求衡量成本与收益的比例，主要包含最大化原则与最小化原则两个范畴，前者考量同样的成本可否获得更多收益，后者考量同样的收益可否由更少的成本来实现。在科研经费方面，如果说成本是国家财政给付的科研经费，那么期待的收益则是科

---

〔1〕 习近平：《为建设世界科技强国而奋斗》，载新华网，http://www.xinhuanet.com/politics/2016-05/31/c_1118965169.htm，最后访问日期：2020 年 4 月 29 日。

研成果和对科研自由的权利保障。在国家财政预算通过人大审批后，一个年度内用于支持科研的财政给付数量上限（成本）被确定，因此应当适用最大化原则去衡量固定成本下收益的数量和质量。为了最大化产出科研成果并保障科研自由，科研经费给付过程的"内耗"必须被降到最低。

正如上文所述，当前立法暂未提供科研经费给付的组织和程序保障，而由行政机关制定的给付程序难免会倾向于保障财政经费的规范使用，这种倾向性延伸至高校和科研院所内部，形成了自上而下的严格给付程序。严格的科研经费管理需要大量行政人员支持复杂的工作程序，人力成本随之增加，为国家财政造成更重的负担。每一年度财政对科研的投入成本已被固定，用于科研行政管理的消耗增加，必然导致实际用于科研活动的投入减少，效率原则中的"成本"被稀释，将直接影响科研成果和权利保障等给付目的"收益"。

不仅如此，过于严格的科研经费管理方式会占用科研人员过多的时间和精力。高校和科研院所是直接面向科研人员的科研经费管理者，在高校和科研院所内部，科研事务往往由多部门共同管理，而各部门制定政策时主要考虑自身管理需要，如财务部门仅考虑会计、审计等财务领域的要求，却忽视一般科研规律，则其成为脱离学术实践的纯粹的账务审核者。[1]管理科研经费的各部门之间还可能存在脱节的情况，各自制定规则导致对科研人员获取经费造成不必要的行政负担。[2]科研经费的精细化管理使得科研人员陷入各种形式要求中，投入科研的时间和精力因此减少。[3]然而，科研

〔1〕 郑毅：《高校科研经费管理与学术自由的保障研究——以〈中央和国家机关差旅费管理办法〉第 25 条为切入点》，载《当代法学》2015 年第 3 期。

〔2〕 刘勇、王茜：《关于建立高校科研经费精细化管理体系的思考》，载《中国科学基金》2008 年第 5 期。

〔3〕 郭卉、李琴、韩婷：《金钱的意义：科研经费竞争如何塑造学术资本家》，载《高等工程教育研究》2015 年第 3 期。

活动需要高度自由的思想和充分闲暇的时间作保障，这种看似严格管控科研经费的规定实则影响了给付目的的实现，仅可能确保形式的正规，实质收获却大打折扣。科研人员付出更多时间和精力却并非都有助于促进科研活动本身，这是忽视效率原则的舍本逐末。科研经费管理者应当将相关工作加以整合，参与经费管理的各部门联合办公，共同制定科研管理规则，这样既可以减少科研人员的时间成本，也可以减少由于各部门脱节而造成的工作重复。

2. 增强科研人员的参与

科研经费给付的组织和程序保障还体现在相关人员的参与机会上。权利相关人员的必要参与可以提高组织和程序的合理性，使其更好地服务于基本权利功能的实现。对于直接涉及科学研究本身的问题，科研人员应当可以施加较为广泛的、决定性的影响。科研经费应服务于科研自由，以何种方式实现此目的并非可以脱离经验凭空想象得出。科研人员是科研自由的权利主体，也是最了解科研活动的人，他们应当经由合适的组织参与到科研经费给付制度中。组织和程序的设计必须要广泛而充分地听取科研人员的意见。当然，科研经费规则除了服务于科研自由的本质目的之外，还必须满足业务方面的要求，如财务审计要求等，相关部门工作人员的意见也应当被重视，但不得以业务要求为借口而不顾保障科研自由的本质目的。

（五）小结

科研自由是宪法明确保障的基本权利，但由于科研活动相关的规范立法供给不足，为数不多的相关法律条款又极为抽象，以致科研管理法规、规章的制定缺乏上位法指导，虽然数量繁多，但对科研经费给付的实际保障不足，执行过程中对科研人员的权利保障不充分。经费是科研活动的重要保障，立法必须对宪法中的科研自由给付义务亲自做出规定。行政机关、高校等经费管理者在落实科研经费给付制度时，应当正确理解科研经费和科研自由的关系：一切科研经费给付制度均应有利于保障科研自由。宪法中的科研自由保障的核心是人的权利，其次才是科研成果的社会价值。科研经费给付需要财政支持，更离不开法律制度的保障，双管齐下方能形成充满活力的科技管理和运行机制，保障科研权利，激发创新动力。

第三节　宪法国策支出的公法治理

一、宪法国策概述

法律与政策的关系是法学研究不容回避的问题。政策是指一定阶级、政党、国家或者其他社会主体，为达成一定目的，依据自己的长远目标并结合当前情况或历史条件而制定的实际行动准则。[1]宪法中的政策性规定通常不涉及特定阶级、政党和社会组织的政策，而主要体现为国家的实际行动准则，即属于国家政策，简称国策，有学者称其为"方针"或"政策指导原则"。作为一部社会主义宪法，我国宪法的一个重要特色就是规定了诸多国策。这类规定往往带有"保护""保障""维护""鼓励""促进""发展""推行""培育""致力于""努力"等字样。将国策写入具有最高法律效力的宪法是政策法律化的最高表现形式。[2]

我国学者普遍认为宪法中的国策涉及国家、社会和公民的最基本问题，是给国家整体发展指明基本方向的宪法规范，包含了

---

〔1〕　参见沈宗灵主编：《法理学》，北京大学出版社 1999 年版，第 216 页，转引自刘东亮、郑春燕：《宪法基本国策研究》，载《西南政法大学学报》2000 年第 1 期。

〔2〕　参见郑贤君：《论国家政策入宪与总纲的法律属性》，载中国人民大学宪政与行政法治研究中心：《宪政与行政法治评论（创刊号）》，中国人民大学出版社 2004 年版，第 208 页。

对未来社会生活的政治期待。[1]这类规范给全部行使国家权力的机关课以相应义务，同时是全国上下共同努力的目标。[2]国策具有很大的弹性和开放性，旨在适应社会的不断变迁和促进多元社会中合意的形成。通过简短的文字，国策把公共生活基本目标的共同性、多样性和对立性集中呈现出来。正如学者王锴、刘犇昊所言，国策在宪法中的出现，是法的安定性因应现代社会高度复杂性的必然结果。[3]这类社会共识性规范有助于维护国家的统一与民族的融合，促进国家认同的实现，进而成为国家存续和发展的重要推动力。[4]对于人民而言，国策是监督和评价政府活动的标尺，人民可以借助这些在宪法中预设的目标更好地判断政府的施政方向是否正确，在必要时督促政府纠正偏差。[5]

（一）国策概念的特征

国策的概念包含若干要素特征：实定法属性、规范效力、任务关联性、公共利益关联性、抽象性、全局性和长期性。

国策是被写入宪法的实定法规范，涉及国家法学和宪法学，而非一般国家学甚至自然法意义上的规范，也因此宪法规定的国策具有规范效力。一方面，宪法文本具有使国策发挥效力的意愿。我国《宪法》序言最后一个自然段明确指出本宪法具有最高法律效力，而《宪法》序言又是具有规范效力的宪法文本的重要组成

---

〔1〕　参见郑贤君：《论国家政策入宪与总纲的法律属性》，载中国人民大学宪政与行政法治研究中心编：《宪政与行政法治评论（创刊号）》，中国人民大学出版社2004年版，第208页。

〔2〕　参见莫纪宏主编：《宪法学》，社会科学文献出版社2004年版，第215页。

〔3〕　王锴、刘犇昊：《宪法总纲条款的性质与效力》，载《法学论坛》2018年第3期。

〔4〕　参见余湘青：《宪法基本国策研究》，中国政法大学出版社2015年版，第88页。

〔5〕　参见张义清：《基本国策的宪法效力研究》，载《社会主义研究》2008年第6期。

部分，毕竟《宪法》是作为整体在全国人大被庄严通过的，整体上具有最高法律效力，[1]因此无论是序言中的国策还是正文中的国策，均具有最高法律效力。另一方面，宪法文本具有使国策发挥效力的可能。我国宪法中的国策规定在语言表达上具有一定的规范性特征，在此不得对规范的明确性提出过高要求，毕竟具有未来指向特征的宪法规范往往均蕴含着某种不确定性，无论是国策还是其他规定。对于国策而言，通过历史解释、目的解释、体系解释等解释方法完全可以探寻出特定的规范内涵并通过立法予以形成。不过，既然国策具有规范效力，那么合宪性审查主体可以直接适用这些国策规定对立法进行审查。

国策必然与国家任务紧密关联。国策为国家活动指明方向，是制宪者对未来设想的描述，涉及应该做什么的问题。落实国策的受益者并非某一特定个体或群体，而是不特定的公众甚至全体人民，因此具备公共利益关联性，[2]不涉及公共利益的规定必然不是国策。从理论上讲，国策仅作为客观规范发挥作用，不可能导出公民的主观请求权。[3]

德国学者黑塞指出："如果宪法试图将各种历史变迁情形下的问题都解决了的话，那它就必须在内容上保持'向时代开放'。"[4]宪法条文往往具有抽象性特征，而国策的抽象性通常体现得更为明显，这类规定均以开放的、有待形成和调和的"原则性规范"

---

〔1〕 许崇德：《中华人民共和国宪法史》，福建人民出版社2003年版，第771页。

〔2〕 例如，我国《妇女权益保障法》第2条第1款规定："男女平等是国家的基本国策。妇女在政治的、经济的、文化的、社会的和家庭的生活等各方面享有同男子平等的权利。"然而男女平等在宪法层面仍然应当被纳入基本权利范畴。

〔3〕 在德国，社会国原则与人的尊严相关联可以导出获取最低生活保障的请求权。但该请求权只局限于最低权利诉求，与完整的基本权利不可相提并论。在我国，虽然从国策规定中无法导出主观请求权，但立法者在落实国策时可以选择赋予公民主观权利，这属于立法者的形成自由。

〔4〕 ［德］康拉德·黑塞：《联邦德国宪法纲要》，李辉译，商务印书馆2007年版，第21页。

形式出现。原则与规则具有明显的区别：规则属于典型的条件式结构规范，体现为"如果……则……"的模式，当存在条件性构成要件时，必然产生一个明确的法律后果；而原则却明显具有更为开放的结构，属于典型的结果式结构规范，通常仅明确一个目标并要求在可能的范围内最优化实现该目标，并不规定实现目标的具体途径和方法。[1]

内容上的抽象性导致国策属于具有全局性的规范，并非局限于某一地区，而通常适用于整个国家。即使某些国策表面看来主要针对特定的地区，其对整个国家也具有重要意义。此外，国策针对全部国家权力而非某一特定国家机关或国家权力。此外，较之于法律层面的政策性规定，宪法国策规定往往涉及更加长期和稳定的政策。随着经济、社会和文化框架条件的变迁，同一国策目标可能会对立法者不断提出新的要求。为了努力实现制宪者所期待的状态，立法者在必要的情况下需要不断采取相应措施。

需要注意的是，抽象程度的不同未必影响国策的性质，国策之间经常存在包含与被包含的关系。[2]举例来讲，我国《宪法》中社会主义制度的规定包含国策成分，该国策极为抽象，包含了若干其他国策，第14条第4款关于社会保障制度的规定便是其中之一，社会主义原则的内涵可以在很大程度上从被其涵盖的国策中探寻出来，从而指引立法者对社会主义原则的内涵进行填充和形成。然而这些被社会主义原则涵盖的规定无法穷尽其内涵，社会主义原则具有更广阔的范围和更大的开放性。正因为此，其更

---

〔1〕 Jocrg Bogumil/Werner Jann, Verwaltung und Verwaltungswissenschaft in Deutschland: Einführung in die Verwaltungswissenschaft, 2. Aufl., Wiesbaden 2009, S. 152 f. 阿列克西将法律规范划分为原则和规则，而德沃金则将其划分为政策、原则和规则。但正如王锴、刘犇昊所述，德沃金与阿列克西的观点并无本质区别。参见王锴、刘犇昊：《宪法总纲条款的性质与效力》，载《法学论坛》2018年第3期。

〔2〕 不同观点参见宁凯惠：《我国宪法序言的价值构造：特质与趋向》，载《政治与法律》2019年第6期。

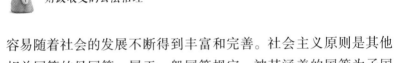

容易随着社会的发展不断得到丰富和完善。社会主义原则是其他相关国策的母国策，属于一般国策规定，被其涵盖的国策为子国策，属于特别国策规定。通常来讲，应当优先适用更为具体的特别国策规定。

（二）我国宪法文本中的国策规定

1. 宪法序言和总纲中的国策

依据国策的概念和特征纵览我国《宪法》文本可以发现，我国宪法中的国策规定主要存在于序言和总纲当中。我国《宪法》在序言中阐明了祖国统一、民族、外交等国策。"总纲"部分除了关于社会主义制度的规定，还包含了民族（第4条）、法治（第5条）、经济（第6—8条、第11—12条、第14—15条）、自然资源（第9条）、教育（第19条、第23—24条）、科技（第20条）、医疗卫生（第21条）、文化（第22条）、人口（第25条）、环境（第26条）、社会（第28条）、国防（第29条）等各领域的诸多国策。

2. "公民的基本权利和义务"章不存在国策

不难发现，《宪法》第二章"公民的基本权利和义务"中同样存在符合国策概念和特征的规定。例如，第42条第2款规定："国家通过各种途径，创造劳动就业条件，加强劳动保护，改善劳动条件，并在发展生产的基础上，提高劳动报酬和福利待遇。"然而这些规定存在于基本权利条款特别是社会权条款之中，属于基本权利条款的组成部分，是制宪者对基本权利所对应国家任务的列举，不应被视为宪法中的国策规定。

3. 不存在未列举国策

国策具有实定法属性，但实定法规定并不必然意味着被宪法或法律明示。众所周知，我国《宪法》第33条的"人权条款"是未列举基本权利条款，所有未被宪法明示的基本权利均可能落入人权条款的范畴，而这些未列举基本权利同样具有实定法属性。那么在国策领域，是否可能存在未列举国策？答案是否定的。宪法的一个基本思想是：公民行使基本权利不需要提供任何理由，而国家限制基本权利则必须经过正当性论证。公民行使基本权利具有天然正当性，而整个基本权利体系又具有开放性，为了适应社会和科技的发展，基本权利体系的保护范围扩展至未明文列举的领域完全符合制宪目的。与此不同，国策并不具备天然正当性，落实国策一方面会为基本权利的实现提供政策保障，而另一方面又往往会导致国家权力的扩张，进而限制公民的基本权利。当落实国策的法律对基本权利构成限制时，同样应当经过正当性论证，这一论证责任不得被免除甚至倒置（详见下文）。因此，国策体系并不像基本权利体系那样具备开放性，宪法中的国策仅局限于明文列举的范围。

（三）国策效力的消极面向和积极面向

与基本权利和国家组织规定发挥效力的方式不同，国策旨在指引立法者朝着制宪者确定的方向和期待的状态前进。在发挥这一指引效力时，国策的功能可分为消极面向和积极面向：消极面向禁止立法不正当地采取有损于国策目标实现的措施，毕竟宪法要求国家保护和促进的价值，必然首先禁止国家不正当地损害；而积极面向则要求立法积极促进国策目标的实现。可见，国策并非在任何情况下均导致国家权力的扩张，至少在消极面向上可以同时发挥限制国家权力的作用。需要注意的是，立法者未积极形成国策本来就不必然意味着违反宪法。立法不作为是否违反国策取决于正当性论证的结果，主要取决于对立原则的应实现程度（详见下文）。

对于消极面向，有学者提出疑问：既然国策在很大程度上依赖于立法的形成，那么在立法尚未予以形成的情况下，如何判断某项法律规范是否有损于国策目标的实现？如果这一质疑成立，那么在立法积极作为之前，国策无法在消极面向上直接适用，而在立法积极作为之后，这一问题又将从宪法层面降至法律层面，涉及可能违背国策的法律与落实国策的法律之间的关系。照此，消极面向无论如何都不具备存在的可能。然而国策高度依赖于立法的形成并不会导致其无法在消极面向上发挥效力，国策并未具体规定立法者应做什么，并不等于国策完全无法指明立法者不应做什么，例如，生态文明的国策并未明确要求立法者应采取哪些手段，但却可以确定破坏生态环境的法律必然有损于该国策目标的实现。即使在判断立法是否有损于实现社会主义这一最具开放性的国策目标时，也并非在任何情况下均无法操作。虽然通常无法清晰准确地界定这类极度抽象的国策规制领域的外延，但借助于对社会主义这一抽象概念历史内涵的分析可以认定，若立法明显威胁到或损害了必然落入该国策规制领域内的宪法价值，如制定了促使贫富差异增大的法律，则可以认定该法律与社会主义这一国策目标背道而驰。

二、实现宪法国策的公法指引

在确定国策在两个面向上对立法发挥指引效力后，应探讨如何认定立法是否违反国策的问题，这涉及适用国策对立法进行审查的标准和强度。德国学者 Alexy 将作为框架秩序的宪法给立法者留出的余地称为结构余地（struktureller Spielraum），结构余地是宪法框架的真实边界。除了结构余地，还存在认识余地（Erkenntnisspielraum），认识余地并非存在于宪法框架中，而是来源于对宪法框架认识能力的局限性。当对客观存在的框架边界到底在哪里存在争议时，则产生认识余地。[1]若以立法者而非合宪性审查主体的认知为准，则立法者在结构余地之外还享有认识余地。可见，认识余地涉及立法机关与合宪性审查主体的关系。认识余地可能来源于经验性前提，也可能来源于规范性前提。[2]若

---

〔1〕　Robert Alexy, Verfassungsrecht und einfaches Recht-Verfassungsgerichtsbarkeit und Fachgerichtsbarkeit, VVDStRL 61（2001），7（27）.

〔2〕　Vgl. Robert Alexy, Verfassungsrecht und einfaches Recht-Verfassungsgerichtsbarkeit und Fachgerichtsbarkeit, VVDStRL 61（2001），7（27）.

对事实认定和预测决定存在争议，则涉及经验上的认识余地（empirischer Erkenntnisspielraum）；当对宪法中某一原则的内涵或重要性存在争议时，则涉及规范上的认识余地（normativer Erkenntnisspielraum）。国策的审查标准主要涉及实体法层面的结构余地，而审查强度则主要涉及功能法层面的认识余地。

（一）审查标准的建构

1. 消极面向

在消极面向上，立法有损于国策目标的实现并不必然导致违宪，其只是引发合宪性审查的前提条件。若立法与国策指引的方向背道而驰，则意味着立法所要实现的目标与国策存在冲突，立法最终是否违反宪法应取决于对立法目标与国策这两项对立原则的权衡结果，若应优先考虑前者，则有损于国策目标实现的立法可以被正当化，反之则违反国策。需要强调的是，在此并不考虑立法者是否具有相应的主观意愿，只要立法在客观上有损于国策目标的实现，就应接受正当性审查。

国策与基本权利具有本质区别，审查立法者是否侵害基本权利应适用比例原则，而审查立法者的积极作为是否违反国策并不存在类似于比例原则的模板式审查标准。在认定立法有损于国策目标的实现后，直接进入将立法目标与国策进行权衡的环节，较之于适用比例原则，该审查结果具有更为明显的个案依赖性。

若立法目标同样是被宪法要求的，例如，立法目标是保障和实现公民的基本权利，则该目标与国策之间的冲突属于宪法层面的原则冲突。若立法目标完全由立法者自己创设，并非宪法的要求，则在权衡时应当适度增加国策的权重。对于后一种情形，不得简单认为立法者创设的不具有宪法位阶的目标必然应当让位于具有宪法位阶的国策，正如在基本权利领域，假设不存在《宪法》第 51 条的规定，从理论上讲，纯粹由立法者创设的目标同样可以成为限制基本权利的理由，且该法律完全可能最终通过比例原则的审查。

对于具体的权衡过程，黑塞曾提出"实践调和"（praktische Konkordanz）理论，该理论主要适用于加入权衡的双方均为宪法原则的情况。依据该理论，对于受到宪法保护的法益，必须按照使所有法益都能够得以实现的原则来配置，不得草率地进行利益权衡或者抽象的价值权衡，原则上不得整体优先考虑某一方的法益而完全不顾另一方，即不得使一方法益成为另一方的牺牲品，而应将冲突的法益进行最优化的平衡，从而实现一种和谐的状态。[1]Alexy 认为，若规则之间存在冲突且不存在相应的例外规定，那么解决冲突的方法只有删除一个规则；如果原则之间产生冲突，不得普遍认定其中一项原则应优先适用，哪一项原则应优先适用取决于具体个案中的权衡结果，在此应适用"权衡法则"（Abwägungsgesetz），该法则要求对一项原则的非满足或损害程度越大，则满足另一项原则的重要性就应越大，[2]此时相互冲突的原则均不失效并继续作为法律秩序的一部分发挥效力。与实践调和理论不同，权衡法则并非仅针对加入权衡的双方均为宪法原则的情况，而是包含了一切原则冲突的情形。而针对宪法原则之间的权衡，则应综合运用实践调和理论和权衡法则。既然宪法并非一个完结和封闭的体系，而是具有明显的开放性特征，那么在适用实践调和理论和权衡法则时，合宪性审查主体不仅不得将目光局限于某一项规范本身，而且不得仅在某个点对彼此对立的价值

---

〔1〕 ［德］康拉德·黑塞：《联邦德国宪法纲要》，李辉译，商务印书馆 2007 年版，第 49~50 页。

〔2〕 Robert Alexy, Verfassungsrecht und einfaches Recht-Verfassungsgerichtsbarkeit und Fachgerichtsbarkeit, VVDStRL 61（2001），7（19）. 这一权衡法则被称为"实体上的权衡法则"。此外，Alexy 认为还存在"认知上的权衡法则"，即对基本权利介入强度越大，对介入前提的确定性要求就越高。Robert Alexy, Verfassungsrecht und einfaches Recht-Verfassungsgerichtsbarkeit und Fachgerichtsbarkeit, VVDStRL 61（2001），7（28）. 前者涉及审查标准，后者涉及审查强度。

和法益进行权衡，而应在整个宪法秩序和规范整体中对存在紧张关系的各项原则进行理性权衡。

2. 积极面向

与消极面向类似，积极面向同样涉及对国策和与其对立的原则进行权衡，即上文阐述的适用实践调和理论和权衡法则的一般审查标准。在权衡过程中，积极面向与消极面向会存在一些差异。下文首先就积极面向的一般审查标准展开分析。此外，虽然国策在积极面向上不应要求立法者采取某种最低限度的行为，立法者的决策空间不仅包括如何实现目标，而且还可能包括何时实现目标，但基于与消极面向的本质区别，在国策的积极面向上应当附加一些审查标准。下文同时将就此问题展开探讨。

（1）一般审查标准

表面看来，积极面向给立法者留出的决策空间应比消极面向更多，毕竟后者要求国家不作为，不作为的方式只有一种，而前者要求国家积极作为，作为的方式多种多样。然而事实并非如此，两个面向在此是否存在不同应取决于审查对象。如果说消极面向上的审查对象为立法者的特定作为，那么积极面向上的审查对象则是立法者的特定不作为，而非多种多样的作为。换言之，两个面向的审查对象均具有特定性，给立法者留出的决策空间并未因此而有所不同。事实上，如果立法不作为或者不充分作为有助于维护某一项原则，那么必然意味着在该原则与所涉及的国策之间存在冲突，立法不（充分）作为是否违反国策同样应取决于对二者权衡的结果，因此上文阐述的实践调和理论和权衡法则同样适用于此。

在消极面向上，立法者可能实现的是自己创设的目标，即并非被宪法要求实现的目标，因此消极面向可能涉及国策与非宪法层级法益的权衡。与此不同，在积极面向上，立法实现国策目标必然导致公共财政的支出，财政支出又涉及纳税人的私有财产权，因此私有财产权的规定构成对财政支出的约束。这意味着即使立法实现国策并未与宪法层级的其他法益产生冲突，也至少应顾及私有财产权，换言之，积极面向必然涉及具有宪法层级的原则之间的权衡。财政宪法中蕴含了可能性保留原则，该原则最初专指财政可能性保留，要求立法者在实现某一项宪法原则甚至行政者在执行某一项法律规则时，应当对引发的公共财政负担予以考量。当出现财政上"不可能"的情形时，某一项原则未实现或某一项规则未执行并不违反宪法或法律。[1]在此，财政上的"不可能"指的是"相对不可能"，而非"绝对不可能"，毕竟国家可以通过举借债务等手段将"绝对不可能"变为"相对不可能"。[2]在今天，可能性保留原则超越了财政宪法领域，具体包括法律上的可能和事实上的可能。在判断实现某一项原则是否具有法律上的可能性时，需要考量与之对立的原则并进行理性的权衡；而在判断是否具有事实上的可能性时，需要考量科学、技术等各方面的局限性对于实现某一原则的影响。由于财政可能性涉及财政领域的宪法原则，因此应被视为法律上的可能性而非事实上的可能性。健康的公共财政对于国策的实现极为重要，国家财力越有限，负债越多，宪法对立法者实现国策的要求就越低。

由于几乎每一项国策的落实均会增加财政负担，因此有学者担心立法者会以不具备财政可能性为由大范围摆脱宪法的约束，进而使宪法规范相对化并威胁宪法权威。[3]事实上，这一观点或是忽视了财政宪法的原则同样是宪法原则，即财政上的不可能属于法律上的不可能；或是建立在国策等具有原则属性的规范在任

---

〔1〕 Vgl. Horst Kratzmann, Verschuldungsverbot und Grundrechtsinterpretation, Berlin 2000, S. 135; Josef Isensee, VVDStRL 42（1984）, Aussprache S. 269.

〔2〕 在国家实施举借债务行为的那一刻，便已经达到了"可能性"的边界，否则将不存在"不可能"。

〔3〕 Vgl. Thorsten Kingreen／Ralf Poscher, Staatsrecht II-Grundrechte, 32. Aufl. Heidelberg 2016, Rn. 114.

何情况下均应完全实现的假设之上，混淆了原则和规则的区别，忽视了原则之间往往会存在冲突且本身具有相对性的特征。

与在消极面向上并不考虑立法者是否具有与国策目标背道而驰的主观意愿类似，在积极面向上，立法者的不作为或不充分作为是否具有维护某一项与国策对立的原则的主观意愿同样不影响权衡结果。此外，在权衡之前应当首先审查存在哪些相关法律规范，哪怕该规范的目的并非落实国策，只要其客观上可能发挥促进国策目标实现的作用，在审查时也应当予以考量。当存在其他配套法律时，则应对整体立法方案的效果进行综合考量。

（2）国策不存在必须实现的核心领域

有学者提出，立法不作为不得涉及国策的核心领域，否则应直接被认定为违宪。[1]这一观点不具备合理性，理由主要有两点。

第一，正如上文所述，宪法基本权利体系蕴含着一个基本思想——公民的基本权利虽有边界，但公民在行使基本权利时并不负有正当性论证义务，而国家限制公民的基本权利却必须经过正当性审查。正因为此，宪法才要求国家限制基本权利必须符合法律保留、比例原则等宪法原则。若认为国策存在立法者必须实现的"核"，则明显混淆了基本权利和国策的性质。立法者对国策的形成往往构成对基本权利的限制，若国策存在"核"，则不仅意味着立法者为了实现这个"核"而限制基本权利根本无需进行正当性论证，而且等于宪法要求立法者必须对基本权利作出某种程度的限制，这明显颠覆了立宪主义思想。即使在基本权利领域，无论是在防御权、保护义务还是给付义务功能中，宪法均未绝对禁止基本权利的零实现，国策则更应如此。换言之，对于国策的积极面向，立法者不应只能决定"如何形成"，而无法决定"是否形成"。

---

〔1〕　有德国学者针对国家目标规定提出这一建议，vgl. Clemens C. Hillmer, Auswirkungen einer Staatszielbestimmung„ Tierschutz" im Grundgesetz, insbesondere auf die Forschungsfreiheit, Frankfurt am Main 2000, S. 188.

第二，绝大部分国策与基本权利的抽象程度不同，对基本权利的规制领域相对容易界定，立法者主要负责对基本权利"具体化"，仅在设计保护方案等少数情况下才涉及立法"形成"，基本权利可能存在所谓的"核心领域"。而国策往往高度依赖于立法的形成，在多数情况下无法对国策的核心领域进行界定，以是否涉及核心领域为审查标准具有明显的不确定性。

（3）国策并未绝对禁止实现程度倒退

既然国策要求立法者形成制宪者期待的某一状态，那么若立法实现国策目标的程度倒退，是否必然违反宪法？事实上，国策并未绝对禁止立法实现程度倒退。首先，判断是否构成"倒退"是一项非常复杂的任务，无论是对当前的立法现状还是社会现状进行评估均极为困难，评估立法现状并不局限于分析和判断某一部法律的效果，而应对各种相关法律规范的整体效果进行考量，评估社会现状又不得不考虑客观环境的不断变化。此外，国策属于原则性规范，原则是优化要求，但要求优化并不等于在任何时间点都绝对禁止恶化，其实现程度取决于当下诸多法律上和事实上的可能性。国策蕴含着长期的目标，其本身具有极大的抽象性和流变性，将在某一特定时间点作出的评估作为在规范层面审查标准的构成要件并不合理。因此，国策并不要求立法在任何时期都要达到和维持某种特定的程度和水平，不应绝对禁止立法者暂时从曾经达到的某一水平上倒退，即不存在对落实国策的法律规范的存续保护。[1]特别是在对当前的财政状况进行评估之后，立法者可以随时调整对国策的形成方案。举例来讲，在财政极为紧张的情况下，通过立法降低社会保障水平并不必然违反《宪法》第14条第4款，否则基于对"禁止倒退"的顾虑，立法者即使在完全可能的情况下也不具备提高社会保障水平的意愿，毕竟这可

---

〔1〕 Daniel Hahn, Staatszielbestimmungen im integrierten Bundesstaat, Berlin 2010, S. 87.

能意味着未来会承受极大的压力和负担。当然这并不等于立法实现国策程度的倒退完全不受宪法的约束，这只意味着这一倒退并非绝对不具备宪法正当性，是否具有宪法正当性仍然取决于当前事实上特别是法律上的可能性，主要涉及与对立原则进行权衡的问题。

（4）附加审查标准

虽然与消极面向类似，国策在积极面向上的一般审查标准主要取决于对相互对立原则的权衡结果，但考虑到两种面向的本质区别，立法者在积极面向上的决策空间至少会额外受到四个方面的限制：

第一，立法落实国策应遵循辅助性原则。依据该原则，仅当社会不愿或不能实现国策目标或者实现程度和效果不及国家亲自作为时，国家才可能作为最后责任人根据必要性进行不同程度和方式的介入。辅助性原则的宪法依据主要存在于私有财产权条款和效率原则中。国家介入需要公共财政的支出，对纳税人的财产权构成限制，若在不动用公共财政的情况下同样可以甚至可以更好地实现国策目标，动用公共财政则无正当性。此外，我国《宪法》第 14 条第 2 款和第 27 条第 1 款明确规定了效率原则，在收益相同的情况下，公共财政支出得越少则越符合效率原则。可见，虽然国策不给立法者确定实现目标的途径和手段，但辅助性原则构成对立法形成自由的限制。在此虽然涉及国策的积极面向，但却同时蕴含了要求国家不作为。

第二，虽然国策留给立法者的决策空间可能达至允许立法者在当前完全不作为，但这并不适用于附带立法委托的国策。一般而言，制宪者将无法或不愿亲自规定的事项"委托"给立法者制定法律，例如，《宪法》第 15 条第 3 款规定国家依法禁止任何组织或者个人扰乱社会经济秩序，即属于附带立法委托的国策。这类国策至少要求立法者作为，立法者的决策空间仅局限于对实现国策目标的途径和方法的选择，并不包括对是否实现以及何时实现的选择。

第三，虽然落实国策存在于可能性保留中，但在财政有限的情况下，较之于并非由宪法明确的目标，立法和预算应适当优先考量国策目标的实现。

第四，既然国策高度依赖于立法形成，而行政机关主要负责执行法律，不得直接适用具有极大抽象性的国策规定，那么立法必须足够具体，从极为抽象的国策中规划出实现目标的途径和方法，甚至应设定具体任务。立法者即使给行政机关留出空间，也只能是裁量和解释空间，而不得是形成空间，即不得将内涵和价值填充的任务转交给行政机关，否则行政机关将替代或补充立法者来形成国策的内涵，从而参与立法的民主合法化过程，[1]这不仅不符合民主原则，而且违背了制宪者规定国策的初衷。

（二）审查强度的建构

如前文所述，诸多国策的共同作用不仅会影响公民基本权利的行使，而且会在很大程度上给立法者增加权衡任务并限缩立法决策空间，进而可能威胁到宪法的框架秩序特征。国策的适用不得导致宪法无法灵活应对社会变迁。除了建构涉及结构余地的审查标准，在一定程度上认可立法者享有认识余地并基于此建构审查强度，恰可以在确保国策发挥规范效力的同时维护宪法的框架秩序，进而将上述理论难题最大限度弱化。然而应如何构建审查强度？是否应对不同情形加以区分？下文将对此展开探讨。由于国策发挥效力的两种面向均涉及对彼此对立原则的权衡，因此可以将二者一并探讨。

1. 依据国策所涉及法益的重要性划分审查强度？

德国联邦宪法法院认为，所涉及的法益越重要，合宪性审查

---

〔1〕 照此，无论是合国策的解释，还是当存在不确定概念或概括性条款时适用的以国策为导向的解释，原则上均不应适用，除非在极少数情况下有必要由行政机关或司法机关填充法律漏洞。

的强度就越大，反之则应更多尊重政治决断。[1]然而，法益的重要性程度本身就应交给民主政治来判断。若合宪性审查主体对不同宪法规范的重要性作出不同判断并将其作为确定审查强度的依据，则意味着审查强度在很大程度上取决于审查者自身的价值评判，这构成对民主政治的不当干涉。

2. 依据国策所涉及的行为方式划分审查强度？

有学者通过语句中动词的措辞内涵与强度，将我国宪法中的国策分为倡导性国策、要求性国策和强制性国策。[2]然而，适用这些不同类别的国策进行合宪性审查的强度不应存在差别，因为这些规定之间的区别主要体现在国家行为方式上，而非效力或者重要性方面，对审查强度也不应该产生影响。在制宪者看来，某些国策基于其自身的特征更适合由国家通过"提倡"这一行为方式去实现，而非"实行"或"建立"，国家未实施"提倡"行为与未实施"实行"或"建立"行为在后果上并无差别，在审查立法者是否违反了倡导性国策时，立法者所享有的认识余地与审查是否违反要求性国策和强制性国策也不存在差别。

3. 依据作出可靠判断的可能性划分审查强度？

审查强度是否应在某种程度上取决于立法者和审查者各自形成充分可靠判断的可能性？若合宪性审查主体在知识和经验方面强于立法者，可以作出比立法者更为可靠的判断，是否便应较少认可立法者的认识余地，即采取较高强度的审查模式，反之则应更多认可立法者的认识余地进而采取低强度审查模式？不得忽视的是，审查主体是否可以比立法者作出更为可靠判断的问题本身就涉及主观判断，若这一主观判断由审查主体作出，则意味着在

---

〔1〕　Vgl. BVerfGE 18, 315 (331). 起源于德国联邦宪法法院的审查密度理论与此一脉相承。

〔2〕　参见殷啸虎：《对我国宪法政策性条款功能与效力的思考》，载《政治与法律》2019 年第 8 期。

个案中审查强度仍然由审查主体自身来决定。事实上，确定审查强度的一个重要目的恰是约束审查主体自身，审查强度的确定应当遵循某种客观标准，而非审查主体的主观判断。

4. 依据审查内容的性质划分审查强度？

在基本权利领域，适用比例原则审查立法时可以根据审查内容的性质适用不同的审查强度。然而这一观点不应照搬至国策领域。表面看来，适用国策规定的合宪性审查仅涉及将相互对立的若干项原则进行权衡。但实际上在权衡过程中蕴含了对诸多变量的判断和考量，特别是对立法实现国策的程度和效果的考量，以及实现国策的立法对与该国策对立原则产生消极影响的判断。在这一过程中，根本无法将事实认定、预测决定和价值评判进行切割，从而无法依据审查内容清晰区分审查强度。

5. 应依据国策规定的抽象程度划分审查强度

抽象程度不同的国策在审查强度上是否应有所不同？一般而言，国策的抽象程度会影响立法者的认识余地。国策越具有开放性，对于应如何进行事实认定、预测决定，尤其是应如何形成规范内涵并赋予其何种程度的意义和价值就越具有不确定性。既然国策高度依赖于立法形成，那么国策所蕴含的各种不确定因素越多，立法者所享有的认识余地就应越多，审查的强度就应越低。照此，较之于抽象程度接近于基本权利的国策，那些规制对象的内涵和外延都极为模糊的国策给立法者留出的认识余地明显要更多。然而应当注意的是，无论在消极面向还是积极面向上均涉及国策与对立原则的权衡，国策仅作为权衡的一方发挥作用，确定审查强度还应当同时考量对立原则的抽象程度，特别是当对立原则同为国策时。通常来讲，只要有一方是极为抽象且未经立法形成的国策，就应采取低强度的审查模式；若加入权衡的一方为已经由立法予以形成的国策，另一方为抽象程度较低的国策，则可以适度提高审查强度。

在消极面向上，加入权衡的一方是立法旨在实现的目标，该目标可能是宪法中的其他国策目标，也可能是非宪法层面的目标，但不管实现何种目标，均是已经被立法形成和具体化的原则；而加入权衡的另一方是尚未经过立法形成的国策，审查主体不得不直接适用该国策并将其加入权衡，在权衡过程中，审查主体绝对不得替代立法者去形成国策。若该国策的抽象度极高，则应选择低强度审查模式，仅当立法者的认定、预测或权衡错误一望即知，如根本没有意识到该国策的存在或者在权衡过程中明显漠视了该国策的作用和意义且这一错误对权衡结果可能具有决定性影响时，才可认定立法者违宪。在此，举证责任应当归于合宪性审查主体。若该国策的抽象程度较低，则审查强度应适当增加，立法者应在可获取的事实基础上作出合理判断。

在积极面向上，当审查对象为立法完全未作为时，若与所涉及国策对立的原则同样为未经立法形成的国策，审查主体则应选择低强度审查模式；而若审查对象为立法未充分作为，与其对立的原则抽象程度较低，则应适度增加审查强度。

综上所述，只有国策规定的抽象程度会影响审查强度，其他因素均不应构成对审查强度的影响。

（三）通过程序弥补国策的效力？

针对基本权利，德国联邦宪法法院发展出来了通过程序保护基本权利的理论。[1]在今天，通过程序规范来弥补实体规范的不足早已不再局限于基本权利领域。在行政法领域，随着社会和科技的飞速发展，法律的规制对象愈发复杂和不确定。若法律规定非常具体和明确，则往往无法适应社会的变迁和科技的发展。因此，立法者或者越来越多地使用不确定概念，进而给行政机关留出解释和评判空间，或者直接给行政机关留出裁量空间，甚至经

---

〔1〕　BVerfGE 24，267（401 f.）.

常以结果式结构规范替代条件式结构规范，即仅规定立法者所期待的目标，而将实现目标的手段完全交给行政机关，这必然导致法律的约束力和调控力逐渐减弱。而在行政程序中，加强公民参与和监督机制已经成为弥补实体规范约束力和调控力不足的重要手段。较之于事后审查模式，程序保护属于预防性手段，旨在确保实体规范的法益得以实现或者指令得以执行。

一般认为，越是抽象且具有结果式结构的实体规范，其约束力和调控力越是不足，便越需要通过程序规范予以弥补。国策恰具有抽象性特征，属于典型的具有结果式结构的实体规范，那么是否应通过设定某种法律程序来增强国策的规范效力？例如，是否应通过前置程序确保立法者对相关国策给予了必要的关注，对相关事实进行了必要的调查且与对立的原则和法益作了认真理性的权衡？甚至是否应课以立法者论证和说理义务并在必要时设立专家咨询制度，使整个决策基础更为科学、立法程序更加透明，从而有利于公众监督？

在行政法领域，立法者本应尽可能对行政活动进行约束，努力使行政活动不脱离代议机关的控制，这是宪法民主原则和法治原则的要求。当实体法律的约束力和调控力不足时，理应通过设计行政程序加以弥补。但宪法和立法的关系不同于立法和行政的关系，立法机关并非宪法的执行机关，宪法应作为框架秩序发挥作用，而非尽可能严格地约束立法，宪法对民主政治空间的尊重恰是民主原则的要求，这一点在国策问题上体现得尤其明显。国策发挥着指引效力并高度依赖于立法的形成，这是国策本身的特征，也是制宪者为了应对高度复杂的现代社会及其变迁而将国策写入宪法的目的。一般而言，通过程序规范进行弥补的范围和程度不得超越实体规范自身要求的边界，毕竟程序规范依托于且服务于实体规范。换言之，通过设计程序来加强国策的效力不得改变国策发挥效力的方式，不得与制宪目的相悖。

第四节　应急预算法治与《预算法》的完善

随着我国步入风险社会，完善应急预算法制已经成为国家应急管理的重要课题。事实上，2003 年非典、2008 年汶川地震以及 2019 年新冠疫情都充分表明，与正常状态下的公共预算不同，应急状态下的财政预算极具紧迫性和不确定性，从法制层面对应急预算进行规范业已成为成熟法治国家的普遍做法。我国现行《预算法》对应急预算问题涉及得不多，为有效应对突发应急事件有待进一步完善。

一、应急预算制度的现实讨论

应急财政供给失范和供给不足往往是应急预算的主要问题。"供给失范"是指应急预算权力的行使缺乏规制，财政资源供给的实效性欠缺，相关主体的财政应急职责不清；"供给不足"则是指应急预算在财政供给规模以及供给的及时性上无法满足应急需求。为解决供给失范和供给不足的综合问题，应急预算机制应着力从几下方面摆脱现实困境。

（一）应急预算机制运行有待进一步畅通

1. 应急预算权力的运行须加强监督

应急状态意味着法治秩序的切换，权力行使往往会改变正常的法律秩序，违背既定或常态下的法治原则，[1] 为此必须加强权力监督。事实上，对应急预算的监督更具必要性。此时国家财政的投入科目更为复杂、投入周期更为长久、投入总量也相对庞大，而政府对于这些要素的判断往往拥有较大的自由裁量权。在应急效应的影响下，实践中政府集预算编制权、预算调整权与预算执行权于一身，这其中缺乏刚性监督机制是问题的关键所在。具体

---

〔1〕　江必新：《紧急状态与行政法治》，载《法学研究》2004 年第 2 期。

到我国，应当为人大介入应急预算提供健全的机制保障。

2. 预备费的财政供给能力须提升

预备费作为法定应急资金，如能在新时代重新厘定其工具定性、财政地位以及构成要素，可助力高效应对突发公共事件，建立健全我国应急预算体制。[1]

就当前我国预备费的财政供给是否满足"足量"这一要求：一方面，预备费的提取比例较低，现行法定提取额度是同级政府预算支出额的 1%—3%，实践证明，解决较小的财政应急需求尚可，一旦面临等级较高、波及范围较大的重大突发公共事件，该额度的预备费供给就会显得捉襟见肘。另一方面，流量式的管理体制需要革新，我国预备费主要采取流量式的管理模式，相关金额只能用于本年度的突发公共事件，即使有结余也不能在年度之间进行调度和平衡，[2]因为下一年又需要重新起算。

总体而言，这种管理模式较为机械，且缺乏管理的持续性，大大限缩了预备费的滚存和累积。

3. 应急预算的财政供给效能须提高

第一，对应急预算的功能边界缺乏考量。政府在应急管理过程中多以一种全能主义理念来回应应急财政需求。虽然该模式具有在短时间内发挥出财政集聚效应的优势，但其劣势在于缺乏对国家投入与市场投入的充分考量。如果一味忽视市场机制在应急过程中的积极作用，很可能会增加国家的财政负担，并且不利于应急财政的高效和精准供给。

第二，对应急预算的产出重视不足。政府应急财政供给更注重以保障财政资金的安全稳健运行为目的，对投入与产出这一比

---

[1] 邹新凯：《应对突发事件的财政预备费：制度反思与类型化补正》，载《中国行政管理》2020 年第 10 期。

[2] 温海滢：《论我国突发性公共事务的财政投入方面存在的问题与对策》，载《经济纵横》2006 年第 7 期。

率关系的考查没有足够的关注。这种投入导向型的财政供给很可能会使应急预算呈现出低效率、低效益以及供需失衡的面貌。

4. 应急性的预算调整机制须完善

人大对于预算的审查批准是有既定效力的，"预算一经权力机关审查通过，即具有法律约束力，政府必须严格执行，非经法定程序不得变更。"〔1〕一般而言，各级政府对于必须进行的预算调整，需要编制预算调整方案，之后这一预算调整方案还必须提请本级人大常委会进行审查和批准，未经批准，则不得调整。

但应急状态不同于平时。由于其紧急性，相应的财政应急资金项目较之于平时更加复杂，收支范围也更加庞大。现有机制可能很难在短时间内完成对所有应急预算调整的审查和批准，以至于存在违背预算完整性原则、不利于对预算权力监督的风险。

5. 央地应急财政责任体系须明晰

明晰央地应急财政责任是提升国家应急治理能力的关键举措。世界上大多数国家都明确了央地应急财政责任的分担比例，如日本业已在立法中明确了有关国土开发费、保全费以及自然灾害恢复重建费用的央地责任为中央负担27%，地方负担73%。〔2〕若央地之间的财政应急责任较为模糊，这不但将大大加重中央的财政负担，降低地方财政应急的主动性，而且也难免在无形中削弱了公共危机的处理合力。

（二）应急预算法制供给须加强

应急财政的供给失范和供给不足并非无源之水，很大程度上都是应急预算法制的供给不足所致。当前我国的应急法制相关内容基本分散在《预算法》、财政政策以及相关应急法律之中。

---

〔1〕 华国庆：《预算民主原则与我国预算法完善》，载《江西财经大学学报》2011年第4期。

〔2〕 秦锐：《财政公共危机管理的财政保障研究》，财政部财政科学研究所2013年博士学位论文。

1.《预算法》层面的法制供给

作为调整国家财政收支行为的基本法，当前《预算法》财政应急理念体现可能不到位，相关规定须从诸如"预算监督""预备费""预算绩效"等条款中加以引申，且或多或少存在着法制供给不足的问题。

第一，关于"预算监督"条款的约束力。现行《预算法》的监督条款遍布多个章节，其中第九章更是专门以"监督"为名对预决算的监督内容进行了系统规定。然而，这些条款并未对正常状态和应急状态下的预决算行为加以区分，可能导致相关监督条款发挥应有效力时受阻。以第 86 条为例："国务院和县级以上地方各级政府应当在每年六月至九月期间向本级人民代表大会常务委员会报告预算执行情况。"这一条款是对正常状态下预算执行的监督，若应急状态出现于这一时期内，人大的监督就很可能会显得力有不逮。

第二，关于"预备费"条款的灵活性。《预算法》第 40 条规定："各级一般公共预算应当按照本级一般公共预算支出额的百分之一至百分之三设置预备费，用于当年预算执行中的自然灾害等突发事件处理增加的支出及其他难以预见的开支。"一方面，就提取比例而言，该条款将预备费的提取比例限制在 1%—3% 这一较狭小的空间内，难以应对预备费有限性与突发事件不确定性之间的张力；另一方面，就预备费的流动性而言，该条中的"当年"二字将预备费的适用时间严格限定于本年度，这种较为机械的时间设定难以获得预备费供给的持续性效益。

第三，关于"预算绩效"条款的实效性。重视财政绩效是《预算法》的重要追求，《预算法》第 12 条、第 32 条、第 49 条、第 57 条以及第 79 条等普遍蕴含着对预算实效性的考量。然而，相关"绩效目标"以及"绩效评价"等更多面向常态下的财政预算，很难从中探寻应急预算的绩效评估标准并阐释国家投入与市场投入这一比例关系。

第四，关于"预算调整"条款的应急性。《预算法》第七章对于应急状态下的预算调整行为可能关注不足。以《预算法》第69条为例，其强调各级政府预算调整初步方案必须要在人大举行会议审查和批准调整方案30日前提交初步审查。但鉴于突发公共事件的不确定性，这一时间上的硬性规定容易扩大常规性预算调整程序与紧急性财政应急需求之间的张力，并进而导致政府处于两难的尴尬境地。若应急性预算调整机制缺乏将使得应急财政的规范供给和高效供给之间矛盾重重。

第五，关于"央地预算收支项目划分"条款的责任比例。《预算法》第29条规定："中央预算与地方预算有关收入和支出项目的划分、地方向中央上解收入、中央对地方税收返还或者转移支付的具体办法，由国务院规定，报全国人民代表大会常务委员会备案。"尽管该条款将具体的财政收支项目划分权力交由了国务院，但国务院尚未专门出台调整央地财政应急责任的规定，当前多由财政部在应急期间进行临时性的政策调整，但财政部所颁行的政策文件关于央地应急财政责任划分的法定性和权威性相对不足。更重要的是，截至目前，很难从既有财政政策中探寻出一套清晰可循的责任分担方案。

2. 财政政策层面的法制供给

立法层面的法制供给不足将使得一旦发生突发公共事件，应急预算往往无规可循，如此可能导致大量临时性财政政策的出台。以2019年末爆发的新冠疫情期间为例（如表8-1所示），这些临时性财政政策的文件层级往往较低，但调整的内容十分广泛。用临时性的财政政策来调整应急预算行为虽然更具灵活性和时效性，但这些政策的制定主体、制定程序以及调整内容难以保证法律严谨性和规范性的品质。同时，在这种政策规制的背景之下，政府就同时扮演了规则制定者与规则执行者这两个角色。

表8-1 新冠疫情期间部分应急财政政策统计

序号	文件名称	调整事项	制定部门	位阶
1	财政部、国家卫生健康委关于新型冠状病毒感染肺炎疫情防控有关经费保障政策的通知（财社〔2020〕2号）	患者救治费用补助政策、临时性工作补助、治疗经费等	财政部、国家卫生健康委员会	规范性文件
2	财政部关于做好新冠肺炎疫情防控资产保障工作的通知（财资〔2020〕4号）	行政事业单位疫情防控资产管理工作	财政部	规范性文件
3	财政部关于中央预算单位预算执行管理有关事宜的通知（财库〔2020〕5号）	中央预算单位预算执行管理	财政部	规范性文件
4	财政部、发展改革委、工业和信息化部、人民银行、审计署关于打赢疫情防控阻击战强化疫情防控重点保障企业资金支持的紧急通知（财金〔2020〕5号）	强化疫情防控重点保障企业资金支持	财政部、国家发展和改革委员会、工业和信息化部、中国人民银行、审计署	规范性文件
5	财政部关于进一步做好新型冠状病毒感染肺炎疫情防控经费保障工作的通知（财办〔2020〕7号）	经费保障目标、经费统筹、调度拨付资金、物资保障、资金监管、新闻宣传等	财政部	规范性文件
6	财政部、税务总局关于支持新型冠状病毒感染的肺炎疫情防控有关捐赠税收政策的公告（2020年第9号）	捐赠税收政策	财政部、国家税务总局	规范性文件

3. 应急法律层面的法制供给

除此之外，部分应急法律，如《突发事件应对法》《传染病防治法》《动物防疫法》《突发公共卫生事件应急条例》等法律、行政法规偶尔也会涉及应急预算的内容。但相比于《预算法》和财政政策，这些内容普遍较为分散，基本上是以单项条款形式出现并采取"纳入本级预算""保障实施经费"等抽象性表述，如《动物防疫法》第 83 条规定："县级以上人民政府按照本级政府职责，将动物疫病的监测、预防、控制、净化、消灭，动物、动物产品的检疫和病死动物的无害化处理，以及监督管理所需经费纳入本级预算。"但纳入本级财政预算的标准为何？具体又该如何进行操作？这些关键要素可能不甚清晰，致使其难以为应急预算实践提供明确指引。

可见，通过对《预算法》、财政政策以及相关应急法律进行梳理，未来我国应急预算机制应严格围绕《预算法》进行规范建构，促使应急预算在编制、审查、执行、监督的每一个环节都有法可依。

二、我国应急预算法制建构的基本原则

应急预算法制建构是一个系统工程，只有在预算规范化、预算实效化以及预算层次化原则的指导下，才能促使应急财政供给失范和供给不足等重大问题得到根本解决。

（一）预算规范化：规范应急期间的预算权力运行

在法治国家建设过程中，法律业已被嵌入到国家权力的整体运行当中，始终扮演着控制与规范国家权力的重要角色，即使是应急状态下的国家权力也不例外。为此，预算法制必须将规范应急预算权力作为重要的价值诉求。

应急预算作为应急期间的财政保障机制，往往被要求更高的应急响应能力，快速、精准、有效地完成财政供给，以此保障应急资源的充足供应。然而，应急状态往往意味着对既有安定秩序的打破，如果缺乏明晰的法律规范体系的约束，应急预算很可能

会对法治秩序造成冲击。为此，面对应急预算这种非常态下的财政保障机制，应急预算法制必须辅之以规范性的要求，通过授权性规范、义务性规范以及禁止性规范，建立一个强有力的监督责任体系，从而确保应急预算权始终在法定框架内运行。同时，除了保障应急预算本身的合法性之外，应急预算法制还必须对立法、行政与司法机关之间和国家与市场、公民之间的关系进行协调，因为紧急状态不同于平时，不同主体所扮演的角色是不一样的，法律必须对这些角色进行提前安排和预设[1]。

总之，只有将应急预算主体的权责进行清晰明确的定位，厘清应急预算法律关系中政府权力的边界，才能使预算主体权力、义务和责任的分配达到均衡，形成一个能保障预算规范运行的预算制约和监督体系，促使预算规范维度得以真正实现。[2]

（二）预算实效化：足量精准的财政供给能力

在应急预算权的具体行使过程中，财政资金有限性与应急需求不确定性之间的张力决定了应急预算必须讲求实效，且这份实效必须上升到法制层面予以确认和保障。

一方面，预算实效化意味着应急财政的足量供给。在风险应急状态下，财政作为"蓄水池"的意义是抵御公共风险，为应对相关社会风险争取时间。[3]这就要求应急预算法制必须将财政的足量供给作为制度安排和设计的重要考量因素，避免因为财政供给不足而导致风险和灾害进一步扩大。另一方面，预算实效化还意味着应急财政的精准供给。粗放型的财政供给只会造成国家资

---

〔1〕 王久平：《尊崇法治理念　科学构建应急管理法制体系——应急管理法律与政策研究基地主题沙龙综述》，载《中国应急管理》2020 年第 1 期。

〔2〕 蒋悟真、郭创拓：《论预算治理的三重维度》，载《东岳论丛》2017 年第 8 期。

〔3〕 刘尚希、李成威、杨德威：《财政与国家治理：基于不确定性与风险社会的逻辑》，载《财政研究》2018 年第 1 期。

源的低效和无序，越是在应急状态下，就越应该保障财政支出的精准输送。基于宪法效率原则的要求，应急预算法制必须对如下内容进行考量：其一，最大化原则，同样的消耗可否获得更多成果；其二，最小化原则，所获得的成果可否通过更小的消耗来实现；其三，是否应当限缩目标，即限制行为活动，进而减少消耗；其四，是否应当通过增加消耗来增扩目标，即扩大行为活动。为此，应急预算法制必须追求应急消耗与应急成果的最佳比例，借助以成果为导向的绩效评估体系，有效提升应急财政的产出效益。同时，应急预算法制还必须要科学定位应急预算的功能边界，妥善处理好国家投入与市场投入这一基本关系，以促使应急资源配置最大限度地与应急需求相匹配。

（三）预算层次化：高效清晰的应急财政体系

法律本就是面向秩序而设定的规则体系，相比于国家权力直接冲破法治，在前期通过法律的安排和设计建立一套高效清晰的应急预算体系，反而更能够增强应急预算法制的稳定性、公开性和可预期性等特质，而这也是预算层次化原则的初衷所在。

在预算法制层面，预算层次化原则表现为一个机动灵活、层次分明的财政应急体系。机动灵活是指在应急期间，面对公共风险和财政需求的多变性，法律除了设置常态性的预算机制以外，还要新增机动性的预算机制以保证应急期间的财政供给，其目的在于有效化解因为职权有限性和程序严谨性所导致的财政供给不及时。一般情况下，其可以借助应急性的授权机制或者程序补正机制得以实现。例如，新冠疫情期间，部分地方人大常委会通过出台决定，授权地方政府可以在医疗卫生、防疫管理等特定领域采取临时性应急行政管理措施，并依法报同级人大常委会和上一级人民政府备案，[1]这

---

[1] 林鸿潮、周智博：《地方人大常委会紧急性授权的合宪性考察及其完善》，载《贵州社会科学》2020年第10期。

种紧急性授权同时确保了权力灵活性与规范性，某种程度上与预算层次化原则有异曲同工之妙。

层次分明是指在预算法制中应根据应急区域、应急等级和应急阶段的不同，设置配套性的应急预算机制。法律通过将应急预算机制层次化处理，可以保障各类预算行为主体在法定的预算层级内活动，减少因为职责混沌所引发的推诿和低效。其中，应急财政责任的层次分明就是预算层次化原则的重要体现，通过完善国家应急财政责任结构，厘清中央与地方之间、上级与下级之间、同级地方以及同级部门之间的财政责任，有利于在最大程度上形成危机处理的制度合力。

三、《预算法》的完善建议

《预算法》作为调节国家财政收支的基本法，最有资格来诠释应急预算法制的目标和归宿。基于此，本书认为有必要在预算规范化、预算实效化以及预算层次化原则的指导下，对《预算法》进行配套完善。

（一）强化人大对应急预算权的监督

根据预算规范化原则的要求，必须建立一套健全的应急预算监督法律体系，其本质是利用法律的刚性特征来严格规范政府的财政收支行为。[1] 这就要求全国人大常委会通过法律解释机制，在现有《预算法》监督条款的基础上，细化人大对于预算的监督规定。

第一，明确对应急预算监督的立法理念。全国人大常委会有必要对《预算法》中"监督"二字的语义进行必要阐释，确保将应急预算权力纳入到人大监督的框架秩序之内。例如，通过法律

---

〔1〕 王孝勇、郭智勇：《预算民主——公共权力制约的新视角》，载《理论导刊》2010年第7期。

解释申明："根据预算完整性原则，本法所指的'监督'既包括对正常状态下政府预决算行为的监督，也包括对应急状态下政府预决算行为的监督。"

第二，突出对应急预算监督的重点内容。其一，明确人大对应急预算投入周期的监督，即应急预算在时间维度上并非持续永久，而是具有暂时的特性，人大对于应急预算的启动和终止必须享有界定权，不能任由政府把控，以避免因为应急预算启动和终止不及时而造成的权力恣意。其二，明确人大对于应急预算投入总量的监督，即应急预算在投入总量上并非任由政府裁量，每一份应急财政投入都需纳入人大监督的范围内，不能以应急为名而脱离人大监督视野。

第三，建立对应急预算监督的协同机制。《预算法》第83条、第87条、第88条、第89条分别对应人大监督、政府监督、财政部门监督以及审计部门监督，全国人大常委会应针对上述单元式的监督条款进行综合解释，即明确各级人大要协同各级政府、财政部门、审计部门以及监察部门等建立协同配合机制，以形成监督的制度合力。

（二）增强预备费的财政供给能力

一方面，适当提升预备费的提取比例。事实证明，最高3%的预备费提取比例很难应对复杂多变的突发公共事件，我国必须将这一比例加以适当提升。考虑到风险社会背景下突发公共事件的复杂性和不确定性，本书建议可以适当将预备费的提取比例调整为1%—10%。需要注意的是，这并非简单的"一刀切"，而是建议采取一种弹性预备费提取模式，各地方完全可以在这一幅度内根据本地应急需要自行决定提取比例，这不但会有效提升预备费的财政供给能力，同时也有利于增强地方应急的自主性和积极性。

另一方面，建立基金式的预备费管理模式。流量式的预备费管理模式使得上下年度之间的财政连贯性被强行破坏，明显不利于预备费的滚存和累积。或可施行基金性质的预备费管理模式。[1] 在这种模式下，各级政府除按本级支出额设置一定比率外，还可以对当年的预算超收收入和财政盈余进行下一年度的转移，从而实现预备费的持续累积。考虑到基金式管理模式的科学性，《预算法》在适当契机内将这一模式加以引入，可以增强预备费的财政供给能力。

（三）提升应急预算的财政供给实效

第一，科学界定应急预算的目标。明确应急预算的功能边界，借助市场投入减少国家资源消耗是提升预算供给实效的有力举措。实际上，面对突发公共事件，政府、市场、公众的利益具有明显的趋同性，相较于国家独自承担所有应急财政需求，市场机制能够用更低的成本完成公共应急资源的储备和供应，通过价格机制实现应急资源的合理分配和流转。[2] 为此，如果市场或者社会力量有意愿且有能力完成某项公共任务，国家就可以适当减少投入或者与市场进行积极合作。这就要求在《预算法》中适当转变全能型的财政投入理念，科学界定应急预算的目标范围，主动在国家力量之外寻求资源补充，从而形成一个融政府、市场和社会于一体的、多元化的应急财政保障系统。

第二，强调应急预算的产出效益。唯有注重应急预算的产出效益，强调财政投入的社会效益，才更加符合预算实效性原则的考量。这就要求《预算法》将财政投入与应急治理效果相结合，围绕应急预算进行绩效评估，实现"投入—产出"的最佳比例。在这其中，绩效评估体系的科学性是检验政府绩效评估结论有效

---

〔1〕 马蔡琛、隋宇彤：《预算制度建设中的财政预备费管理——基于国际比较的视角》，载《探索与争鸣》2015年第10期。

〔2〕 林鸿潮：《公共应急管理中的市场机制：功能、边界和运行》，载《理论与改革》2015年第3期。

性的重要基础，直接关系到绩效评估的实施效果。[1]为此，必须在《预算法》中建立一套专门适用于应急预算的绩效评估体系，让应急财政资金落到实处。比较合适的路径是对《预算法》第12条进行解释，将诸如应急目标产出、应急效果反馈、应急服务品质、民众满意度等统一细化为应急预算绩效考核的重要指标，从而有效地增强绩效评估的可操作性。

（四）建立应急性的预算调整机制

设立特定的预算调整和补正机制是当代多数法治国家和地区的普遍做法。以日本为例，日本的财政应急预算分为原初预算和补正预算两类，原初预算起着类似于预备费的作用，用来满足较小的财政应急需求。一旦因为事态严重而使原初预算告急，便需要启动补正预算机制来紧急提供应急资金。补正程序相比较一般的预算调整程序更为简单，足以在短时间内完成对预算的追加或变动。[2]

然而，制度的设计必须要与本国的宪法体制相契合，根据预算层次化原则，我国比较稳妥的办法是在《预算法》中建立应急状态下的财政授权机制，赋予中央和地方政府一定数额内的预算调整权以用于财政应急。期间，政府先向同级人大常委会进行备案，待应急状态结束之后，再要求政府于人大会议期间作出应急性预算调整的报告说明。人大则需对政府的应急性预算调整行为进行合法性审查和绩效评估，同时根据情况决定是否进行追责。这种应急性预算调整程序实现了从事前审查批准到事后备案监督的转变，既解决了预备费供给不足的问题，也有效避免了正常的预算调整程序流于形式，在事实上保障了人大对应急预算调整的审查批准权。如此，今后我国应急预算就可以按照"预备费—正

---

〔1〕　何文盛、廖玲玲、王焱：《中国地方政府绩效评估的可持续性问题研究——基于"甘肃模式"的理论反思》，载《公共管理学报》2012年第2期。

〔2〕　滕宏庆：《我国应急预算法制化研究》，载《政治与法律》2011年第11期。

常预算调整程序—应急性预算调整程序"的顺序依次展开应急财政供给。鉴于这是一个新设的授权机制,业已超过了法律解释的功能边界,因此应考虑在适当时机通过《预算法》修改加以实现。

(五) 明晰中央和地方的应急财政责任体系

全国人大常委会应通过法律解释机制,综合受益辖区、应急阶段、应急等级等特定标准对央地之间的应急财政责任进行明确划分,这也是预算层次化原则的直接体现。

第一,根据受益辖区来确定央地应急财政责任的划分。基于公平负担原则,公共产品的供给主体应当由受益范围来决定。为此,地方政府只需要对本行政辖区内的突发公共事件承担应急财政责任,对于超越本行政辖区之外的或者跨区域性质的突发公共事件,则需要由中央政府承担主要的财政应急责任。

第二,根据应急阶段来确定央地应急财政责任的划分。不同的应急阶段,财政支出项目、支出数量以及支出紧急性有着明显区别,中央和地方的财政应急责任也理应有所不同。在事前预防和事后恢复阶段,支出项目较为固定,支出数量相对可控,支出时间也相对宽裕,地方完全有能力来应对这些财政需要,理应承担主要责任,中央只需要承担补充责任即可。然而,事中处置阶段的财政应急责任往往是不可控的,其需在最短的时间内完成支出项目繁杂、支出数量庞大的财政供给,地方很容易出现财政告急,此时,由财政力量雄厚的中央来承担主要应急责任则相对更为稳妥。

第三,根据应急状态的等级来确定央地应急财政责任的分担比例。澳大利亚围绕两条"预算控制线"将财政应急投入划分为不同的等级,一般情况下,财政投入的等级越高,联邦政府财政援助责任就相应越大,反之亦然。[1]这种将财政投入比例与财政

---

[1] 崔军、杨琪:《政府间应急财政责任分担机制的借鉴与启示——基于美国和澳大利亚的经验》,载《中国行政管理》2013 年第 5 期。

责任比例相匹配的制度设计，有效实现了风险责任的正常转移与分散。对此，我国或许可以在应急等级与中央应急财政责任之间建立一种正相关的关系，从而促使中央和地方能够迅速依据应急等级选择弹性的财政责任分担模式，避免地方对中央援助的过分依赖。

健全的应急预算法制是规范国家应急预算、保障应急财政合法高效供给的基石，更是国家治理体系和治理能力现代化的重要表达机制。在依法治国的背景下，我国应严格遵循预算规范化、预算实效化以及预算层次化的基本原则，系统解决应急财政供给失范和供给不足等重大问题。《预算法》的完善只是应急预算法制建设中的一环，在此之后，国家应急领域立法以及国家财政政策的配套完善也需要逐步展开。总之，唯有依托于健全的应急预算法制体系，才能将国家应急预算融入法治轨道。

第五节　小结

本章对宪法控制国家财政支出活动的四个实体问题进行了介绍与分析。这些问题虽然并不能完全概括财政支出的全部领域，但其具有宪法属性，且圈定了特定事务实现程度判断标准，因此可以为建设国家财政支出法治提供有效指引。

首先，在财产权限制的救济问题上，与征收类似，立法者基于财产权的社会义务对财产权内涵和边界的规定同样受到宪法约束。财产权主体应当积极防御，宪法确立的补偿制度不允许其以换取金钱为目的接受违宪的征收。提升财产权主体的接受度和提高执行效率不应成为补偿制度的目的。征收会导致财产权主体成为特别牺牲者，补偿额度原则上应当以市场交易价格为准。当立法者对财产权内涵和边界的规定在个案中偏离正常发展轨迹而偶然使财产权主体陷入危困状态时，应当对其提供调和手段，这一基于财产权的社会义务而引发的调和手段并不具备价值保障功能，在选择物质调和手段的情况下，调和额度往往取决于对各种相关法益权衡的结果。

其次，在社会权实现问题上，社会权的实现存在于"可能性保留"中，判断社会权实现与否和实现程度需要将待实现的其他宪法规范和待规制的相关社会现实纳入考量，宪法并未绝对要求立法者最低限度作为。立法实现社会权需要耗费的财政支出越多，代议机关的立法职权挤压预算职权的现象就愈发明显。依据辅助性原则，应优先由非国家行为体来实现社会权。针对科研经费这一具体问题，国家应当采取积极措施促进科研自由的实现。我国的科研经费给付既包括普遍保障科研自由的基础性给付，也包括对某些科研活动的鼓励性给付。基础性给付的义务来源是基本权利的客观价值秩序，鼓励性给付的义务来源是宪法规定的国家任务。宪法对前者的立法要求高于后者，应当注意二者的立法形成区别。立法机关应当亲自对科研经费给付的重要问题作出规定，不得空白授权行政机关代为立法。行政机关和高校以及科研院所是科研经费的主要管理者，应当在组织和程序上为科研经费给付和科研权利主体提供保障。经由适当的组织和程序，确保科研经费的使用具有正当性且符合效率原则，并促进科研自由主体的权利实现。

再次，在宪法国策实现问题上，国策存在于实定法中并具有规范效力，具有任务关联性、公共利益关联性、抽象性、全局性、长期性等特征。宪法规定的国策往往高度依赖于立法形成，对立法权发挥指引效力。国策可以在消极面向和积极面向上发挥效力，两个面向均涉及将国策同对立原则进行权衡，应适用权衡法则并可同时适用实践调和理论。国策的实现存在于"可能性保留"中，不包含在任何情况下均必须由立法实现的核心领域，同时也未绝对禁止立法实现程度的倒退。尽管如此，国策不应当仅仅停留在最低的实现程度上。在公共财政允许的情况下，立法机关必须积极考量并促成国策的广泛有效实现，以更好地完成国家任务，达成公共利益。

最后，在应急预算支出问题上，完善应急预算法制是我国应急管理的重要课题。应急预算法制建构是一个系统工程，必须在预算规范化、预算实效化以及预算层次化原则的指导下进行。具体而言，应在《预算法》中加强全国人大对应急预算权力的监督，完善预备费的提取和管理机制，增强应急预算的财政供给实效，建立面向应急需要的预算调整机制，明晰央地之间的应急财政责任体系，从而有力保障我国应急财政的合法与足量供应。

参考文献

一、中文文献

（一）中文专著

1. 蔡茂寅：《预算法之原理》，元照出版有限公司 2008 年版。

2. 陈丹：《论税收正义——基于宪法学角度的省察》，法律出版社 2010 年版。

3. 陈新民：《宪法基本权利之基本理论（上）》，元照出版有限公司 1999 年版。

4. 范进学：《完善我国合宪性审查制度与机制研究》，译林出版社 2021 年版。

5. 葛克昌：《税法基本问题（财政宪法篇）》，北京大学出版社 2004 年版。

6. 葛克昌：《所得税与宪法》，北京大学出版社 2004 年版。

7. 葛克昌：《租税国的危机》，厦门大学出版社 2016 年版。

8. 翁岳生编：《行政法（上、下册）》，中国法制出版社 2002 年版。

9. 胡锦光、韩大元：《中国宪法》，法律出版社 2007 年版。

10. 黄明涛：《公民文化权研究——〈宪法〉第 47 条之规范建构》，中国政法大学出版社 2015 年版。

11. 张翔主编：《德国宪法案例选释（第 1 辑）：基本权利总论》，法律出版社 2012 年版。

12. 梁洪霞：《公民基本义务：原理、规范及其应用——一个宪法学的视角》，中国政法大学出版社 2011 年版。

13. 林来梵：《从宪法规范到规范宪法：规范宪法学的一种前言》，法律出版社 2001 年版。

14. 刘剑文、熊伟：《财政税收法》，法律出版社 2009 年版。

15. 刘隆亨主编：《财产税法》，北京大学出版社 2006 年版。

16. 刘茂林、王广辉主编：《社会公正与法治国家》，武汉大学出版社 2008 年版。

17. 刘小妹：《基层自治的法治之维》，中国社会科学出版社 2018 年版。

18. 刘佐主编：《遗产税制度研究》，中国财政经济出版社 2003 年版。

19. 吕忠梅、陈虹：《经济法原论》，法律出版社 2008 年版。

20. 莫纪宏主编：《宪法学》，社会科学文献出版社 2004 年版。

21. 冉富强：《公债的宪法控制》，中国政法大学出版社 2012 年版。

22. 任喜荣、鲁鹏宇：《预算权的宪法规制研究》，吉林大学出版社 2019 年版。

23. 屠振宇：《未列举权利研究——美国宪法的实践和经验》，中国法制出版社 2012 年版。

24. 王世涛：《财政宪法学研究：财政的宪政视角》，法律出版社 2012 年版。

25. 王婷婷：《课税禁区法律问题研究》，法律出版社 2017 年版。

26. 夏正林：《社会权规范研究》，山东人民出版社 2007 年版。

27. 徐蓉：《所得税征税客体研究》，法律出版社 2010 年版。

28. 许崇德：《中华人民共和国宪法史》，福建人民出版社 2003 年版。

29. 魏陆：《完善我国人大预算监督制度研究——把政府关进

公共预算"笼子"里》，经济科学出版社 2014 年版。

30. 杨建顺：《日本行政法通论》，中国法制出版社 1998 年版。

31. 杨肃昌：《中国国家审计：问题与改革》，中国财政经济出版社 2004 年版。

32. 张文显：《二十世纪西方法哲学思潮研究》，法律出版社 1996 年版。

33. 余湘青：《宪法基本国策研究》，中国政法大学出版社 2015 年版。

34. 于文豪：《基本权利》，江苏人民出版社 2016 年版。

35. 翟国强：《宪法判断的方法》，法律出版社 2009 年版。

36. 郑贤君：《论国家政策入宪与总纲的法律属性》，载中国人民大学宪政与行政法治研究中心编：《宪政与行政法治评论（创刊号）》，中国人民大学出版社 2004 年版。

37. ［德］卡尔·施米特：《宪法学说》，刘锋译，上海人民出版社 2016 年版。

38. ［德］康拉德·黑塞：《联邦德国宪法纲要》，李辉译，商务印书馆 2007 年版。

39. ［日］北野弘久：《税法学原论》，陈刚等译，中国检察出版社 2001 年版。

（二）中文期刊

1. 陈清秀：《财政宪法的基本原则——从比较法的观点探讨》，载《人大法律评论》2016 年第 2 期。

2. 陈献东：《对审计本质的再认识：监督工具论》，载《财会月刊》2019 年第 9 期。

3. 陈治：《论我国构建民生财政的法制保障》，载《当代法学》2011 年第 4 期。

4. 程雪阳：《合宪性视角下的成片开发征收及其标准认定》，载《法学研究》2020 年第 5 期。

5. 程雪阳：《重建财产权：我国土地制度改革的基本经验与方向》，载《学术月刊》2020 年第 4 期。

6. 丛中笑：《我国个人所得税法工薪累进税率的优化——扩大级距、减并级次和降低税率》，载《当代法学》2010 年第 2 期。

7. 崔寒玉：《论我国宪法中的国家义务理论渊源及其本位》，载《甘肃政法学院学报》2016 年第 6 期。

8. 崔军、杨琪：《政府间应急财政责任分担机制的借鉴与启示——基于美国和澳大利亚的经验》，载《中国行政管理》2013 年第 5 期。

9. 邓毅：《德国法律保留原则论析》，载《行政法学研究》2006 年第 1 期。

10. 翟国强：《经济权利保障的宪法逻辑》，载《中国社会科学》2019 年第 12 期。

11. 杜强强：《论法人的基本权利主体地位》，载《法学家》2009 年第 2 期。

12. 范进学：《"共同富裕"的宪法表达：自由平等共享与法治国》，载《交大法学》2022 年第 6 期。

13. 高凤勤、李林：《OECD 国家遗产税政策实践及其启示》，载《河北大学学报（哲学社会科学版）》2016 年第 3 期。

14. 高景芳：《职业自由概念的扩展分析》，载《石家庄学院学报》2011 年第 1 期。

15. 高秦伟：《论作为社会权的健康照护权》，载《江汉论坛》2015 年第 8 期。

16. 葛克昌：《租税国家之婚姻家庭保障任务》，载《月旦法学杂志》2007 年第 3 期。

17. 郭卉、李琴、韩婷：《金钱的意义：科研经费竞争如何塑造学术资本家》，载《高等工程教育研究》2015 年第 3 期。

18. 郭英杰、徐静：《关于完善我国财产税制的研究》，载

《山东纺织经济》2005 年第 3 期。

19. 韩大元、冯家亮：《中国宪法文本中纳税义务条款的规范分析》，载《兰州大学学报（社会科学版）》2008 年第 6 期。

20. 韩大元：《私有财产权入宪的宪法学思考》，载《法学》2004 年第 4 期。

21. 何文盛、廖玲玲、王焱：《中国地方政府绩效评估的可持续性问题研究——基于"甘肃模式"的理论反思》，载《公共管理学报》2012 年第 2 期。

22. 胡弘弘：《依宪立法的再思考："由法律规定"之宪法实施》，载《政法论丛》2021 年第 3 期。

23. 胡锦光、张献勇：《预算公开的价值与进路》，载《南开学报（哲学社会科学版）》2011 年第 2 期。

24. 胡锦光：《新时代背景下人大制度的发展》，载《国家检察官学院学报》2018 年第 1 期。

25. 胡翔：《个税改革中分类税制综合化的几个基本问题》，载《现代法治研究》2017 年第 4 期。

26. 华国庆：《关于制定我国预算监督法的几点思考》，载《安徽大学法律评论》2002 年第 1 期。

27. 华国庆：《预算民主原则与我国预算法完善》，载《江西财经大学学报》2011 年第 4 期。

28. 黄国龙：《借鉴国际经验　完善我国财产税制》，载《涉外税务》2008 年第 8 期。

29. 黄明涛：《重访改革历程：作为宪法变迁的"社会主义市场经济"》，载《华东政法大学学报》2023 年第 6 期。

30. 黄源浩：《从"绞杀禁止"到"半数原则"——比例原则在税法领域之适用》，载《财税研究》2004 年第 1 期。

31. 江必新：《紧急状态与行政法治》，载《法学研究》2004 年第 2 期。

32. 姜昕：《比例原则释义学结构构建及反思》，载《法律科学（西北政法大学学报）》2008 年第 5 期。

33. 蒋悟真、郭创拓：《论预算治理的三重维度》，载《东岳论丛》2017 年第 8 期。

34. 蒋悟真、郭创拓：《迈向科研自由的科研经费治理入法问题探讨》，载《政法论丛》2018 年第 4 期。

35. 蒋悟真：《纵向科研项目经费管理的法律治理》，载《法商研究》2018 年第 5 期。

36. 蒋遐雏：《个人所得税税前扣除的概念厘清与制度完善——以混合所得税制改革为背景》，载《法商研究》2020 年第 2 期。

37. 金香爱：《依宪治国背景下财政法治化探析》，载《学习论坛》2015 年第 2 期。

38. 柯格钟：《论量能课税原则》，载《成大法学》（2007 年）第 14 期。

39. 柯格钟：《论税捐正义的追寻：从宪法平等原则到税法量能课税原则的路径》，载《台湾大学法学论丛》（2016 年）第 45 期特刊。

40. 柯格钟：《论所得税法之所得分类》，载《月旦法学教室》（2007 年）第 59 期。

41. 李海平：《比例原则在民法中适用的条件和路径——以民事审判实践为中心》，载《法制与社会发展》2018 年第 5 期。

42. 李海平：《宪法上人的尊严的规范分析》，载《当代法学》2011 年第 6 期。

43. 李建良：《基本权利理论体系之构成及其思考层次》，载《人文及社会科学集刊》1997 年第 1 期。

44. 李蕊佚：《论行政机关辅助合宪性审查的职能》，载《法学家》2022 年第 6 期。

45. 李绪孚、刘成立：《国家审计与人大监督的耦合效应研究》，载《当代经济》2013 年第 21 期。

46. 李忠夏：《"中国特色社会主义"的宪法结构分析》，载《政法论坛》2018 年第 5 期。

47. 李忠夏：《基本权利的社会功能》，载《法学家》2014 年第 5 期。

48. 林鸿潮、周智博：《地方人大常委会紧急性授权的合宪性考察及其完善》，载《贵州社会科学》2020 年第 10 期。

49. 林鸿潮：《公共应急管理中的市场机制：功能、边界和运行》，载《理论与改革》2015 年第 3 期。

50. 林彦：《全国人民代表大会：制度稳定型权力机关》，载《中外法学》2023 年第 3 期。

51. 凌维慈：《比较法视野中的八二宪法社会权条款》，载《华东政法大学学报》2012 年第 6 期。

52. 刘东亮、郑春燕：《宪法基本国策研究》，载《西南政法大学学报》2000 年第 1 期。

53. 刘晗：《中国宪法社会权的体系解释》，载《中国社会科学》2023 年第 3 期。

54. 刘剑文、胡翔：《〈个人所得税法〉修改的变迁评介与当代进路》，载《法学》2018 年第 9 期。

55. 刘剑文：《个税改革的法治成果与优化路径》，载《现代法学》2019 年第 2 期。

56. 刘连泰：《将征收的不动产用于商业开发是否违宪——对美国相关判例的考察》，载《法商研究》2009 年第 3 期。

57. 刘连泰：《确定"管制性征收"的坐标系》，载《法治研究》2014 年第 3 期。

58. 刘茂林：《宪法秩序作为中国宪法学范畴的证成及意义》，载《中国法学》2009 年第 4 期。

59. 刘荣、刘植才：《开征遗产税——我国经济社会发展的历史选择》，载《税务研究》2013 年第 3 期。

60. 刘尚希、李成威、杨德威：《财政与国家治理：基于不确定性与风险社会的逻辑》，载《财政研究》2018 年第 1 期。

61. 刘小妹：《全过程人民民主的理论特质初探》，载《西北大学学报（哲学社会科学版）》2022 年第 1 期。

62. 刘馨宇：《宪法社会权性质的教义学探析》，载《中外法学》2022 年第 3 期。

63. 刘亚强、黄林芳：《改革审计管理体制 推动审计监督全覆盖》，载《财会学习》2019 年第 23 期。

64. 刘勇、王茜：《关于建立高校科研经费精细化管理体系的思考》，载《中国科学基金》2008 年第 5 期。

65. 刘志鑫：《论中国税务诉讼的深层制约因素》，载《暨南学报（哲学社会科学版）》2020 年第 5 期。

66. 刘志鑫：《税法的困境及其宪法出路》，载《中国法律评论》2019 年第 1 期。

67. 卢艺：《从国外二元所得税制的经验看我国个人所得税课税模式选择》，载《税务研究》2010 年第 6 期。

68. 马蔡琛、隋宇彤：《预算制度建设中的财政预备费管理——基于国际比较的视角》，载《探索与争鸣》2015 年第 10 期。

69. 孟鸿志、王传国：《财产权社会义务与财产征收之界定》，载《东南大学学报（哲学社会科学版）》2014 年第 2 期。

70. 苗连营、张衡：《论我国财政宪法学的当代发展》，载《学习论坛》2015 年第 2 期。

71. 聂鑫：《宪法社会权及其司法救济——比较法的视角》，载《法律科学（西北政法大学学报）》2009 年第 4 期。

72. 宁凯惠：《我国宪法序言的价值构造：特质与趋向》，载《政治与法律》2019 年第 6 期。

73. 欧树军：《"看得见的宪政"：理解中国宪法的财政权力配置视角》，载《中外法学》2012 年第 5 期。

74. 钱颖一：《市场与法治》，载《经济社会体制比较》2000 年第 3 期。

75. 秦前红、付婧：《我国地方财政自主的公法保障》，载《甘肃社会科学》2016 年第 2 期。

76. 秦前红、陶军：《学术视域中的国家科研资助——以人文社会科学资助为主的考察》，载《现代法学》2017 年第 5 期。

77. 秦前红：《论宪法上的税》，载《河南财经政法大学学报》2012 年第 3 期。

78. 秦荣生：《公共受托经济责任理论与我国政府审计改革》，载《审计研究》2004 年第 6 期。

79. 冉富强：《国家举债权与宪法基本权利之关系——以经济自由权为中心》，载《河北法学》2010 年第 3 期。

80. 任喜荣：《"社会宪法"及其制度性保障功能》，载《法学评论》2013 年第 1 期。

81. 任喜荣：《预算监督与财政民主：人大预算监督权的成长》，载《华东政法大学学报》2009 年第 5 期。

82. 上官丕亮：《部门宪法的实质》，载《法学论坛》2022 年第 5 期。

83. 上官丕亮：《论宪法上的社会权》，载《江苏社会科学》2010 年第 2 期。

84. 施正文：《分配正义与个人所得税法改革》，载《中国法学》2011 年第 5 期。

85. 宋华琳：《营业自由及其限制——以药店距离限制事件为楔子》，载《华东政法大学学报》2008 年第 2 期。

86. 谭清值：《公共政策决定的司法审查》，载《清华法学》2017 年第 1 期。

87. 汤洁茵：《劳动权的税法保障——以所得税法为核心的考察》，载《山东财政学院学报》2011 年第 1 期。

88. 汤洁茵：《纳税人基本权利的保障与实现机制：以个人所得税为核心》，载《中国法律评论》2018 年第 6 期。

89. 唐冬平：《宪法如何安顿家——以宪法第 49 条为中心》，载《当代法学》2019 年第 5 期。

90. 滕宏庆：《我国应急预算法制化研究》，载《政治与法律》2011 年第 11 期。

91. 王德志：《论我国宪法劳动权的理论建构》，载《中国法学》2014 年第 3 期。

92. 王广辉：《论财政立宪主义语境下的税收权控制》，载《河南财经政法大学学报》2012 年第 3 期。

93. 王建学：《立法法释义学的理论建构》，载《荆楚法学》2022 年第 1 期。

94. 王久平：《尊崇法治理念 科学构建应急管理法制体系——应急管理法律与政策研究基地主题沙龙综述》，载《中国应急管理》2020 年第 1 期。

95. 王锴、刘犇昊：《宪法总纲条款的性质与效力》，载《法学论坛》2018 年第 3 期。

96. 王锴：《调取查阅通话（讯）记录中的基本权利保护》，载《政治与法律》2020 年第 8 期。

97. 王锴：《论法律保留与基本权利限制的关系——以〈刑法〉第 54 条的剥夺政治权利为例》，载《师大法学》2017 年第 2 期。

98. 王锴：《论立法在基本权利形成中的作用与限制——兼谈"公有制"的立法形成》，载《法治研究》2017 年第 1 期。

99. 王锴：《论我国宪法上的劳动权与劳动义务》，载《法学家》2008 年第 4 期。

100. 王锴：《论行政收费的理由和标准》，载《行政法学研究》2019 年第 3 期。

101. 王世涛：《预算的法律保留：理论证成与规范分析》，载《政治与法律》2024 年第 4 期。

102. 王天玉：《劳动法分类调整模式的宪法依据》，载《当代法学》2018 年第 2 期。

103. 王孝勇、郭智勇：《预算民主——公共权力制约的新视角》，载《理论导刊》2010 年第 7 期。

104. 王新生：《略论社会权的国家义务及其发展趋势》，载《法学评论》2012 年第 6 期。

105. 王旭：《论国家在宪法上的风险预防义务》，载《法商研究》2019 年第 5 期。

106. 王旭：《重大传染病危机应对的行政组织法调控》，载《法学》2020 年第 3 期。

107. 温海滢：《论我国突发性公共事务的财政投入方面存在的问题与对策》，载《经济纵横》2006 年第 7 期。

108. 温泽彬：《论公共财政监督与控制——以宪法为视角》，载《现代法学》2009 年第 6 期。

109. 吴忠民：《论代际公正》，载《江苏社会科学》2001 年第 3 期。

110. 武晓芬、耿溪谣：《我国个人所得税税制模式改革及其完善对策——基于实现税收公平的视角》，载《税务与经济》2019 年第 1 期。

111. 肖海军：《论我国营业行政许可的制度变迁与改革路径》，载《财经理论与实践》2009 年第 2 期。

112. 肖泽晟：《财产权的社会义务与征收的界限》，载《公法研究》2011 年第 1 期。

113. 谢立斌：《论宪法财产权的保护范围》，载《中国法学》2014 年第 4 期。

114. 谢立斌：《宪法社会权的体系性保障——以中德比较为视角》，载《浙江社会科学》2014 年第 5 期。

115. 许多奇：《论税法量能平等负担原则》，载《中国法学》2013 年第 5 期。

116. 杨肃昌：《改革审计管理体制 健全党和国家监督体系——基于十九大报告的思考》，载《财会月刊》2018 年第 1 期。

117. 叶姗：《个人所得税纳税义务的法律建构》，载《中国法学》2020 年第 1 期。

118. 易继明、周琼：《论具有人格利益的财产》，载《法学研究》2008 年第 1 期。

119. 殷啸虎：《对我国宪法政策性条款功能与效力的思考》，载《政治与法律》2019 年第 8 期。

120. 尹平：《现行国家审计体制的利弊权衡与改革决择》，载《审计研究》2001 年第 4 期。

121. 于文豪：《民营经济平等发展的内涵与制度体系》，载《华东政法大学学报》2023 年第 6 期。

122. 余军：《"公共利益"的论证方法探析》，载《当代法学》2012 年第 4 期。

123. 郁建兴：《社会主义市民社会的当代可能性》，载《文史哲》2003 年第 1 期。

124. 张力：《政府信息公开收费：逻辑演进与制度完善》，载《中国行政管理》2023 年第 2 期。

125. 张守文：《财政危机中的宪政问题》，载《法学》2003 年第 9 期。

126. 张守文：《改革开放、收入分配与个税立法的完善》，载《华东政法大学学报》2019 年第 1 期。

127. 张薇薇：《"人权条款"：宪法未列举权利的"安身之所"》，载《法学评论》2011 年第 1 期。

128. 张翔：《财产权的社会义务》，载《中国社会科学》2012年第9期。

129. 张翔：《个人所得税作为财产权限制——基于基本权利教义学的初步考察》，载《浙江社会科学》2013年第9期。

130. 张翔：《基本权利的双重性质》，载《法学研究》2005年第3期。

131. 张翔：《学术自由的组织保障——德国的实践与理论》，载《环球法律评论》2012年第4期。

132. 张义清：《基本国策的宪法效力研究》，载《社会主义研究》2008年第6期。

133. 张震：《"社会主义法治国家"的名与实——以现行宪法文本为分析路径》，载《北方法学》2014年第5期。

134. 张震：《全过程人民民主的宪法逻辑》，载《东方法学》2023年第4期。

135. 章剑生：《行政收费的理由、依据和监督》，载《行政法学研究》2014年第2期。

136. 赵宏：《社会国与公民的社会基本权：基本权利在社会国下的拓展与限定》，载《比较法研究》2010年第5期。

137. 赵宏：《限制的限制：德国基本权利限制模式的内在机理》，载《法学家》2011年第2期。

138. 郑磊：《民生问题的宪法权利之维》，载《浙江大学学报（人文社会科学版）》2008年第6期。

139. 郑贤君：《非国家行为体与社会权——兼议社会基本权的国家保护义务》，载《浙江学刊》2009年第1期。

140. 郑贤君：《论宪法社会基本权的分类与构成》，载《法律科学（西北政法大学学报）》2004年第2期。

141. 郑毅：《高校科研经费管理与学术自由的保障研究——以〈中央和国家机关差旅费管理办法〉第25条为切入点》，载

《当代法学》2015 年第 3 期。

142. 周安平：《社会自治与国家公权》，载《法学》2002 年第 10 期。

143. 周刚志：《财政宪法学初论》，载《厦门大学学报（哲学社会科学版）》2005 年第 2 期。

144. 周刚志：《也论税收债权债务关系》，载《税务研究》2010 年第 2 期。

145. 朱学磊：《论法律规范合宪性审查的体系化》，载《当代法学》2020 年第 6 期。

146. 朱学磊：《罗尔斯"分配正义"理论及其批评者——兼论"分配正义"理论对当代中国的启示》，载《学术探索》2015 年第 1 期。

147. 邹新凯：《应对突发事件的财政预备费：制度反思与类型化补正》，载《中国行政管理》2020 年第 10 期。

二、外文文献

（一）外文专著

1. Alexy, Robert, Theorie der Grundrechte, 7. Aufl., Frankfurt am Main 2015.

2. v. Arnim, Hans Herbert, Wirtschaftlichkeit als Rechtsprinzip, Berlin 1988.

3. v. Arnim, Hans Herbert/Weinberg, Dagmar, Staatsverschuldung in der Bundesrepublik Deutschland, Wiesbaden 1986.

4. Badura, Pctcr, Eigentum und Sozialisierung, in: Ergänzbares Lexikon des Rechts (Loseblatt), Gruppe 5, 1986.

5. Bethge, Herbert, Zur Problematik von Grundrechtskollisionen, München 1977.

6. Bogumil, Joerg/Jann, Werner, Verwaltung und Verwaltung-

swissenschaft in Deutschland: Einführung in die Verwaltungswissenschaft, 2. Aufl. , Wiesbaden 2009.

7. Brown, Richard, *A History of Accounting and Accountants*, Beard Books, 1905.

8. Brueggemann, Klaus, Die nachträgliche Zweckverfehlung in verwaltungsrechtlichen Schuldverhältnissen, Hamburg 1969.

9. Carnegie, Andrew, *The Gospel of Wealth and Other Timely Essays*, Belknap Press of Harvard University Press, 1962.

10. Depenheuer, Otto, in: v. Mangoldt, Hermann/Klein, Friedrich/Starck, Christian, Kommentar zum Grundgesetz, Band I, 6 Aufl. , München 2010.

11. Depenheuer, Otto, Verborgener Sinn und latentes Potential-Die Enteignungsentschä-digung zwischen normativem Gebot, pragmatischer Problemlösung und verführerischem Paradigma, in: Depenheuer, Otto/Shirvani, Foroud (Hrsg.), Die Enteignung-Historische, vergleichende, dogmatische und politische Perspektiven auf ein Rechtsinstitut, Berlin 2018.

12. Froese, Judith, Entschädigung und Ausgleich, in: Depenheuer, Otto/Shirvani, Foroud (Hrsg.), Die Enteignung-Historische, vergleichende, dogmatische und politische Perspektiven auf ein Rechtsinstitut, Berlin 2018.

13. Gandenberger, Otto, Öffentliche Verschuldung II, in: Handwörterbuch der Wirtschaftswissenschaft 5, Stuttgart 1980.

14. Hahn, Daniel, Staatszielbestimmungen im integrierten Bundesstaat, Berlin 2010.

15. Häberle, Peter, Das Grundgesetz und die Herausforderungen der Zukunft, in: ders. , Verfassung als öffentlicher Prozess, 2. Aufl. , Berlin 1996.

16. Hesse, Konrad, Grundzüge des Verfassungsrechts der Bundesrepublik Deutschland, 20. Aufl. , Heidelberg 1999.

17. Hillmer, Clemens C. , Auswirkungen einer Staatszielbestimmung „ Tierschutz " im Grundgesetz, insbesondere auf die Forschungsfreiheit, Frankfurt am Main 2000.

18. Huber, Bernd, Schriftliche Stellungnahme für die Anhörung der Föderalismuskommission Ⅱ zu den Finanzthemen am 22. Juni 2007, KomDrs. 018, Berlin 2007.

19. Isensee, Josef, Damoklesschwert über der Finanzverfassung: der Staatsbankrott, in: Osterloh, Lerke/Schmidt, Karsten/Weber, Hermann (Hrsg.): Staat, Wirtschaft, Finanzverfassung, Festschrift für Peter Selmer zum 70. Geburtstag, Berlin 2004.

20. Isensee, Josef, Schuldenbarriere für Legislative und Exekutive-Zur Reichweite und Inhalt der Kreditkautelen des Grundgesetzes, in: Wendt, Rudolf (Hrsg.), Staat, Wirtschaft, Steuern: Festschrift für Karl Heinrich Friauf zum 65. Geburtstag, Heidelberg 1996.

21. Isensee, Josef, Steuerstaat und Staatsform, in: Stödter, Rolf/ Thieme, Werner (Hrsg.), Beiträge zum deutschen und europäischen Verfassungs-, Verwaltungs-und Wirtschaftsrecht, Festschrift für Hans Peter Ipsen zum siebzigsten Geburtstag, Tübingen 1977.

22. Jackisch, Axel, Die Zulässigkeit der Enteignung zugunsten Privater, Frankfurt am Main 1996.

23. Kahl, Wolfgang, Einleitung: Nachhaltigkeit als Verbundbegriff, in: ders. (Hrsg.), Nachhaltigkeit als Verbundbegriff, Tübingen 2008.

24. Kingreen, Thorsten/Poscher, Ralf, Staatsrecht Ⅱ – Grundrechte, 32. Aufl. , Heidelberg 2016.

25. Kirchhof, Paul, Die Staatsverschuldung im demokratischen

Rechtsstaat, in: Papier (Hrsg.), Grenzen der öffentlichen Verschuldung, Detmold 1983.

26. Kirchhof, Paul, Die Steuer als Ausdruck der Staatsverfassung, in: Franßen, Everhardt/Redeker, Konrad/Schlichter, Otto/Wilke, Dieter (Hrsg.), Bürger-Richter-Staat, Festschrift für Horst Sendler, Präsident des Bundesverwaltungsgerichts, zum Abschied aus seinem Amt, München 1991.

27. Kirchhof, Paul, Grenzen der Staatsverschuldung in einem demokratischen Rechtsstaat, in: v. Arnim/Littmann (Hrsg.), Finanzpolitik im Umbruch-zur Konsolidierung öffentlicher Finanzen, Berlin 1984.

28. Klein, Hans Hugo, Die Teilnahme des Staates am wirtsch-aftlichen Wettbewerb, Stuttgart/Berlin/Köln/Mainz 1968.

29. Kopp, Ferdinand O. /Ramsauer, Ulrich, Verwaltungsverfahrensgesetz: Kommentar, 10. Aufl. , München 2008.

30. Kratzmann, Horst, Verschuldungsverbot und Grundrechtsinterpretation, Berlin 2000.

31. Lege, Joachim, Die ausgleichspflichtige Inhalts-und Schrankenbestimmung: Enteignung zweiter Klasse? in: Depenheuer, Otto/Shirvani, Foroud (Hrsg.), Die Enteignung-Historische, vergleichende, dogmatische und politische Perspektiven auf ein Rechtsinstitut, Berlin 2018.

32. Mahrenholz, Ernst Gottfried, in: AK-GG, 3. Aufl. , München 2002, Art. 110.

33. Neidhardt, Hilde, Staatsverschuldung und Verfassung, Tübingen 2010.

34. Ossenbühl, Fritz, Zur Justitiabilität der Finanzverfassung, in: Börner, Bodo (Hrsg.), Einigkeit und Recht und Freiheit, Festschrift für Carl Carstens zum 70. Geburtstag am 14. Dezember 1984, Band 2,

Köln/Berlin/Bonn/München 1984.

35. Papier, Hans-Juergen, in: Maunz, Theodor/Dürig, Günter (Hrsg.), Grundgesetz-Kommentar, Art. 14, München 2009.

36. Patzig, Werner, Haushaltsrecht des Bundes und der Länder, Kommentar zu den Rechts-und Verwaltungsvorschriften, Baden-Baden 1991.

37. Pieroth, Bodo/Schlink, Bernhard, Staatsrecht Ⅱ − Grundrechte, 25. Aufl., Heidelberg 2009.

38. Pünder, HermannStaatsverschuldung, in: Isensee, Josef/Kirchhof, Paul (Hrsg.), Handbuch des Staatsrechts der Bundesrepublik Deutschland, Band V, 3. Aufl., Heidelberg 2007.

39. Püttner, Günter, Die öffentlichen Unternehmen. Ein Handbuch zu Verfassungs-und Rechtsfragen der öffentlichen Wirtschaft, 2 Aufl., Stuttgart/München/Hannover 1985.

40. Rawls, John, *A Theory of Justice*, The Belknap Press of Harvard University Press, 1971.

41. Reinermann, Heinrich, Wirtschaftlichkeitsanalysen, Köln 1974.

42. Rittsieg, Helmut, in: Alternativ-Kommentar zum Grundgesetz der Bundesrepublik Deutschland, Band 1, 2. Aufl., 1989, Art. 14.

43. Ronellenfitsch, Michael, in: Isensee, Josef/Kirchhof, Paul, Handbuch des Staatsrechts der Bundesrepublik Deutschland, Band Ⅲ, 3. Aufl., Heidelberg 2005.

44. Selmer, Peter, Wirtschaftliche Betätigung der öffentlichen Hand und Unternchmcrgrundrechte, in: Stober, Rolf/Vogel, Hanspeter (Hrsg.), Wirtschaftliche Betätigung der öffentlichen Hand, Staat und Kommunen als Konkurrent der Privatwirtschaft, Köln 2000.

45. Schaefer, Kyrill, Das Haushaltsgesetz jenseits der Kreditfinanzierungsgrenzen: Die Rechtslage bei Überschreiten der Kreditfi-

nanzierungsgrenzen im Bundeshaushaltsgesetz, Heidelberg 1996.

46. Scheuner, Ulrich, Die Garantie des Eigentums in der Geschichte der Grund-und Freiheitsrechte, in: ders., Staatstheorie und Staatsrecht, Berlin 1978.

47. Schmidbauer, Wilhelm, Enteignung zugunsten Privater, Berlin 1989.

48. Schmitt, Carl, Verfassungslehre, 9. Aufl., Berlin 1993.

49. v. Stein, Lorenz, Lehrbuch der Finanzwissenschaft, Band 2, 4. Aufl., Leipzig 1878.

50. Stengel, Rüdiger W., Die Grundstücksenteignung zugunsten Privater Wirtschaftsunternehmen, Heidelberg 1967.

51. Stern, Klaus, Das Staatsrecht der Bundesrepublik Deutschland, Band Ⅲ, 1. Halbband München 1998.

52. Stummer, Helmut, Die öffentliche Zweckbindung der enteigneten Sache, München 1967.

53. Tappe, HenningDas Haushaltsgesetz als Zeitgesetz-Zur Bedeutung der zeitlichen Bindungen für das Haushalts-und Staatsschuldenrecht, Berlin 2008.

54. Tzemos, Vasileios, Das Untermaßverbot, Frankfurt am Main 2004.

55. Vogel, Klaus/Kirchhof, Paul, Bonner Kommentar, Heidelberg 2013.

56. Weiß, Wolfgang, Privatisierung und Staatsaufgaben, Privatisierungsentscheidungen im Lichte einer grundrechtlichen Staatsaufgabenlehre unter dem Grundgesetz, Tübingen 2002.

57. Wolff, Heinrich Amadeus, Die Änderungsbedürftigkeit des Art. 115 GG, in: Brink, Stefan/Wolff, Heinrich Amadeus (Hrsg.), Gemeinwohl und Verantwortung, Festschrift für Hans Herbert von Arnim

zum 65. Geburtstag, Berlin 2005.

（二）外文期刊

1. Alesina, Alberto, et al. , "The Evolution of Ideology, Fairness and Redistribution", *The Economic Journal*, Vol. 122, Issue 565, 2012.

2. Alexy, Robert, Verfassungsrecht und einfaches Recht-Verfassungsgerichtsbarkeit und Fachgerichtsbarkeit, VVDStRL 61 （2001）.

3. v. Arnim, Hans Herbert, Besteuerung und Eigentum, VVDStRL 39 （1981）.

4. Birk, Dieter, Das Haushaltsrecht in der bundesstaatlichen Finanzverfassung （Art. 109-115 GG）, JA 1983.

5. Boehmer, Werner, Grundfragen der verfassungsrechtlichen Gewährleistung des Eigentums in der Rechtsprechung des Bundesverfassungsgerichts, NJW 1988.

6. v. Bruennek, Alexander, Das Wohl der Allgemeinheit als Voraussetzung der Enteignung, NVwZ 1986.

7. Burghart, Axel, Das verfassungswidrige aber nicht nichtige Gesetz-ungültig oder wirksam?, NVwZ 1998.

8. Dietlein, Johannes, Aktuelle Entwicklungen der Enteignungsdogmatik-Eine Bestandsaufnahme nach der Garzweiler-Entscheidung des Bundesverfassungsgerichts vom 17. 12. 2013, AuR 2015.

9. Dürig, Günter, Zurück zum klassischen Enteignungsbegriff, JZ 1954, 4 （4 ff. ）.

10. Ehlers, Dirk, Eigentumsschutz, Sozialbindung und Enteignung bei der Nutzung von Boden und Umwelt, VVDStRL 51 （1992）.

11. Isensee, Josef, Aussprache, VVDStRL 42 （1984）.

12. Kirchhof, Paul, Besteuerung und Eigentum, VVDStRL 39 （1981）.

13. Kirchhof, Paul, Die Steuerung des Verwaltungshandelns durch Haushaltsrecht und Haushaltskontrolle, NVwZ 1983.

14. Koppensteiner, Hans-Georg, Zur Grundrechtsfähigkeit gemischt-wirtschaftlicher Unternehmungen, NJW 1990.

15. Krölls, Albert, Grundrechtliche Schranken der wirtschaftlichen Betätigung der öffentlichen Hand, GewArch 1992.

16. Osterloh, Lerke, Staatsverschuldung als Rechtsproblem? Kritisches zum Urteil des zweiten Senats des BVerfG vom 18. 4. 1989, NJW 1990.

17. Papier, Hans-Jürgen, Anmerkung zu BVerfG, JZ 1987.

18. Papier, Hans-Jürgen, Steuern und Abgaben, KritV 1987, 140 (148).

19. Ramsauer, Ulrich, Die Bestimmung des Schutzbereichs von Grundrechten nach dem Normzweck, VerwArch 1981.

20. Selmer, Peter, Finanzordnung und Grundgesetz, AöR 1976.

21. Schmidt, Rolf, Die neue Schuldenregel und die weiteren Finanzthemen der zweiten Föderalismusreform, DVBl 2009.

22. Schmittat, Karl-Oskar, Rechtsschutz gegen staatliche Wirtschaftskonkurrenz, ZHR 1984.

23. Wilhelm, Jan, Zum Enteignungsbegriff des Bundesverfassungsgerichts, JZ 2000.